法治中国丛书

从地方实践看依法治国走向的法治逻辑

田 禾 栗燕杰 等著

中国社会科学出版社

图书在版编目(CIP)数据

从地方实践看依法治国走向的法治逻辑 / 田禾等著. —北京：中国社会科学出版社，2022.9
(法治中国丛书)
ISBN 978-7-5227-0948-2

Ⅰ.①从⋯　Ⅱ.①田⋯　Ⅲ.①社会主义法制—建设—研究—中国　Ⅳ.①D920.0

中国版本图书馆 CIP 数据核字 (2022) 第 197484 号

出 版 人	赵剑英
责任编辑	张　潜
责任校对	马婷婷
责任印制	王　超

出　　版	中国社会科学出版社
社　　址	北京鼓楼西大街甲 158 号
邮　　编	100720
网　　址	http://www.csspw.cn
发 行 部	010-84083685
门 市 部	010-84029450
经　　销	新华书店及其他书店

印　　刷	北京明恒达印务有限公司
装　　订	廊坊市广阳区广增装订厂
版　　次	2022 年 9 月第 1 版
印　　次	2022 年 9 月第 1 次印刷

开　　本	710×1000　1/16
印　　张	15.75
字　　数	235 千字
定　　价	85.00 元

凡购买中国社会科学出版社图书，如有质量问题请与本社营销中心联系调换
电话：010-84083683
版权所有　侵权必究

目 录

导 论 ···（1）
  （一）地方法治建设的基本逻辑 ······································（2）
  （二）地方法治创新实践的价值和启示 ·····························（11）
  （三）新历史时期对地方法治建设的挑战 ··························（13）

一 总论 ··（24）
  （一）法治建设依靠党的领导 ··（24）
  （二）法治建设强调以人为本 ··（25）
  （三）法治建设兼顾地方特色 ··（26）
  （四）法治建设践行试验主义 ··（27）
  （五）保障监督体系不断完善 ··（28）
  （六）法治竞争格局初步形成 ··（29）

二 人大建设的法治逻辑 ···（31）
  （一）地方立法回应现实需求 ··（31）
  （二）协同立法推进如火如荼 ··（34）
  （三）"小切口"立法成效显著 ······································（35）
  （四）人大联络站点承上启下 ··（35）
  （五）人大助力依法科学抗疫 ··（36）
  （六）积极回应人大代表建议 ··（37）

1

（七）互联网＋推进监督履职 …………………………………（38）
　样本一　珠海立法：实施、成就与展望 …………………………（38）

三　依法行政的法治逻辑 …………………………………………（53）
　（一）重大决策程序更加健全 ……………………………………（53）
　（二）行政执法改革纵深迈进 ……………………………………（55）
　（三）政务服务更加精简高效 ……………………………………（57）
　（四）政务公开水平更进一步 ……………………………………（61）
　（五）行政复议改革纵深推进 ……………………………………（62）
　样本一　成都市系统推进政务服务"跨省通办" ………………（63）
　样本二　江北区"一件事"改革推动基层治理新格局 …………（68）
　样本三　经济发达镇行政执法的挑战、因应与展望 ……………（73）

四　司法建设的法治逻辑 …………………………………………（85）
　（一）落实司法责任改革 …………………………………………（85）
　（二）纠纷化解效率明显提升 ……………………………………（87）
　（三）源头治理"执行难" ………………………………………（88）
　（四）加大公益诉讼力度 …………………………………………（89）
　（五）扫黑除恶成效显著 …………………………………………（90）
　（六）智慧司法威力彰显 …………………………………………（91）
　样本一　广州智慧法院建设的主要实践和经验 …………………（92）
　样本二　宁波法院"移动微法院"建设评估报告 ……………（103）
　样本三　刑罚执行实施情况的实证研究 ………………………（112）

五　社会治理的法治逻辑 ………………………………………（136）
　（一）社会保障发力抗击疫情 …………………………………（136）
　（二）网格服务模式探索创新 …………………………………（138）
　（三）信用体系建设继续推进 …………………………………（139）

（四）公共法律服务质效提升……………………………（139）
　　（五）纠纷化解能力显著提升……………………………（140）
　样本一　中小学依法治校的江阴尝试………………………（143）
　样本二　接诉即办大数据托举首都智慧治理转型升级……（155）

六　保障监督的法治逻辑……………………………………（162）
　　（一）备案审查监督显著健全……………………………（162）
　　（二）执法监督更加系统完善……………………………（164）
　　（三）司法监督制度更加完备……………………………（165）
　　（四）法治保障体系更为有力……………………………（166）
　样本一　基层微腐败治理的探索与实践……………………（168）
　样本二　金寨惠民资金公开监管的探索和实践……………（177）

七　地方竞争的法治逻辑……………………………………（188）
　　（一）法治竞争坚持党的领导……………………………（188）
　　（二）法治创新坚持制度先行……………………………（189）
　　（三）法治竞争依托地方特色……………………………（189）
　样本一　2021年珠海法治发展与2022年展望………………（190）
　样本二　法治前海的发展与展望（2021）…………………（223）

八　总结与展望………………………………………………（241）
　　（一）加强顶层设计提高制度质量………………………（241）
　　（二）推进法治政府不断迈向纵深………………………（242）
　　（三）完善配套制度推进精细管理………………………（243）
　　（四）不断提升地方依法治理水平………………………（244）
　　（五）推进法治监督保障不断完备………………………（244）
　　（六）依托信息化智能化赋能增效………………………（245）

后　记…………………………………………………………（247）

导　论

　　自 1949 年夺取全国政权后，中国共产党便开始领导人民建设社会主义中国的伟大事业，将中国从一个积贫积弱、任人宰割的落后国家变成一个屹立于世界民族之林的独立自主、强大繁荣的国家。2022 年是中国共产党成立 100 周年后新的第一年，中国共产党又踏上了领导中国人民复兴中华民族的新征程，确立了我国发展的新方向，那就是发展中国特色社会主义；找到了最佳的治理方式，那就是实现国家治理体系和治理能力的现代化。正如中国共产党十九届六中全会决议指出，中国特色社会主义事业总体布局是经济建设、政治建设、文化建设、社会建设、生态文明建设五位一体，战略布局是全面建设社会主义现代化国家、全面深化改革、全面依法治国、全面从严治党四个全面；全面深化改革总目标是完善和发展中国特色社会主义制度、推进国家治理体系和治理能力现代化；全面推进依法治国总目标是建设中国特色社会主义法治体系、建设社会主义法治国家。无论是社会主义事业的总体布局、战略布局，还是全面深化改革的总目标，都必须以全面依法治国来保障和推进。全面依法治国必须坚持党的领导，坚持科学立法、严格执法、公正司法、全民守法共同推进，同时还必须深化法治领域的改革。上述是国家层面的依法治国路径和逻辑。任何一项事业的开展都需要在各领域深入推进，都必须在基层落地生根，全面依法治国也不例外。各领域、各地区的依法治理是依法治国成效的直接体现。中国地域辽阔，各地情况也有较大差异，各领域也有自己的工作特点，因此在全面依法治国的总体规划下也会呈现出不同的路径、特征。不少地方因地制宜，采取最符合本地特点、最容易突破的领域、最可能取得成效的方法推进全面依法治国方略，这些实践在地域上体现为全面依法治省、依法治市、依法治区，在领域中体现为科学立法、重大决策法治化、政务改革、公正司法、司法公开，以及社会治理智能化、规范化等。各领域各地区的依法治理虽然呈现出不同的阶段性特点和方法差异，但总体上是依照以下逻辑循序推进的。

（一）地方法治建设的基本逻辑

1. 国家的重大战略决策是依法治国的领航器

依法治国保障国家重大战略的推进和目标实现。中国共产党在不同时期适时制定并实施了不同的国家发展战略，以毛泽东为核心的中国共产党第一代中央领导集体制定的国家发展战略是优先发展重工业的赶超战略，以邓小平为首的中国共产党第二代领导集体制定了改革开放的经济发展战略，以江泽民为核心的中国共产党第三代领导集体确立了建设富强国家的战略，以胡锦涛为总书记的中国共产党的中央领导集体则倡导科学发展的战略，以习近平为核心的新一代领导集体在新时代则以更加广阔的视野提出了新的发展目标，新的发展战略包括科学技术创新、深化改革、绿色生态、扶贫攻坚、实现小康等可持续发展的综合性战略。中国共产党新一代领导人提出的新发展战略目标很明确，并提出了发展的路径，如区域协调发展战略，促进京津冀协同发展、长江经济带发展、粤港澳大湾区建设、长三角一体化发展、黄河流域生态保护和高质量发展；推动贸易和投资自由化便利化，构建面向全球的高标准自由贸易区网络，建设自由贸易试验区和海南自由贸易港等，尤其是在对外开放方面，提出了人类命运共同体，推动规则、规制、管理、标准等制度型开放，形成更大范围、更宽领域、更深层次的对外开放格局，逐步扩大中国在国际的正面影响力。这些战略呈现出循序渐进的发展态势，有的目标已经实现，如扶贫攻坚全面建成小康社会，虽然局部地区因为各种不可控因素还会出现反复，有的则还在进行中。这些发展战略是中国处于不同发展阶段的标志，其内部具有深刻的理论逻辑和实践价值。

中国的全面依法治国理论与国家的整体发展战略密不可分，社会主义法律体系中就体现了这些战略的各方面内容。国家战略的正当性需要法治予以保驾护航，这也成了完善社会主义法律体系的重要内容，如通过宪法修正案，制定民法典、外商投资法、环境保护法等法律，加强重点领域、新兴领域、涉外领域立法，使立法为国家重大发展目标保驾护航，为最终实现中华民族伟大复兴打下坚实的经济基础。同时，保证及时对国家战略设置配套立法，使所有的重大改革、对外开放做到于法有据。

此外，各级政府的法治建设、司法机关的司法活动以及社会的依法治理也都以国家的发展战略为重要目标，除了在推进法治中国、法治政府和法治社会建设中做到整体性、基础性、根本性之外，还要突出国家战略的法治保障必要性。

2. 以人民为中心是依法治国的风向标

民主政治是中国特色社会主义制度的主要内容，它不同于西方选举形式上的民主，我国的民主体现在人民当家做主的具体内容上。在依法治国的过程中，人民不只是守法者和被管理者，而且还是参与者、建设者和监督者。党和国家的所有意志和目标都必须以人民为中心，体现人民的整体意志。在法治建设中，人民共建、共治和共享是重要的民主原则，必须体现在依法治国的全领域。

首先，法治应以民主为基础，人民是依法治国的参与者。公众是建设法治国家、法治政府、法治社会的主体，其作用体现在各个方面，不仅要体现在民主的法治化方面，如国家政治权力的配置、程序确立；还要体现在法治的民主化方面，如民主立法、民主司法、民主监督执法等方面。[①] 具体表现为在立法上应扩大公众参与立法的途径和方法，增强立法的民主性、科学性，更广泛地征求人民群众的意见，召开更多的具有实质意义的听证会，避免关门立法、专家立法、部门立法的弊端，使

---

① 陈佑武、李步云：《当代中国法治认同的内涵、价值及其养成》，《广州大学学报》（社会科学版）2017年第9期。

立法的质量不断地提升,真正体现人民的意志和意愿;在政府执法领域则应坚持依法行政,做到执法信息依法公开,保障公众的知情权,切实保障公众利益;在司法上应不断完善溯源治理、人民调解、人民陪审员等公众参与制度,提升司法的现代化、规范化水平,增强司法的公信力和权威性。

2019年11月2日习近平总书记在上海考察时首次提出"人民民主是一种全过程的民主"。全过程人民民主不仅包含完整的制度程序,而且包含全链条的民主实践,这与西式选举民主有显著的区别。全过程民主还特别强调民主参与的结果,所有重大的国家和地方行为,都应通过民主参与保障人民权利。一些地方很早就在探索全过程民主,例如,广东某地就在探索将乡镇一级的人民代表制度由每年开会的"3天代表"变为365天代表,即全年每天都在行使人大代表的职权,这就是全过程民主的典型表现。

其次,人民是依法治国的受益者。以人民为中心的依法治国必须将人民的利益放在首位,依法治国的各项举措都将体现这一根本性的原则,可以说,为人民服务是中国共产党最根本的立党原则。为人民服务是毛泽东主席1944年9月8日在张思德同志追悼会上的演讲中提出来的,并最终成为我党最著名的文献《为人民服务》的主题。1944年10月毛主席在接见新闻工作者的时候还提出,为人民服务"三心二意不行,半心半意也不行,一定要全心全意为人民服务"。此后,为人民服务被写进了《中国共产党党章》,也被写进了中国的《宪法》。

为人民服务在立法中主要体现为中国共产党领导民主立法、开门立法,将人民的意志、人民的利益转化为法律。在政府法治方面,正在进行的政务服务改革也体现了为人民服务这一宗旨。政务服务改革是法治政府建设的重要内容,各地都在全力推进政务服务改革,改革的要义就是以人民为中心,全心全意为人民服务。政务服务改革之前,政府部门多头管理,门难进、事难办,审批裁量权过大。政务服务改革向审批权运行痼疾开刀,将审批和服务事项集中起来,探索"最多跑一次"的政务服务方式。政务服务改革构建了新的制度、标准、理论、实践体系,有效地助推了"法治政府"建设,是法治政府建设最成功的领域之一。"最多跑一次"改革将人民的需求放在第一位,为政府依法全面履职提出了新思路和新要求,为新时代全面规范政府权力、不断加强法治政府建设探索了新路径,同时为公众办事提供了最大的便利,是服务型政府的充分体现。

最后,人民是依法治国的校正器。依法治国是顶层设计和基层实践相结合的一种"运动",从制度设计、规范确立到实施运行,需要各地区、各部门、各行业和人民群众的广泛参与,进而在实践过程中探索最佳的运作方案。依法治国的操作运行必须以人民为中心,以人民的利益为出发点,以人民的需求为着力点。因此,保障人民的利益是依法治国的核心,人民的监督则是保障依法治国不偏离轨道的重要路径。

监督可以助力依法治国的全面推进。监督分为内部监督和外部监督。内部监督由党内监督、人大监督、政协监督、检察监督、法院监督等构成。人大监督是内部监督中的最高层次监督,人大代表是选举产生的,是各族人民参政议政的代表,人大监督就是人民代表大会代表人民监督。人大监督主要是监督"一府两院"依法履职情况。检察监督则是检察机关以国家的名义,为维护国家法律的统一实施,保护国家、社会和公民的合法权益而进行的监督。检察机关是国家法律监督机关,是监督体系中的重要力量。检察监督不仅助推经济社会高质量发展,还可以注重系统治理、源头治理,为建设法治社会、平安中国做出应有的贡献。

外部监督有新闻监督、社会监督、个体监督等。在现代社会中,新闻舆论监督是依法治国的主要监督模式,也是社会监督的形式之一。新闻监督是通过强化公民的知情权来维护公民的合法权益,新闻监督可以使依法治国各项措施更加合理合法合情,更加公开透明。公民个人监督则有其深刻的理论依据,其植根于人民当家做主原则,现行宪法规定"一切权力属于人民",因此,公民监督既是权力,也是权利,更是义务。公民个人监督体现为以权利制约权力,在依法治国的制度中有较为全面的设计,人民群众可以通过信访或其他形式对依法治国进行监督,如公民可以以行政相对人、复议申请人、诉讼原告、当事人等身份对行政执法行为依法提起陈述、申辩、异议、复议、诉讼等，对政府的执法行为进行监督。随着互联网的普及应用，公民个人监督出现了一种新形式，那就是自媒体监督。自媒体鱼龙混杂，但不排除其对公权力的运行确实具有监督作用，因此不能因噎废食，现实中不少案例都是先由自媒体曝光，最后成为反腐败成功的经典案例。在实践中，被监督机构应建立快速协调联动反应机制，因为如果反应迟钝，实时舆情就会如同山洪暴发，难以阻挡，谣言也会乘虚而入，造成社会撕裂和对党和政府的不信任。

3. 人民的美好生活是依法治国的原动力

人民对美好生活的向往是中国共产党的奋斗目标，增进民生福祉是中国共产党执政为民的本质要求。十九届六中全会公报指出，补齐民生保障短板、解决好人民群众急难愁盼问题是社会建设的紧迫任务。必须以保障和改善民生为重点加强社会建设，尽力而为、量力而行，一件事情接着一件事情办，一年接着一年干，在幼有所育、学有所教、劳有所得、病有所医、老有所养、住有所居、弱有所扶上持续用力，加强和创新社会治理，使人民获得感、幸福感、安全感更加充实，更有保障，更可持续。

各地的社会经济发展有快有慢，法治建设推进有紧有松，处于不同阶段，社会发展不平衡可能导致社会矛盾短期内加剧，并在信息化时代被进一步放大。一个有如此巨大体量的社会因发展不平衡而出现矛盾，或对同一问题有不同认识是正常现象。中国传统文化中有一种根深蒂固的思想，那就是"不患寡而患不均"，其出自春秋战国孔子及其弟子的讨论，记录于《论语·季氏将伐颛臾》，原文为"君子疾夫舍曰欲之而必为之辞。丘也闻有国有家者，不患寡而患不均，不患贫而患不安"。人们对"不均"的评价一直是负面的，而如今应对此做一个新的解读。古代智慧在今天并没有失去其意义，老百姓不担心财富不多，只担心财富分配不均匀，换言之，人们担心的是分配不公平。要解决这一问题，需要我们党、政府和司法机关从以下几方面做出努力。

首先，改革开放已经让一部分人先富了起来，现在需要先富带动后富,最终实现共同富裕,只有共同富裕才能真正解决六中全会提出的幼有所育、学有所教、劳有所得、病有所医、老有所养、住有所居、弱有所扶的问题,才会最大限度地让人民群众安居乐业,消除社会矛盾。共同富裕是我党当前确立的重大国家战略,为了实现共同富裕的目标,中央选择浙江省作为共同富裕的试点地区,出台《中共中央国务院关于支持浙江高质量发展建设共同富裕示范区的意见》。浙江省已经组织完成共同富裕示范区建设首批试点遴选工作,确定了六大领域28个试点,并编制了三年行动计划。浙江希望通过大胆创新、积极探索,加快形成一批可复制可推广的标志性成果,发挥良好的示范效应。可以说,实现共同富裕是我们党在进入新时期后做出的最符合民意的选择之一。

其次,法治政府建设应该以人民的美好生活为尺度。政府应严格依法行政,在重大决策方面以人民的利益为重,在政务服务方面站在被服务对象的立场办事,在执法时严格遵守法律,将社会矛盾消除在萌芽中。只有这样人民才会踊跃地参与依法治国的宏大事业,这也是依法治国的原动力。此外,人民的美好生活并不是说社会一定不能存在矛盾,但是政府依法执政肯定能消除一些社会矛盾,因为有些矛盾的产生往往与政府的依法行政不到位有关。如果个别政府不以人民的美好生活为尺度,在一些重大事项上决策不公开、公众参与度不够、执法不规范,这都将是社会矛盾出现的诱因。此外,当平等主体之间发生矛盾的时候,政府缺位、反应迟缓,也会使平等主体调转方向,从依法治国的参与者变为质疑者,将矛头指向政府,使政府处于被动局面。

再次,公正司法是保障人民美好生活的底线。人民法院司法改革的目标就是让人民群众在每一个案件时都感受到公平正义。司法机关在审理案件时应当便利人民群众获得相应的司法服务,提升司法裁判执行的可预期性,让人民法院成为人民群众维护合法权益的坚实依靠和支柱。司法机关要平衡公正和效率的关系,法院案多人少,司法效率便会打折扣。法院可以借助新科技,推进人民法院信息化向纵深发展,提升审判能力现代化水平,在保证公正的前提下,及时有效地保障公民的合法权益。

法治是最好的营商环境，市场经济就是法治经济，市场按规律运行，资源按规则配置，才能使更多的人就业，创造更多的财富，使更多的人享受发展的红利，使人民美好生活成为现实。司法应当为市场运行提供有效的保障。一是推动司法案件高效办理，保障涉案当事人权益，为各行业行为规范提供司法指引。二是加大对行政机关、国有企业、大型企业的司法监督，规范行政权力，防范垄断和地方保护，为投资者提供良好的竞争环境。三是加强民营企业产权保护宣传教育，以司法建议、典型案例等方式，为民营企业提示风险，提升民营企业保护产权的意识和水平。四是公检法相互配合、形成合力，规范民营企业涉案财物处理程序；弄清民营企业涉案财物权属、性质；注重区分企业财产和企业家个人财产，企业合法财产与违法财物；查扣冻遵循落实比例原则，以能够实现财产保全目的为限，及时纠正超范围查扣财物的情形。

最后，充分利用现有的矛盾纠纷调解机制，如生态环境保护、医疗纠纷、物业纠纷、道路交通等调解机制，优化诉前调解、在线调解机制，提升纠纷化解成效。各级政府应充分利用信息技术、大数据分析可能出现的矛盾风险点，找出高频风险事项，提前介入分类处置，将矛盾消灭在萌芽阶段。司法机关应依据审判执行态势对社会治理中的风险点进行研判预警，协助党委政府做好矛盾纠纷预防，明确各类规则，指引市场主体、社会主体严格依法办事、规避法律风险，为构建和谐稳定的法治社会多方发力。各级党委应该有危机意识，积极领导联动组织各部门搭建平台，共享数据，协调治理，做到心中有数，未雨绸缪。

4. 创新发展是依法治国的生命力

信息技术的发展和变化给社会带来了极大的挑战，同时也给依法治国创新发展带来了机遇。党的十九届五中全会审议通过的《中共中央关于制定国民经济和社会发展第十四个五年规划和二〇三五年远景目标的建议》提出了四个"新"：新发展阶段、新发展目标、新发展理念、新发展格局。新发展理念包含了创新发展、协调发展、共享发展的重要内容。科技赋能、数字赋能极大地推动了依法治国的进程，创新了法治建设的举措，拓展了法治建设的空间。

以行政体制改革为例，行政体制改革是中国全面深化改革的重要任务之一。改革成效以体制机制是否更加科学合理、管理服务水平是否符合群众需求、群众是否得到改革实惠为判断标准。各地政府都在创新行政体制改革，在政府服务方面成效尤其显著。宁波江北区的改革就是一种全新的思路和实践。江北区将过去分散于各部门且流程要求各不相关的事务，按照群众企业办成"一件事"的需求进行了流程再造、职责重塑、数据共享，为新时代政府职能的调整、融合提供了重要的试验素材，为政府机构重塑提供了依据。依托一体化政务服务平台，江北区实现了不同业务事项专网之间、不同办事系统之间数据共享调用与数据推送对接，为"一件事"高效服务提供了"源动力"，避免了群众企业重复提供各类材料。在具体应用上，江北"一件事"政务服务改革实现了制度设计、能力提升、数字化转型和场景式系统协同。例如，以个人、企业和城市管理全生命周期活动规律为参照标尺，在全国首编《江北区个人全生命周期"一件事"集成服务办事一本通》，系统性推出了"我要出生""我要上学""我要工作""我要退休"等16类主要"一件事"办事场景，共涵盖1167个事项；《江北区企业全生命周期"一件事"集成服务办事一本通》设计了"我要开办企业""我要市场行业准入""我要企业注销"等12个"一件事"主要办事场景，共涵盖3345个事项，并创新制作了"一扫可查、一扫可办"的事项二维码。江北区建立数字赋能机制，是数字赋能推动法治建设的鲜活创新实践，实现了让数据多跑路、让群众少跑腿，极大地提升了法治政府建设的成效。

人民法院的信息化建设创新也有力地推动了依法治国的进程。司法是社会公平正义的底线，公平和效率相得益彰是人民法院追求的目标。随着社会经济的发展和进步，社会矛盾出现增长快、错综复杂、种类形式多样的态势。大量社会矛盾进入司法程序，给人民法院带来了极大的压力。在这样的背景下，人民法院借助信息化的东风，实现了审判、服务和管理质效的飞跃。各级人民法院围绕"努力让人民群众在每一个司法案件中感受到公平正义"的目标，聚焦互联网、大数据、云计算、人工智能、区块链等数字经济技术，在互联网司法、司法人工智能、司法大数据等关键技术方面取得重大突破，建成全球"网络覆盖最全、业务支持最多、数据汇聚最大、协同范围最广、智能服务最新、透明程度最高"的智慧法院。① 全业务网上办理、全流程依法公开、全方位智能服务的智慧法院，巩固拓展了中国特色纠纷解决和诉讼服务模式，有效地满足了互联网时代的司法需求，最大限度实现了审判能力和水平的现代化，为依法治国保驾护航，守住了社会公平正义底线，为世界司法文明交出了中国方案。

5. 中国共产党是依法治国的坚强领导

习近平总书记指出："我们党是执政党，能不能坚持依法执政，能不能正确领导立法、带头守法、保证执法，对全面推进依法治国具有重大作用。"党是依法治国的领导核心，党在领导全国人民建设中国特色社会主义事业、推进依法治国方面有较强的领导力、动员力、协调力、组织力。可以说，在中国语境下，中国共产党的领导力和权威性是任何组织都无法与之相提并论的，正因如此，党的领导是依法治国得以实现的根本保证。首先，在立法方面，党的领导是中国特色社会主义法治体系形成的核心力量，健全党领导立法的制度和工作机制将使立法按照正确路径行进。凡涉及重大立法问题，必须报党中央讨论决定，确保党的主张通过法定程序转化为国家意志，成为全社会一体遵循的行为规范和社会准则，确保全面依法治国的正确方向。② 其次，在法治政府建设方面坚持党的领导，可以保证各级政府依法行政，在法治轨道上开展工作。在完善行政制度方面，如对政府规章或行政规范性文件进行制定、修改时，各级政府都必须向党委请示汇报。同时，党支持政府严格执法，以确保其执法行为符合法律和程序。在司法方面，公检法等司法机构接受党的领导，确保党的政策和国家法律得到统一正确实施。各级党委带头依法办事，支持人民法院、人民检察院依法独立公正行使审判权、检察权。在社会法治方面，党领导各级部门动员人民群众，积极参与法治建

---

① 孙福辉：《推动实现更高水平的数字正义》，《中国审判》2022年第12期。
② 姜伟：《全面依法治国的重点任务——习近平法治思想的学习体会》，《法律适用》2021年第10期。

设，推动普法守法活动，提供法律服务，解决调解社会矛盾，维护社会稳定，构建法治社会。

（二）地方法治创新实践的价值和启示

本书从地方法治建设角度分析了依法治国的法律逻辑，同时也解剖了各地的一些典型案例。全书一共分八个部分，分别是总论、人大建设、依法行政、司法建设、社会治理、保障监督、地方竞争、总结与展望。其中二至七部分是主体内容。

在人大建设部分，本书总结了地方人大的实践经验，如地方立法回应现实需求，通过立法的方式改善城市营商环境，推动终身教育，促进科技成果转化，推进垃圾分类和生态环境保护。四川省人大常委会还在全国率先制定省级乡村振兴促进条例，地方首次开展协同进行实质性立法；浙江省、江苏省和上海市人大常委会分别通过《关于促进和保障长三角生态绿色一体化发展示范区建设若干问题的决定》，共同授权示范区执委会行使投资项目审批、核准和备案的权力。各地人大丰富立法形式，推进小切口立法，"不抵触、有特色、可操作"成为地方立法的新追求；部分地方人大积极推动"互联网＋人大"建设，上线"互联网＋代表履职"，可以随时随地接收通知、跟踪议案建议办理进度、了解人大工作动态、与代表交流联系等。

在依法行政部分，本书分析了地方重大决策程序的健全和完善问题。2020年以来，许多地方出台与重大决策相关的制度，如《浙江省人民政府办公厅关于印发浙江省重大行政决策事项目录编制指引（试行）的通知》《江苏省重大行政决策程序实施办法》《安徽省重大行政决策程序规定》等，使各地决策事项目录化管理和决策能力显著提升；行政执法改革纵深迈进，新型综合执法体制改革稳步迈进，执法衔接联动更加畅通，营商环境市场化、法治化、国际化水平稳步提升；政务服务更加精简高效，多个地方以高频事项为抓手，以"高效办成一件事"为目标，推进流程再造、业务协同、一体化办理。如落实市场准入负面清单制度，推广审批服务事项知识库，探索跨区域的办理机制，从"全城通办"迈向数个省市的通办；政务公开制度建设有了新进展，上海市出台《上海市政府信息公开规定》，北京市全面推进基层政务公开的标准化、规范化进程；行政复议改革推进迅速，行政复议委员会试点改革已经走向成熟。

在司法建设方面，2020年2月，中央全面依法治国委员会出台《关于深化司法责任制综合配套改革的意见》，人民法院全面实施司法责任制综合配套改革，如法官员额制管理机制不断健全、检察机关完善绩效考核和责任追究制度等；各地法院把非诉讼纠纷解决机制作为重要选项，加强非诉讼和诉讼对接，人民调解、行政调解、司法调解联动，充分发挥人民法院调解平台在线化解纠纷功能，纠纷化解水平明显提升；源头治理"执行难"，各地加强执行联动机制建设，推进执行管理体制改革，并借助现代科技手段加大执行力度。此外，在公益诉讼、扫黑除恶方面的成效也十分显著。

在社会治理方面，网格化服务管理是改进社会治理方式、推进国家治理体系和治理能力现代化的重要内容，成为各地加强和创新基层社会管理的有效举措，在创新社会管理、做好群众工作、加快城市建设方面发挥了重要作用；信用体系建设以法律法规体系为基础，以服务市场为动力，创建良好的信用环境；各地的公共法律服务供给能力和水平不断提高，公共法律服务体系建设取得积极成效。

在法治监督方面，备案审查监督制度不断健全，规范性文件清理实现常态化；执法监督更加系统，倒逼行政执法严格规范公正文明，克服执法不作为、乱作为、选择性执法和逐利执法；司法监督制度趋于完备，力促司法公正公平；司法信息保障体系更为有力，如无人机等先进设备设施助力执法、信息系统平台深度应用等。

本书还对一些地方创新案例进行了深入分析，每一个地方案例都有特色和价值。

（三）新历史时期对地方法治建设的挑战

1. 处理好宏大叙事与微观目标的关系

宏大叙事原本是文学的描述方式，后转为历史的方法，今天又变成政治的叙事架构。由于宏大叙事具有理想的色彩，现实中经常会遭遇幻灭，因而被誉为神话。然而，理论和现实确实应由不同的叙事方式来描述。我们必须对于自己所处的历史背景有一个清醒的认识，明确自己所处的位置，并对未来有所预测，这就需要有一个宏大的远景规划来指引我们前进的方向。即是说，一个民族一个国家必须有宏大的远景目标和实施路径，才能使行为有方向、奋斗有目标。中国共产党建党100周年以来一直在构建一种宏大的理想和目标，并一步一步地向这个目标迈进。中国共产党经过二十八年浴血奋斗，取得了新民主主义革命的胜利，建立了新中国，中国人民从此站起来了。随后是完成社会主义和推进社会主义建设。在这个时期，党领导人民进行社会主义改革，推进社会主义建设，实现了从新民主主义到社会主义的转变，为中国的强盛和繁荣奠定了根本的政治前提、制度基础和经济基础。之后，中国共产党领导人民进行改革开放和社会主义现代化建设，在这个时期，党领导全体人民继续深入探索建设中国特色社会主义的正确道路，解放和发展社会生产力，推动全面改革开放，用四十余年的时间，使人民摆脱了绝对贫困，实现了建成小康社会的目标，为中华民族伟大复兴提供了充满新活力的体制保证和快速发展的物质条件。目前，我们进入了中国特色社会主义新时代。中国共产党领导中国人民实现了第一个百年奋斗目标后，正踏上实现第二个百年奋斗目标的新征程，朝着实现中华民族伟大复兴的宏伟目标继续前进，依法治国将为这个宏伟目标提供坚实的保障。为了全面推动依法治国，习近平总书记在各个场合提出了全面依法治国的十一个坚持，这是对法治建设的纲领性要求。

一是坚持加强党对依法治国的领导，党的领导是推进全面依法治国的根本保证。二是坚持以人民为中心。人民是全面依法治国最广泛、最深厚的基础，全面依法治国就必须把人民的利益、人民的愿望、人民的福祉落实到社会经济政治发展的全过程。三是坚持中国特色社会主义法治道路。全面推进依法治国必须从中国的实际国情出发，走适合国情的法治道路。四是坚持依宪治国、依宪执政。五是坚持在法治轨道上推进国家治理体系和治理能力现代化。六是坚持建设中国特色社会主义法治体系。中国特色社会主义法治体系是推进全面依法治国的总抓手。七是坚持依法治国、依法执政、依法行政共同推进，法治国家、法治政府、法治社会一体建设。八是坚持全面推进科学立法、严格执法、公正司法、全民守法。九是坚持统筹推进国内法治和涉外法治。十是坚持建设德才兼备的高素质法治工作队伍。十一是坚持抓住领导干部这个"关键少数"。这十一个坚持是中国共产党新时期宏大叙事在法治领域的体现，涉及依法治国的各个方面，是依法治国的顶层设计和宏大目标，是依法治国的主要任务，体现了新发展阶段、新发展理念、新发展格局的具体内容。这十一个坚持是在法治轨道上推进国家治理体系和治理能力现代化，为全面建设社会主义现代化国家、实现中华民族伟大复兴的中国梦提供的有力法治保障。

宏大目标已经确定，但目标的实现依赖于一个个微观目标的实现，依赖于脚踏实地的工作。处理好这十一个坚持与微观目标的关系是今后一个时期的主要任务。宏大目标最终应体现为具体的任务，因为人民的利益不是一句空话，而应有切实的内容。比如，每一个生活在这片土地上的人都应该享受相应的福祉，并具备应有的尊严。住房问题、养老问题、教育问题、医疗问题、就业问题是这些宏大叙述的具体内容，我们不仅要提出远大的目标，而且要尽快解决眼前的难题。又如，法治建设抓关键少数也是一个十分重要的目标。抓关键少数是使领导干部做尊法的模范，带头尊崇法治、敬畏法律；做学法的模范，带头了解法律、掌握法律；做守法的模范，带头遵纪守法、捍卫法治；做用法的模范，带头厉行法治、依法办事。十八大以来，我党反腐败不断向纵深发展，不论其官位有多大，职务有多高，在任上或在任下，只要贪污腐败都将被绳之以法。反腐败赢得了人民的信任，使我党的威望得到进一步提升。

然而，人民群众对关键少数仍然有一些意见和看法，如形式主义、官僚主义、官本位盛行，且有愈演愈烈的趋势。反腐败更要反官僚主义、反形式主义。习近平总书记强调："要把造福人民作为最重要的政绩，坚决反对和克服形式主义、官僚主义。"形式主义、官僚主义是我们党的大敌、人民的大敌，是阻碍党的路线方针政策和党中央决策部署贯彻落实的大敌，是群众深恶痛绝、反映强烈的问题，必须采取有效举措予以根治。各级干部应加强与人民群众的密切联系，做到水乳交融，而不是车来车往、高高在上，听汇报、阅文件，不明真实情况、不知民间疾苦。此外，反腐败还应反特权，特权本质上也是腐败的表现形式之一。现实中，由于一些特权用各种"规定"的形式固定了下来，表面上看是限制官员逾制逾矩，实质上却成为部分官员为官从政追逐的利益目标。这些"规定"脱离人民群众，成为矗立在党和人民之间的无形高墙，实际上背离了我党的立党宗旨。

总而言之，只有让这些宏大叙事变为一个个真实的目标，让政治话语与公共话题同频，解决老百姓一个一个的实际问题，才能更好地赢得民心，实现中华民族伟大复兴的目标。

2. 处理好新技术与老问题的关系

信息时代改变了我们的社会和生活，同时也改变了传统社会运作和管理的模式。在信息化时代成长起来的新生代人对社会的认知与老一代人有很大的不同，这对传统社会的管理模式带来了很大的挑战。由于信息技术将物理社会压缩成一个扁平的世界，人们通过指尖便可以获得生活所需要的一切。社会变得更加民主和多元，公众的参与性更强，所有人都可以在虚拟世界里指点江山、激扬文字，发表各种言论。在网络中，没有权威，没有专家，没有领导，只有评论和被评论、攻击和被攻击的对象，社会矛盾在这里经常被放大并广泛迅速传播，引起一波又一波的舆情。所有人都"在场"，所有人又都"不在场"，这种现象无疑使不能适应新时代的政府或其他公权力机构人员在行使权力时处于无所适从的恐慌之中，因为他永远不知道下一波舆情将在什么时候以怎样的方式袭来。

各级政府在进行社会治理时应用信息技术的水平参差不齐,有的应用得好,有的则还未引起足够的重视。信息技术是一场革命,如前所述,其全方位地改变了我们的生活和行为方式,更改变了公权力机构的治理模式。但不少的公职人员仍然停留在原有封闭的管理机构,在体现威严的宏伟的"官僚建筑"中活动。他们对变化虽有感知,但知之甚少;对技术虽有认识,但并未意识到这是一场革命。在这个封闭的管理结构中,他们还是习惯于听汇报、看文件,部分领导干部更是如此。由于现有干部队伍晋升是一个封闭式的机制,容易出现上级喜欢什么,下级汇报什么;下级汇报什么,上级听信什么,自我标榜和不正确的政绩观大行其道。结果是,往往网上已经民意沸腾,决策层还在慢条斯理,"让子弹飞一会儿",这"一会儿"经常会导致严重的后果。

中国共产党有三大作风:理论联系实际、密切联系群众、批评与自我批评,这是我党永远不能丢弃的精神财富。新时代的群众在哪里?根据中国互联网络信息中心《中国互联网络发展状况统计报告》,截至2021年12月,我国网民规模达10.32亿,较2020年12月增长4296万,互联网普及率达73.00%。因此,我们党的领导干部在密切联系群众时不应只是在现实中调查民情,还应该上网去了解民意。网络是最大的民主议事平台,也是全过程民主最重要的舞台,在这个开放的平台上,只要不违反法律、不违背公序良俗,人们便可以自由地交流思想、讨论问题,同时也可以对领导层提出建议和期待。可以说,网络发展到今天已经极大地拓展了民主参与的范围,改变了参与的形式,所有的领导干部都应该认识到这一点,并作出相应的改变。

跟上时代步伐,适应信息时代,应是对党政机关司法人员的基本要求。全国各地各行各业都在竭力进行转型和创新,但是放眼一望,真的能用新技术解决新问题的政府部门、单位仍然不多。虽然人们都将数字经济、数据治国挂在嘴上,但实践中掣肘因素很多,一些措施仍然停留在口号、标语、文件中,难以落地实行。任何一种新技术的生命力都在于实践性,在于确实能带来效益,推动社会进步和发展。时代催生了机遇,抓住机遇就能腾飞。

导 论

对公权力机构而言，用新技术解决老问题比较成功的范例有很多。人民法院在新的信息技术革命中就抓住了机遇，成功地开辟了中国智慧法院建设之路。人民法院信息化是司法制度改革中最具冲击力，也最成功的改革之一，它是司法制度的一场革命，通过重塑司法行为的理念与方式，全方位地提升了人民法院审判能力现代化的水平。审判能力现代化是国家治理能力现代化的重要组成部分。党的十八大以来，人民法院借助新技术，对审判流程、审判管理、诉讼服务进行了全方位改造，搭建了审判流程信息管理平台、庭审信息公开平台、执行信息管理平台和裁判文书公开平台，以及其他一些关系全国法院一盘棋的重要平台。这些平台对人民法院解决困扰多年的案多人少问题，为人们提供更好的司法诉讼服务，全方位深化司法行政管理带来了希望。当前人民法院正抓住人工智能发展机遇，推动人工智能技术在司法领域的深度应用，建设以知识为中心，以智慧法院大脑为内核，以司法数据中台为驱动的智慧法院4.0版。当前，人民法院已经实现了四级法院"全业务网上办理、全流程依法公开、全方位智能服务"。全流程网上办案体系是法院信息化最具代表性的内容，因为其通过信息技术将法院办案审理环节全部纳入信息系统，如网上立案、在线庭审、庭审记录改革、电子送达、智慧执行等。全流程网上办案有以下几个优势：一是使法院的立案、审判、执行实现了无缝衔接，让法官利用新技术、新系统办案审判，提高了办案的效率。二是便于诉讼当事人参与，降低了当事人的诉讼成本和时间成本，保障了当事人的诉讼权利。以庭审的智能化场景为例，人民法院依托科技法庭同步进行庭审录音录像，以保证审判公正；引入庭审语音识别系统，区分识别庭审过程中不同人员的语音信息，即时转换成庭审笔录，减轻了书记员的工作压力，提高了庭审的质效；配备了电子证据随讲随翻系统，用语音直接调取证据材料，便于法官当庭比对印证、查明案情，同时，也方便庭审结束后诉讼参与人及时在庭审笔录上进行电子签名。信息技术的发展使法院的远程诉讼应运而生。在传统司法诉讼中，一个普通民商事案件从立案到结案，当事人要多次往返法院。对于异地的当事人和代理人来说，诉讼耗时长、成本高。移动电子诉讼彻底改变了传统的司法诉讼模式。当事人足不出户、动动手指就能申请立案、参与诉讼，大部分案件可实现"零在途时间"和"零差旅费支出"，给当事人带来了极大便利。自2020年新冠肺炎疫情爆发以来，智慧法院也大显神通，做到社会公平正义不停摆。全国法院大力推行电子诉讼，引导当事人通过人民法院在线服务平台等开展在线立案、在线缴费、在线开庭、在线证据交换。2021年，全国法院在线立案1143.90万件，在线交费1093.20万次，在线开庭127.50万场，在线证据交换260.10万次。智慧法院还助力司法公开，截至2021年，中国审判流程信息公开访问次数6.20亿次，已公开案件5980.70万件；执行信息公开网已公开案件2093.14万件；中国裁判文书网累计公开文书128381617篇，累计总访问量78741462309人次；中国庭审公开网累计公开直播1715.78万场，累计观看量440.05亿次。人民法院智慧法院建设之路向我们表明，新科技并非神秘之物，世上无难事，只要肯登攀。

　　各地的城市大脑也是利用新技术解决老问题的重要探索。成都市政府的网络理政就是一个很好的创新。截至2022年8月，成都市网络理政平台接到电话5966083个，办结事项5915635件，正在办理事项50448件。网络理政平台接到的投诉和建议的内容非常广泛，如食品安全、工资发放、消费纠纷、核酸效能、占道停车等。成都市政府搭建了网络理政平台，拉近了与公众的距离，提高了处理问题的效率。平台接到电话后能第一时间分配给相关部门，并规定处理的时间节点，使问题能够尽快得到解决。除了被动地接受投诉和建议外，成都市网络理政平台还主动出击，为人民群众解决问题和难题。如成都市青羊区2022年4月以来，聚焦失能老年人"急难愁盼"问题，在全区范围内开展65岁以上失能老年人"健康敲门行动"，以提高失能老年人的生活质量和生命质量。全区11个社区卫生服务中心组织70个家庭医生团队，为1933名失能老年人提供了免费健康服务。一是为失能老年人免费开展一次包括生活方式和健康状况评估、身体检查、中医体质辨识及保健指导等的健康管理活动，对生活自理能力中度依赖、不能自理的失能老年人建档立卡；二是为失能老年人免费上门提供康复护理指导、健康风险指导、心理支持、就诊转诊建议等健康服务；三是开通一条健康咨询热线，为失能老年人确定家庭医生团队，通过电话、微信等方式，定期主动联系失能老年人或其监护人，了解失能老年人健康状况及健康服务需求，免费推送有针对性的健康信息，对失能老年人或其监护人提出的健康咨询给予指导。① 这些具有针对性的做法拉近了党和人民群众的关系，体现了我党的为人民服务宗旨。

不过，并不是所有地方所有部门都能从容应对新技术带来的挑战。不少地方和部门仍然难以适应时代的要求，虽然制定了各种数字规划，实际上仍然是镜中花、水中月。数字经济、数字治理需要的是数字共享，但数字的经济价值使得共享艰难。在社会治理中，最应该共享数据的政法系统步履蹒跚。公检法司四部门基本上是各唱各调，虽然有的地方建立了社会治理联合机制，但如果数据不能共享，联合机制只能是事倍功半。没有数据不仅无法知道事件的缘由，也无法判断事件的走向，只能以传统的方法应对社会的新矛盾和新冲突，结果是反应迟滞、处理低效。

"数字政府"已经提了多年，全国各地前进步伐不一致，有快有慢，不少地方处于心有余而力不足的状态。总体而言，发达地区相对好一些，不仅观念意识到位，经济实力较为雄厚，现实也有迫切需求。从全国的情况来看，目前各地政府自上而下都有信息系统，各地区也有信息系统，但这些系统各自为政，重复建设严重，数据没有打通，实现数字治国任重道远。

在依靠数字赋能、提升办案质效方面，各地政府也有较大的提升空间。不像人民法院已经实现全流程网上办案，政府执法办案依然处于信息化初级阶段，也就是说还处在上网阶段，政府执法办案只是把实体场景搬到网上，把案件录入电脑，记录办案的过程，或者进行在线监督预警，还做不到实时办案，事后录入也还没能全覆盖，用新科技提升办案质效还是一个遥远的目标。

---

① 成都市网络理政平台，http://12345.chengdu.gov.cn/detail?id=201030&infoID=3083，2022年7月30日。

打破数据壁垒、实现数据共享是数字政府建设的核心问题。目前各级政府都在搞数据共享，但各地在实践中并没有实现，造成执法和监管困难。数字政府建设依赖于各政府部门的数据共享，但多数部门依然不愿公开数据，既不愿与其他部门共享，也不愿与社会共享。

向数字化迭代，全力打造知识平台，服务党政决策也是数字政府建设的关键。由于一些政府和部门对数字技术的应用还停留在上网阶段，在数据挖掘、汇集、整理、分析方面尚未形成规模性、系统性、精细化和准确性，政府的信息化系统还没有成为辅助办案办公的知识平台，大数据分析应用也未能充分发挥作用。

政府信息化应该说起步较早，但是部分政府的信息化发展较慢，主要原因是认识不够、动力不强、问题意识不足、系统林立、重复建设、数据共享差。

3. 处理好普法形式与普法效果的关系

法治的作用是对国家政治、经济以及社会进行统一的规范化治理。法治的形式和内容要实现统一，才能达到最佳的效果。法治依赖于普法的形式和普法的内容，而普法的形式和普法的内容又与法治的形式和法治的内容密切相关，后者是一种法治本体论的探讨，与实践存在一定的隔膜。但无论采取什么法治形式，都离不开对法律的了解、掌握和运用。本书虽未涉及普法的内容，但因普法在法治建设中有举足轻重的作用，值得对八五普法以来的成效和存在的问题加以总结，以促进地方法治建设走得更快，脚步更稳，成效更显著。

1985年，司法部向第六届全国人大常委会第三次会议提交了"一五"普法规划草案。全国人大常委会审议通过了《关于在公民中基本普及法律常识的决议》，中共中央、国务院转发了中宣部、司法部《关于向全体公民基本普及法律常识的五年规划》，自此，全国开展了大规模的普法活动，时至今日已经进入八五普法。中国的普法实践跨度长、韧性强、涉及范围广，可谓一项巨大的工程。

普法是全面依法治国的重要内容。依法治国要求全面推进科学立法、严格执法、公正司法、全民守法。普法与上述四个方面密切相关。立法机关通过立法草案征求意见、立法草案解读等方式能够提高公众对于法律法规的认识，降低后续实施成本；执法机关在严格执法过程中积极主动普及执法的法律依据，能够有效地降低执法成本，增加执法质效；司法机关通过鲜活、生动的案例以案释法，给人以遵法、守法的示范，可使全社会形成守法、明理的良好风气。

普法是推动依法治理的前提条件。领导干部和人民群众法治素养的高低，直接影响着依法治国的进程，影响着国家依法治理的发展。实现依法治理必须使领导干部和人民群众知法、懂法、守法、遵法。对于领导干部及一线执法人员而言，普法能够提高领导干部的法治思维和法治水平，提高运用法治手段管理国家和社会事务的能力；对于普通群众而言，普法能够提高公民法治素养，使公民学会运用法律手段维护自己的合法权益。

全民守法依赖于全民普法。习近平总书记指出："全面依法治国是一个系统工程，必须统筹兼顾、把握重点、整体谋划，更加注重系统性、整体性、协同性。"全面依法治国是始于立法、经由执法和司法、实现守法的一个过程。其中，全民守法既是全面依法治国的手段，也是全面依法治国的结果。全面守法不仅仰赖于科学立法、严格执法、公正司法，还与全面普法有关。虽然不同领域对法治的要求不同，但全民守法都是非常重要且不可或缺的一环。只有全体人民信仰法治、厉行法治，国家和社会生活才能真正实现在法治轨道上运行，中国才能实现民族复兴梦。

普法要强调"谁执法谁普法"。中国80%以上的法律、90%以上的地方法规以及全部的行政法规和规章都是由政府来执行的，政府普法可以将相关法律法规和政策规定变成活生生的社会行为规则，使普法真正起到实效。此外，"谁执法谁普法"有助于提高执法者的法治素养，自觉地依法行政。人民法院和人民检察院是法律的实操者，人民法院和人民检察院通过以案释法、司法公开等方式普法，为人们的行为画出一道不可逾越的红线，使人民群众充分、直观地认识到守法的可贵和违法的代价，推动全民法治意识的提高。现实中，一些国家工作人员特别是领导干部依法办事观念不强、能力不足，知法犯法、以言代法、以权压法、徇私枉法现象依然存在。之所以存在这样的问题，其中一个重要原因是管理与普法分离、执法与普法分离，管理者、执法者不普法，甚至不懂法，不依法办事。让管理、执法工作与普法工作紧密结合，普法才能产生实效。

全民守法是全民普法的结果。全民守法，就是任何组织或者个人都必须在宪法和法律范围内活动，任何公民、社会组织和国家机关都要以宪法和法律为行为准则，依照宪法和法律行使权利或权力、履行义务或职责。任何个人、社会组织和国家机关都必须遵守我国宪法法律，法律面前人人平等，没有特殊，没有例外。习近平总书记要求："引导全体人民遵守法律、有问题依靠法律来解决，形成守法光荣的良好氛围。"全民守法的关键是全民普法的水平和力度，因此全民普法和全民守法是相辅相成的，全民普法是全民守法的前提之一，普法对于提高公民法治素养至关重要。为此，要加强法治宣传教育，必须使人民认识到法律既是保障自身权利的有力武器，也是必须遵守的行为规范。要增强全社会学法、尊法、用法、守法意识，让法律为人民所掌握、所遵守、所运用，增强人民群众对法律的心理认同，使尊法、守法内化为全体人民的自觉意识，变为人民群众的共同追求和自觉行动，形成全民守法的大好局面。

要提高普法实效性。从"一五普法"到"八五普法"国家投入了大量的财力和人力，普法取得了一定的成效，但离人们的期望还有一定的距离。为了使法律更好地入脑入心，润物细无声，一些主管部门采取了法治广场、法治公园、吹拉弹唱等形式进行普法宣传。这些形式不可谓无效，但效果有多大很难判断。因此有学者提出，增强普法的实效性可采取以下方法。一是强化普法主体的针对性。不同的社会活动主体，有着不同的法律需求。根据不同主体的需求开展普法工作，是强化普法实效最为有效的措施。二是强化普法内容的及时性。应及时普及新的法律法规和新修改的法律法规。三是使普法方式具有普遍性。普法工作是群众性的工作，注重其普遍性是其群众性的必然要求。[1]

---

[1] 卓泽渊：《进一步强化普法的实效性》，《中国司法》2022年第2期。

强调普法工作的针对性、及时性和普遍性，确实是提升普法效果的路径。但还需要注意的是，在现实中，很难期待民众对政治主题的法治内容有所共鸣，人民更多地是希望对身边的"一地鸡毛"有所定论。这不是说，政治主题不重要，实际上政治主题相当重要，没有政治目标，一个国家、一个民族会处于一盘散沙、无所适从的状态。与法治相关的政治主题的普及应该采取更加生动、灵活和延展性的方式进行，而不是以僵硬、强迫和填鸭式的方式开展。这就需要使法治中的政治主题和公共话题实现同频共振，将政治主题融入公共话题，融入"一地鸡毛"。人民群众在每一个实践中都感受到切身利益的相关性，才能更加地认同现存的法律秩序和法律治理。

一　总　论

总结法治实践要掌握好一般和特殊的辩证关系。所谓地方法治建设的一般特性，是指所有地方法治建设过程中都具有的特点和遵循的规律，而法治建设的特殊性，在相当大程度上与地方特殊环境相匹配，无法直接复制推广其做法和经验。从地方实践来看，依法治国走向的法治逻辑既要兼顾法治建设的一般规律，也要考察法治建设的特殊经验和做法。总体而言，依法治国的一般规律可以总结为以下内容。

（一）法治建设依靠党的领导

党的领导是中国特色社会主义最本质的特征，是社会主义法治最根本的保证，全面推进依法治国，必须坚持党的领导。在地方法治发展的逻辑上，同样凸显了党的领导的重要性。首先，党为法治发展提供了正确的方向。党政军民学，东西南北中，党是领导一切的。在法治建设过程中，党通过立法规划、立法计划、法治发展规划、法治发展纲要、法检年度工作要点等文件，指引地方法治发展方向，保证各部门、各领域的法治发展齐头并进、并驾齐驱。缺少党中央的绝对领导，地方法治发展难免各行其是，有时甚至会因为地方领导人的变化而变化，导致朝令夕改。此外，地方法治发展既要保证与中央思路一致，做到承接中央法治发展思路，并将宏大政策平稳落地；还要结合地方具体情况有所创新。只有坚持党的领导，才能保障自上而下的政策连贯、统一，保证地方在推进法治建设过程中不会超出中央划定的红线和底线。其次，党为法治建设提供了足够的政治资源。法治建设过程中涉及权力责任的划定，权利义务的划分，需要有足够的政治权威和政治资源。在中国环境下，只有中国共产党拥有如此强大的政治权威，可以在划定各方利益的同时，合理统筹安排各自责任；只有中国共产党拥有如此丰富的政治资源，可以整合所有力量为实现全面依法治国而共同努力。可以说，只有在党的领导下才能坚持和拓展中国特色社会主义法治道路，才能厉行法治、推进法治。最后，党为法治发展输送了人才。法治发展离不开优秀的干部、立法者、执法者、法官、检察官、监察官、律师等专业法治人才。党通过一系列的人员任命和罢免，选择一批有能力、有作为、有担当、有胆识的优秀干部充实法治建设的一线，同时通过严于国法的党纪约束党员干部，保障法治建设过程有足够的人才储备，为法治建设提供扎实的人才保障。

（二）法治建设强调以人为本

党和政府要坚持以人民为中心开展法治建设。人民是历史的创造者，是实现中华民族伟大复兴的根本力量。全面依法治国最广泛、最深厚的基础是人民。推进法治中国建设，必须始终坚持以人民为中心，坚持法治为了人民、依靠人民、造福人民、保护人民。全面推进依法治国，根本目的是依法保障人民权益。中国将人民拥护不拥护、赞成不赞成、高兴不高兴、答应不答应作为衡量法治工作得失的根本标准，把体现人民利益、增进人民福祉落实到全面依法治国的各领域和全过程，不断增强人民群众的获得感、幸福感、安全感，用法治保障人民安居乐业。在地方法治建设过程中，也将以人为本、以人民为中心体现得淋漓尽致。立法方面，立法征求意见全面覆盖，是为了保障更多的人民群众能够参与立法，将全过程人民民主贯彻到立法的每个阶段；行政审批方面，推出"不见面审批""秒批"等措施，有效地节约了人民群众的时间成本；司法层面，推行的司法公开，为切实解决执行难提供了立法保障，更好地维护了人民群众的利益；普法及公共法律服务方面，各地陆续推出的

"法律明白人""网上公共法律服务平台"等，极大地降低了普法成本，提供了良好的公共法律服务体验。法治建设以人为本、以人民为中心意味着权力机关要刀刃向内，向信息技术要生产力，向制度改革要活力；意味着权力机关和执政者在推动改革过程中不能仅站在自身角度看问题，不能为自己扩编扩权，不能为自身谋利；意味着执政理念、施政纲领、政策执行要时刻站在人民立场看待问题，要把人民答应不答应、高兴不高兴、满意不满意作为出发点和落脚点。从各地法治实践来看，尽管方法手段不同、资源禀赋不一、环境背景各异，但相同的是真心实意为人民谋幸福，为民族谋复兴。这种指导思想贯穿法治建设的始终，即便在紧急状态下依然如此。尤其是在突发天灾、安全事故以及疫情过程中，从中央到地方无一不是将人的生命健康放在第一位，经济财产放在第二位。这种做法已经上升到了中央和地方立法中，例如，《中华人民共和国安全生产法》中规定"安全生产工作应当以人为本，坚持人民至上、生命至上，把保护人民生命安全摆在首位"；《山东省物业管理条例》中规定："物业管理应当坚持以人为本，实行业主自治与专业服务、社区管理相结合的原则。"

（三）法治建设兼顾地方特色

坚持立足地方特色和实际加强法治建设是地方法治发展呈现的另外一个特色。走什么样的法治道路、建设什么样的法治体系，是由一个国家的基本国情决定的。法治建设必须从国情和实际出发，走适合自己的法治道路。全面推进依法治国，必须从中国实际出发，地方法治建设也要从地方实际着手。各级地方在推动各自法治建设过程中，没有罔顾地方实际情况，超越本地实际阶段；也没有因循守旧、墨守成规。正是因为法治发展立足地方特色和实际情况，在中国广大土地范围内的法治经验和创新才会如此丰富。一方面，能够看到在北京、杭州、广州成立互联网法院专门审理与互联网相关的案件，涉案双方无须到场，法官、双方当事人在线上处理案件；另一方面，也能看到西部"马背上的法庭"，法官骑着马、驮着国徽翻山越岭给山民们断一些鸡毛蒜皮的案件。发达的现代科技城市与落后的偏远乡村，这些截然不同的环境背景，正是当代中国法治建设所面对的多元、复杂的现状之一。法治建设属于上层建筑，不能脱离经济基础空谈法治发展水平的高低、好坏、优劣。地方法治建设应当量力而行，有多少资源、有多深积累、有多少能力就办多少事情。相同的事情可以有不同的做法，例如对于城市管理法治化，杭州市余杭区就可以依托城市大脑，通过信息化手段解决"事多人少"的问题，通过数据关联预防企业欠薪，通过线上线下两种渠道解决矛盾纠纷；甘肃酒泉则充分利用网格化管理，动员党员干部深入基层、深入一线，入村入社区，在摆事实讲道理的同时利用感情因素解决居民矛盾，利用更有针对性的执法检查防止企业欠薪跑路。强制在西部欠发达省份引入大数据、人工智能、智慧管理等因素加强法治建设不现实；东部沿海地区经济体量大，企业数量多，相比之下执法人员数量严重不足，在此情况下强制在东部沿海地区要求所有干部亲力亲为也不现实。故部分在东南沿海城市能够推广的法治经验无法直接复制到西部；在西部奏效的方式方法很多也无法在东部适用。

（四）法治建设践行试验主义

普遍与特殊之间的关系贯穿于法治建设的始终。某些地区特殊的法治创新举措，经过改良，可能复制推广并在更高一级甚至全国范围内适用，成为普遍的法治建设内容。比如，全过程人民民主是以习近平同志为核心的党中央提出的重大理念，大大深化了党对民主政治发展规律的认识。该理念的提出源自2019年11月2日习近平总书记参观上海虹桥街道的立法意见征询点后，明确指出："人民民主是一种全过程的民主。"法治建设过程中的一条重要经验就是所有法规、政策都要经过反复检验、试验与改进。政策实施过程中反复检验、反馈与改进，使党和政府的各项决策在实践中日益精准地代表人民利益。通过上述过程形成的代表人民根本利益的法律和政策，能否达到预期的目标，还需要继续通过实践来检验。中国法治试验主义是自上而下与自下而上相结合的。自上而下的改革来自党中央、国务院颁发的各类文件，对全国法治发展具有重要的指导意义。而自下而上的改革则属于地方法治经验的创新发展，部分改革创新和有益做法成为被全国其他地方借鉴的经验，甚至成为修改法律、行政法规的基础。自新中国成立以来，中央先后推出了十四个"五年规划"和"五年计划"，对于中国的经济社会发展发挥了重要作用。自"九五"计划开始，法治建设及其发展目标开始被纳入国家计划治理体系。最近的"十四五"规划也规定了"全面推进法治中国建设"的建设任务和发展目标。除了"五年计划"和"五年规划"外，专项规划也是推进全面依法治国的重要方式，如全国人大常委会的立法规划与《法治政府建设实施纲要（2015—2020）》。自下而上的改革则源自地方创新实践，例如，前海推出的依托电子口岸公共平台建设国际贸易单一窗口、国际海关经认证的经营者（AEO）互认制度、原产地签证管理改革创新、国际航行船舶检疫监管新模式、海关企业进出口信用信息公示制度、入境维修产品新模式等实践，已经证明了其科学性和可行性，并已经向全国推广。

（五）保障监督体系不断完善

有力的法治保障体系和严密的法治监督体系是中国特色社会主义法治体系的重要组成部分。一方面，"徒法不足以自行"，法治建设仅仅依靠完备的法律规范体系和高效的法治实施体系是远远不足的。法治文化的挖掘，法治理念的深入，法治精神的彰显都需要有人、财、物的保障。另一方面，法治建设离不开法治监督体系的完善。党的十八大以来，以习近平同志为核心的党中央坚定不移全面从严治党，党风廉政建设和反腐败斗争取得历史性成效。当前从中央到地方已经逐步形成较为完善的法治监督体系，中央层面不断健全宪法实施和监督制度，强化对行政权力、司法活动的监督和制约，充分发挥党内监督、人大监督、民主监督、审计监督、社会监督等多种监督方式，使其形成合力，共同推进法治监督体系的规范化、程序化、制度化。各级地方在推动法治保障体系和法治监督体系过程中，涌现了许多值得关注的经验，有的为法治监督插上了信息化的翅膀，极大地提高了监督效能。例如，四川眉山利用大数据分析手段，整合资金使用平台信息，有效保障了涉农、惠民、扶贫等资金的合规合纪使用，为预防微腐败，保障脱贫攻坚顺利完成发挥了重要作用。有的地方通过出台相关政策重点扶持法律服务，为地方法治供给提供充足保障。例如，前海自贸片区出台《深圳市前海深港现代服务业合作区法律服务业专项扶持资金实施细则》，作为全国自贸区首个法律服务业的扶持政策，首批获扶持机构10家，总金额1260万元，有效促进了法律服务业在前海聚集发展。

（六）法治竞争格局初步形成

当前，地方与地方之间不仅有 GDP 竞争，还有法治环境竞争。地方法治竞赛格局已初步形成，内容从法治整体情况到具体内容创新。例如，在推进线上诉讼过程中，浙江宁波和广东广州几乎在同一时间段推出移动微法院，形成一种比学赶帮超的竞争格局。地方兴起的法治竞争，既有利于在法治轨道上推进地方治理体系和治理能力现代化，又有助于改善地方营商环境。在此过程中，法治评估间接助推了法治竞争格局的形成。在法治评估方面，既有以专题为研究对象的全国范围内的法治评估，例如，以立法、法学教育、法律实施等为研究对象的法律年度发展报告；也有以特定视角切入的具体评估，例如，全国范围内的立法透明度评估、政务公开评估、司法透明度评估、检务透明度评估；还有针对省、市、县、自贸区的专项评估，例如，四川依法治省评估、余杭法治评估、前海法治评估等。各地之所以如此重视法治竞争格局，一方面在于其对地方法治建设积极性有极大的提高，另一方面则是法治的优劣决定了营商环境的好坏。营商环境竞争本质上也是法治的竞争，正所谓法治是最好的营商环境，法治环境较好的地方，营商环境一般较好。从法经济视角来看，如果交易费用为零，不管产权初始如何安排，当事人之间的谈判都会导向财富最大化的结果，即市场机制会自动达到帕累托最优。如果交易成本不为零，则使交易成本最低的法律就是最好的法律。营商环境好的地方必然是在交易效率和交易安全中达到平衡点的地方，而不仅仅是纯违法成本低、社保低、工资水平低、劳工成本低的地方。中国稳定的政策环境、高效的行政效能、公正的司法实践、完善的法治体系成为营商环境竞争的重要内容。反过来，好的营商环境又是地方法治建设成果的重要佐证。在差序竞争的格局下，地方与地方之间的法治差异被不断缩小，有的在竞争过程中总结出了一套值得全国复制推广的经验和做法，推动了中国法治发展与进步。

二 人大建设的法治逻辑

全国人民代表大会是国家最高权力机关，地方各级人民代表大会是地方的权力机关。人民代表大会制度是中国的根本政治制度，是符合中国现实国情、体现社会主义国家性质、保证人民当家做主、保障实现中华民族伟大复兴的制度。各级人大在党的领导下，不断发展全过程人民民主，保障最广大的人民群众能够有效参与人大立法、监督、决定的过程，推动地方立法科学化、民主化、法治化进程，不断回应现实发展需求，履行人大监督职责。

（一）地方立法回应现实需求

近年来，地方立法越来越注重回应现实需求，通过立法的方式改善城市营商环境，推动终身教育，促进科技成果转化，推进垃圾分类和生态环境保护等。

优化营商环境方面，在多个地方立法基础上，2019年10月全国层面的国务院行政法规《优化营商环境条例》出台。2020年，山西省、北京市、上海市、广西壮族自治区、商丘市先后制定出台优化营商环境的地方性法规。2020年4月1日，北京市人大常委会通过《北京市优化营商环境条例》，推行信用分级分类监管。针对执法检查频次过高、执法标准不统一、信用修复机制不健全等问题，北京市要求创新监管执法方式，有关政府部门以公共信用信息评价结果等为依据，制定本行业、本领域信用分级分类监管标准，对市场主体采取差异化的监管措施。2020

年4月10日,《上海市优化营商环境条例》出台,围绕市场主体遇到的痛点、难点和堵点问题,打造企业全生命周期服务体系,在企业设立、融资信贷、纠纷解决、企业退出等方面持续优化营商环境,探索"一业一证"的审批模式改革,要求营造宽严适度的监管环境。此外,还设立了拖欠市场主体账款行为的约束惩戒机制、知识产权公益诉讼制度、工程建设项目建筑师负责制;在生态环境和资源保护、食品药品安全、公共卫生安全等领域建立内部举报人制度等。除专门的营商环境立法之外,中小企业促进相关立法也稳步推进。继安徽省、内蒙古自治区、广东省于2019年出台或修订促进中小企业发展的地方性法规之后,2020年上海市也修订了相关法规。2020年6月18日,《上海市促进中小企业发展条例》第二次修订,将促进中小企业发展作为长期发展战略,并要求明确行政区域中促进中小企业发展工作的第一责任人,确立由经济信息化委员会牵头协调解决中小企业发展中面临的问题和困难,设立中小企业服务专员,建立首接负责制和应急援助机制等一系列创新制度。

在完善医疗服务体系、提高医疗服务能力的同时,有效控制医疗废物风险,对于保护环境和保护人民群众生命健康安全具有重要意义。为此,《山东省医疗废物管理办法》《晋中市医疗废物管理条例》等先后出台。《山东省医疗废物管理办法》要求建立健全医疗废物收集运送处置体系,严格履行法定监管责任,完善医疗废物监督执法结果定期通报,监管资源信息共享和联合监督执法等机制。

近年来,家庭暴力问题受到社会各界越来越多的关注。山东省、湖北省、贵州省、新疆维吾尔自治区、内蒙古自治区、吉林省和湖南省先后出台了反家庭暴力的地方性法规或《反家庭暴力法》的实施办法。例如,2020年6月《吉林省反家庭暴力条例》通过,并于2020年8月1日起施行,同时废止2007年通过的《吉林省预防和制止家庭暴力条例》。新条例将威胁、骚扰、冷淡、漠视等方式对身体、精神的侵害行为均视为家庭暴力。该条例要求依法排查家庭暴力隐患,明确第一个接到家庭暴力报案、举报、投诉、反映、求助的单位为首问单位。公安机关健全家暴案件处置机制,将家暴警情纳入接处警平台,接到报告后公安机关应当立即出警。条例还注重发挥民政部门、居（村）民委员会、用人单位、法律援助机构、人民调解组织、医疗机构等的作用，明确民政部门设立临时庇护场所，为家庭暴力受害人提供临时庇护和紧急救助的职责，鼓励社会组织和公民为家庭暴力受害人提供多种形式的帮助。

科学技术是第一生产力，对经济发展最终起决定性作用的是科学技术的突破。为此，部分地区开始制定科技成果转化条例，破除阻碍科技成果转化的各种障碍。2019年11月，《山西省促进科技成果转化条例》修订完成，内容包括突出并细化保障科研人员50%的收益下限；科技成果处置权、使用权和收益权的下放；强化企业在科技成果转化中的主体作用；支持建设公共研究开发平台；推动科技成果转化资金多元化；简政放权、适应政府职能转变；等等。2019年11月，《北京市促进科技成果转化条例》通过，条例疏通了科技成果转化中的"堵点"，赋予创新者更多自主权，为科技成果落地打通"最后一公里"。

土壤污染问题已成为继大气污染、水污染之后引起全社会高度关注的重大环境问题。总体上土壤污染防治工作基础较为薄弱，缺乏直接明确的执法监管依据和举措，亟待结合实际开展地方立法。2019年11月以来，山西省、山东省、湖北省、天津市、湖南省多地出台土壤污染方面的地方性法规，在不抵触、不照搬上位法的前提下，立足地方实际，进行了补充和细化。2019年12月《天津市土壤污染防治条例》通过，2020年3月《湖南省实施〈中华人民共和国土壤污染防治法〉办法》出台。天津市推动建立京津冀土壤污染防治协商机制，加强对名特优新农产品产地的土壤环境保护，建立对于政府先行支出土壤污染风险防控和修复费用的追偿机制等。湖南省规定设区的市州政府应委托第三方机构按照国家规定对本辖区内县级土壤污染治理与修复成效进行综合评估，并将结果向社会公开。"净土保卫战"正式纳入法治轨道，将与大气污染防治条例、水污染防治条例、生态环境保护条例等法规一起，构建起立体管控的生态环保法治网。

此外，纠纷化解机制的现代化、国际化，乃至打造在国际上具有一定影响力、公信力的争端解决平台，系法治建设的重要内容。对此，深圳积极推进《深圳国际仲裁院条例》的立法进程，2020年6月首次提请深圳市人大常委会审议，并于2020年8月通过，为打造国际仲裁高地提供法治保障。

（二）协同立法推进如火如荼

2020年9月，浙江省、江苏省和上海市人大常委会采取"法律询问答复"的形式，取得全国人大常委认同后，分别通过《关于促进和保障长三角生态绿色一体化发展示范区建设若干问题的决定》，首次开展实质性区域协调立法，共同授权示范区执委会行使投资项目审批、核准和备案的权力，共同行使控制性详细规划的审批权。2021年7月，长三角地区人大常委会主任座谈会通过《2021年度长三角地区人大常委会协作重点工作计划》，拟推进数据协同立法、长江船舶污染防治协同立法等。2021年4月，广州、佛山两地签署《关于加强两市协同立法的合作协议》，全面整合两市立法资源。其中，《佛山市城市轨道交通管理条例（征求意见稿）》作为首个广佛立法协同项目，被列入佛山市2021年度立法工作计划。该条例拟建立广佛两市规划协同机制、互联互通项目建设机制、协同巡线机制、票务管理协同衔接机制等。城市轨道交通互联互通项目建设模式按照属地建设、统一协调的原则确定。对于项目建设技术标准及要求，实行全线统一。乘客守则由广州、佛山两市相关主管部门共同制定。只要不与佛山城市轨道交通管理实践需要相冲突，佛山将参照《广州市城市轨道交通管理条例》加以移植，确保制度、机制的最大限度协同统一和衔接。《安徽省人民政府关于加强行政立法工作的意见》（皖政〔2020〕43号）要求推动区域立法协同，"加强重要区域、重要领域跨区域立法研究，推动事关区域协调发展的立法和清理工作，使区域内的相关立法衔接有序。主动对接参与长三角联合立法，深化长三角地区立法工作协同，将有关区域协调发展的立法项目作为立法计划重点，加快推进立法进程"。

（三）"小切口"立法成效显著

《立法法》赋予设区的市地方立法权之初，不少城市追求立法大而全，但在务实、管用方面则存在一定不足，导致各界对地方立法的关注度有所降低。2021 年全国人大常委会在工作报告中提出，丰富立法形式，要搞"小快灵"，针对实际需求以"小切口"形式推进立法。近年来，一些地方不再单纯追究立法目标、立法体制的完整性，而针对实际问题有针对性地实施"小切口"立法，"不抵触、有特色、可操作"成为地方立法的新追求。2020 年修改后的《潍坊市燃放烟花爆竹管理条例》只有短短十几条，开口虽小但挖掘深，制定修改成本低而实施效果显著。聚焦住宅区管理混乱、电动自行车充电存在安全隐患等问题，《新乡市居民住宅区消防安全管理条例》的制定出台，得到相关部门的大力支持，化解了特定领域的实际问题。2021 年 4 月，苏州市人大常委会审议通过《苏州市太湖生态岛条例》，这是苏州首次为太湖岛立法，就资源保护、污染防治和生态修复做出明确规定。

（四）人大联络站点承上启下

加强人大代表联络站建设，既是发挥人民代表大会制度优越性的创新举措，也是夯实基层人大工作、充分发挥代表作用的有效抓手。为了贯彻落实党中央、全国人大重要决策部署，各地人大加快推进人大联络站建设，将人大联络站作为代表履职的重要平台。例如，湖南省人大常委会着力加强代表履职载体建设，让代表履职的形式更加多样，内容更加丰富，空间更加广阔。截至 2019 年年底，湖南建成代表联系群众工作平台 13477 个，6 个市州超过 1000 个，其中建在村、社区等地的有 11278 个。[①]

[①] 数据来自全国人民代表大会官方网站，http://www.npc.gov.cn/npc/c30834/201912/09702e9b52a043a98ee1d66a4451 96fb.shtml，2020 年 7 月 9 日。

人大联络站还是联系广大群众的重要渠道，上传下达的重要路径。例如，截至 2019 年 12 月中旬，山西省共建成代表联络站 1456 个，五级人大代表编组进站 85000 多人，基本建成了覆盖全省所有乡镇（街道）和五级代表的统一、规范的代表履职平台网，打通了山西省各级人大代表联系群众的"最后一公里"，各类事项经由联络站和各级代表汇集上升成为各级政府承诺办成的民生实事，党和国家的方针政策通过联络站，迅速传达给广大群众。人民代表大会制度的旺盛生命力和显著优越性，在一次次的联络站活动中得到充分显示。

（五）人大助力依法科学抗疫

2020 年年初，一场突如其来的新冠肺炎疫情打乱了中国人正常的生产生活节奏，为了打赢这场没有硝烟的战争，全国上下齐心协力共同迎战。地方各级人大及其常委会在此过程中发挥了重要作用。一些地方人大常委会做出依法防控疫情的决定，例如，2020 年 2 月 7 日，北京市人大常委会、浙江省人大常委会、上海市人大常委会做出依法防控疫情的决定。一些人大常委会将重点放在医护人员身上，例如，3 月 20 日，福建省人大常委会通过《福建省人民代表大会常务委员会关于切实保护关心爱护医务人员营造尊医重卫良好风尚的决议》。有的人大常委会做出了加强公共应急管理体系建设的决定，例如，3 月 25 日，陕西省人大常委会通过《关于依法做好新冠肺炎疫情防控工作加强公共卫生应急管理体系建设的决定》。截至 2020 年 4 月初，全国有 26 个省级人大常委会、60 多个设区的市人大常委会做出疫情防控的决定或决议。《湖北省人民代表大会常务委员会关于为打赢新型冠状病毒肺炎疫情防控阻击战提供有力法治保障的决定》明确县级以上人民政府根据法律、行政法规和本行政区域疫情防控需要，可以规定临时性应急行政管理措施并组织实施，可以紧急调集人员或者调用储备物资，临时征用房屋、交通工具以及相关设施、设备，并规定了相关单位和个人的配合义务。

在抗击疫情过程中，部分人大常委会组织人大代表以及人大常委会机关干部深入基层，考察抗疫物资生产情况和社区疫情防控情况。例如，浙江省人大常委会组织人大代表和人大常委会机关干部深入开展服务企业、服务群众、服务基层活动；福建省人大常委会动员人大代表积极助力复工复产，企业界、生产一线的人大代表积极响应，统筹做好疫情防控和复工复产；辽宁省人大常委会领导班子组成7个调研组，走企业、下社区、入工地、问项目、进市场、访农家，详细了解企业和重大项目复工复产、社区疫情防控、市场供应、春耕备耕等情况，并就遇到的问题提出对策建议。广西壮族自治区南宁市江南区人大常委会对社会救助进行调研，并要求加大宣传力度提高群众知晓率，鼓励线上自助申请，住户开展排查并特别关注困难家庭等。

（六）积极回应人大代表建议

办理人大代表建议是坚持和完善人民代表大会制度的内在要求，是监督和促进政府、法院、检察院工作的重要途径，是强化代表纽带桥梁作用的重要手段，是充分发挥代表作用的重要方式。全国各地人大常委会积极回应人大代表的各项建议，例如，河北省十三届人大二次会议以来，人大代表围绕全省中心工作和人民群众关心的热点问题，提出建议1065件，其中会议期间1052件，闭会期间13件，建议数量为历次会议最多。截至2020年1月，所有建议均在规定时限答复完毕。代表建议全部或部分采纳解决的占59.30%，列入计划解决的占33.20%，因法律法规和政策限制未解决但做出解释说明的占7.50%。从代表满意度看，代表表示满意和基本满意比例为100%。再如，上海市十五届人大二次会议期间和闭会期间，共433位市人大代表提出建议971件。其中大会期间906件，闭会期间65件。截至2019年12月10日，971件代表建议有967件已经办复，其中答复为"解决采纳"的685件，占总数的70.80%；"正在解决"的59件，占总数的6.10%；"计划解决"的42件，占总数的4.40%；"留作参考"的181件，占总数的18.70%。[①]

[①] 数据来自全国人民代表大会官方网站，http://www.npc.gov.cn/，2020年7月9日。

（七）互联网+推进监督履职

网络化、信息化正在逐步改变现有的监督模式，地方人大积极推动"互联网+人大"建设，有的上线"互联网+代表履职"，例如上海人大常委会开发上海代表履职 App，可以随时随地接收通知、跟踪议案建议办理进度、了解人大工作动态、与其他代表交流联系。有的地方人大常委会积极推动线上监督，例如，辽宁省人大代表履职信息平台上线后，可以实现人大预算审查监督信息化和网络化，人大在审查2020年省级部门预算草案时，利用预算联网监督系统平台，对项目支出预算安排进行核查比对，提高了预算审查监督工作的针对性和有效性。同时，还首次实现全省14个市级预算联网监督系统全覆盖。[1]

样本一　珠海立法：实施、成就与展望

1. 珠海立法的取得

珠海作为经济特区拥有两种立法权，其一为经济特区立法权，其二为设区的市立法权。珠海立法权的取得并非一蹴而就，而是经历了"间接授权立法—直接授权立法—法律赋权立法"的过程。所谓间接授权立法，即1981年，全国人大常委会授权给广东省人大及其常委会制定经济特区各项单行经济法规的权力。[2] 此时珠海等经济特区的地方立法都由省级人大及其常委会来制定，珠海尚未有独立的立法权，而且广东省人大及其常委会所能制定的经济特区法规仅限于经济领域，对于城市管理、

---

[1] 本部分数据来自全国人民代表大会官方网站，http://www.npc.gov.cn/，2020年7月12日。

[2] 根据决议，广东省、福建省人大及其常委会，可以根据有关的法律、法令、政策规定的原则，按照该省经济特区的具体情况和实际需要，制定经济特区的各项单行经济法规，并报全国人民代表大会常务委员会和国务院备案。参见《全国人民代表大会常务委员会关于授权广东省、福建省人民代表大会及其常务委员会制定所属经济特区的各项单行经济法规的决议》（1981年11月26日通过）。

二 人大建设的法治逻辑

社会建设、文化交流及文物保护等方面的地方性法规是无权制定的。由于广东省需要顾及汕头、深圳、珠海三个经济特区的立法工作，故珠海立法发展相对缓慢，珠海改革的很多需求无法得到立法保障。1996年3月17日，全国人大直接授予珠海经济特区立法权，从此珠海的经济发展有了制度保障，改革举措有了法规支撑，制度创新有了规则的指引。[①] 此时，不仅珠海市人大及其常委会能制定经济特区法规，而且珠海市政府还可以制定经济特区政府规章，这大大提高了规范性文件的制定效率，保障了政府颁行的有关改革的各种规范性文件的合法性，同时也赋予了珠海更大的改革自主权。包括经济体制改革、城市管理建设、文化交流等诸多方面在内的改革举措都有法规和政府规章予以保障，珠海立法进入了快车道。2000年《立法法》赋予了经济特区所在地的市以较大的市的地位，因此拥有了较大的市立法权[②]，至此，珠海市作为经济特区和较大的市拥有了两套立法体制。从1996年珠海正式拥有独立立法权以来，珠海合理利用立法权，积极开展立法工作，立法工作始终走在全国前列，切实保障和促进了珠海经济特区的腾飞，为全国性立法和其他地方立法提供了经验和样板。回顾珠海若干年来的立法经历，大致可以分为三个阶段。

（1）区立法阶段

珠海市立法的第一阶段是1996—2000年。1996年全国人大授予珠海经济特区立法权，至此珠海经济特区拥有独立制定地方性法规和地方政府规章的权力。珠海制定的经济特区立法无须经过省级人大常委会批准，由于对珠海经济特区进行立法授权的主体是全国人大，按照授权立法的文件规定，珠海经济特区的立法权限非常大，不但可以制定一般的地方立法，而且可以在不违背中央立法原则和精神的前提下对中央立法进行变通。在此阶段，珠海市制定了《珠海市企业技术秘密保护条例》

---

① 参见《全国人民代表大会关于授权汕头市和珠海市人民代表大会及其常务委员会、人民政府分别制定法规和规章在各自的经济特区实施的决定》，1996年2月17日第八届全国人民代表大会第四次会议通过。

② 2015年《立法法》修改后，较大的市的提法被设区的市所取代。

(1997)《珠海市授予荣誉市民称号办法》(1997)《珠海市房地产抵押管理条例》(1998) 等 26 部极具创新性的地方性法规，对于珠海的改革发展具有指导意义。但需要指出的是，由于经济特区的管辖范围小于珠海市管辖范围，此时经济特区立法仅在经济特区范围内有效，规范的效力无法覆盖整个珠海市。这就造成了虽然在一个城市，但经济特区和非经济特区存在两种法律制度，适用两套法规体系，在经济特区适用经济特区立法，在非经济特区适用广东省立法。

（2）两法并存阶段

珠海市立法的第二阶段是 2000—2010 年。2000 年中国出台了"管法的法"——《立法法》，《立法法》进一步确定了经济特区的立法权，同时也赋予了经济特区立法权所在的市较大的市立法权。至此，珠海便正式拥有了两种立法权：经济特区立法权和较大的市立法权。但是这两种立法权的立法权限、立法程序、适用范围有所不同：在立法权限上，在不违背上位法立法精神的前提下，经济特区立法可以对法律、行政法规、地方性法规进行变通，而较大的市立法权则不能；在立法程序上，经济特区立法无须经过广东省人大常委会的批准，而较大的市立法权需要经过广东省人大常委会批准后方能生效；在适用范围上，经济特区立法仅在经济特区内适用，珠海市较大的市立法则在全市范围内有效。珠海市灵活应用这两种立法权，对于不涉及全市范围且需要对上位法变通的规范，珠海市人大及其常委会行使经济特区立法权制定地方性法规，涉及全市范围内且不需要变通的规范，珠海市人大及其常委会行使较大的市立法权。在此阶段，珠海市人大及其常委会共制定地方性法规 40 件。

（3）两法共处阶段

珠海市立法的第三阶段是 2010 年至今。珠海市立法和珠海经济特区立法变化的第三阶段并非某个重要的法律出台，而是由于珠海经济特区面积变化所造成的。1980 年 8 月 26 日，第五届全国人大常委会第十五次会议批准了国务院提出的《中华人民共和国广东省经济特区条例》，正式宣布珠海成立经济特区，此时批准的经济特区的面积仅为 68 平方公里，由于经济特区发展卓有成效，随后国务院不断扩大了经济特区的范围，但经济特区的范围依旧小于珠海市的范围。由于经济特区立法仅能在特区范围内适用，因此很多先行先试的地方立法受到了限制，珠海市政府在适用经济特区法规过程中存在诸多不便。直至 2010 年 8 月 26 日，经国务院批准，从 2010 年 10 月 1 日起，将珠海经济特区范围正式扩大到全市。① 至此，经济特区立法的辐射范围扩大到全市。2015 年《立法法》修改，将较大的市立法权变更为设区的市立法权。在立法权限范围上，设区的市立法权进一步限缩，仅能对城乡建设管理、环境保护和文化等方面的事项制定地方性法规。

2. 珠海立法的实施

珠海市经过多年的努力，无论是在立法数量上还是立法质量上都取得了较为丰硕的成果。回顾珠海几十年的立法经历，可以发现珠海运用立法权具有以下特点。

（1）珠海立法效率高

从立法效率来看，珠海市平均每年制定 6 件地方性法规或有关法规问题的决定。无论是从横向比较的角度还是从工作强度的角度来考虑，珠海立法的工作效率都非常高。从横向比较的角度来看，与全国其他拥有立法权的城市相比，珠海年均立法数量位居全国前列。对于国务院批准的 18 个较大的市年均立法数量进行统计②，发现青岛市年均立法数量最多，为 3.24 部；其次是宁波市和苏州市，分别为 2.70 部和 2.55 部。若排除珠海市做出的有关立法的决定，仅算珠海市制定的地方性法规，珠海市的年均立法数量也远超青岛、宁波和苏州等城市。从立法的工作难度和强度来看，立法工作的开展不可能仅仅端坐在书斋之中凭空想象，抄袭上位法或其他城市的相关立法，这样的地方立法既不能指导工作，又无法适应社会需求。因此制定一部合格的地方性法规需要经过前期调研、论证分析、制定草案、征求意见、修改草案、表决通过、法规报备

---

① 参见《国务院关于扩大珠海经济特区范围的批复》（国函〔2010〕87 号），2010 年 8 月 26 日。

② 统计数据来源于北大法宝，特此说明。

等一系列环节，任何一环都需要立法者投入大量的精力。此外，对于规范性文件，珠海市人大及其常委会每年还要进行法制宣传、法规清理、法规修改等相关工作，这些工作的繁重程度不亚于制定一部新的地方性法规。由此可见，无论是横向比较还是考虑到立法的工作强度，珠海的立法效率都非常高。

（2）特区立法比例大

珠海市制定的地方性法规中，有62.92%的经济特区立法，有37.08%的设区的市立法，经济特区立法与设区的市立法比例大约为1.7∶1。可见，珠海立法以经济特区立法为主，设区的市立法为辅。珠海经济特区立法比例之所以如此大，有以下几方面原因。首先，经济特区立法程序简单。经济特区立法无须经过广东省人大常委会的批准便可以生效实施，而设区的市立法程序复杂，批准时限最长可达4个月，对于一些亟须出台的地方性法规，珠海基本都愿意选择使用经济特区立法而非设区的市立法。其次，经济特区立法空间大。很多可能会对上位法有所变通的法规，或者是一些先行先试的地方立法，珠海市基本都会选择经济特区立法，这样就可以绕过广东省人大常委会的审查批准，减少了不必要的麻烦。最后，经济特区立法起步早。珠海自1996年便拥有了经济特区立法权，而直至2000年后才有了较大的市立法权（2015年变成了设区的市立法权），在立法起步上，经济特区立法权比设区的市立法权提前了4年，故经济特区立法数量略多于设区的市立法数量。[①]

（3）立法质量有保障

珠海市不仅立法数量多、立法效率高，而且还定期开展法规清理工作，对地方性法规进行审查，及时修改或废止以保障立法质量。对于废止的地方性法规，有的是由于其丧失了存在的基础，如《珠海市外来务

[①] 需要说明的是，1996—2000年珠海制定的很多经济特区立法可以在全市范围内适用，如《珠海市房地产登记条例》（1997）第2条规定，本条例适用于本市行政区域内的房地产登记。这是因为珠海经济特区在批准之初范围非常小，无法起到先行先试的功效，故珠海市与全国人大法工委达成口头协议，珠海经济特区立法可以在全珠海实施，但2000年之后，《立法法》赋予了珠海较大的市立法权，这项协议马上作废。在1996—2000年，珠海市人大常委会利用经济特区立法权制定了很多全市通行的法规，但在2000年之后陆续修改和废止。

工劳动管理条例》；有的则是被新法所取代，如《珠海市人民代表大会常务委员会制定法规规定》（1996）被《珠海市制定法规条例》（2016）取代。但废止旧法不代表规范的断裂，新法将会在某种程度上继承旧法中的部分要素，如《珠海市制定法规条例》吸收了《珠海市人民代表大会常务委员会制定法规规定》中仍有益的很多内容，这样保持了立法的连续性，保障了立法质量。对于修改的地方性法规，一方面是由于新的法律、行政法规出台，地方性法规中的若干规定与上位法不符，珠海市人大及其常委会对地方性法规进行修改，如《劳动争议调解仲裁法》（2008）中规定了对于追索劳动报酬的案件可以裁决先予执行，故《珠海市企业工资支付条例》（2001年制定，2010年修改）中第34条将"先予给付"改为"先予执行"。另一方面则是地方性法规中所描述的内容发生了变化，因此需要通过修改使法规表述更加准确，如因《治安管理处罚条例》变为《治安管理处罚法》，故《珠海市商品交易市场管理条例》将第37条中"按照《治安管理处罚条例》规定予以处罚"修改为"按照《治安管理处罚法》规定予以处罚"。

(4) 立法领域覆盖广

珠海立法所涵盖的领域非常广泛，且分布较为科学合理。根据现行有效法规所涉及的领域，如图2-1所示，珠海市经济类法规占20%，如《珠海经济特区商事登记条例》《珠海经济特区民营经济促进条例》等；城市建设和资源环境类法规数量占比24%，如《珠海经济特区城乡规划条例》《珠海经济特区市容和环境卫生管理条例》等；社会建设类法规数量占比28%，如《珠海经济特区人民调解条例》《珠海经济特区志愿服务条例》等；政治类法规数量占比23%，如《珠海市人民代表大会常务委员会议事规则》《珠海市人民代表大会常务委员会关于珠海市人民政府规章备案的规定》等；文化类法规占比5%，如《珠海市法制宣传教育条例》《珠海市授予荣誉市民称号办法》等。除文化类法规数量较少之外，其他法规的数量大体相当，这也从侧面反映了珠海在立法过程中重视均衡发展，在政治、经济、城市建设和环境保护、社会建设等方面都有大量的制度规范作为支撑。

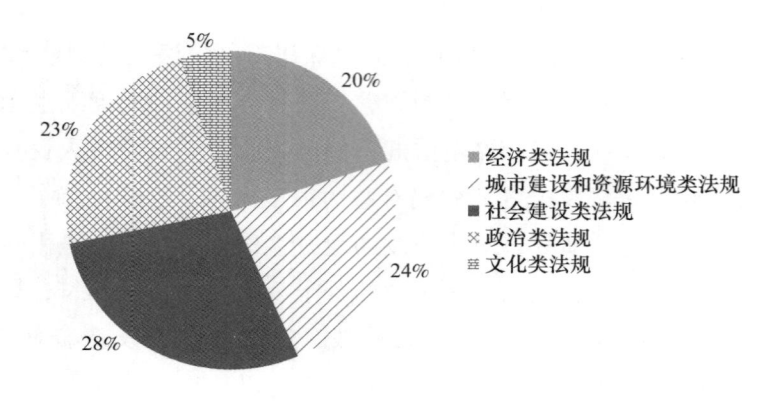

图 2-1 　现行有效法规所涉及的领域

3. 珠海立法的成就

（1）科学民主立法举措得力

珠海市人大及其常委会坚持贯彻科学立法、民主立法，摸索出了一套规范有效的制度体系。为了保证科学民主立法，珠海市人大及其常委会不断扩大公众参与的广度和深度。首先，出台《珠海市法规制定公众参与办法》，明确所有法规案都以登报和网络发布等形式广泛征求意见，并充分运用立法听证会、专家论证会、问卷调查、实地考察、基层调研、上门走访、公众论坛、网络互动等方式拓展公众参与立法途径。其次，为了了解并收集基层的第一手资料，珠海市建立了基层立法联系点制度。选取了 10 个具有代表性的镇街、司法所等单位设立基层立法联系点，收集基层对立法工作的意见和建议。再次，建立了立法咨询制度，制定《立法咨询专家工作规定》《立法咨询服务基地工作规定》，建立立法咨询专家库和高校立法基地，发挥高校及专家的专业优势。最后，建立立法工作联络员制度，在政府部门、高等院校、科研机构、企事业单位和社会组织的专业人才中选聘立法工作联络员。

除了上述四项制度之外，珠海市正在制定法规立项论证制度和立法后评估制度。法规立项论证是提高立法质量、发挥法规实效的首要环节，是立法成功与否的基础与前提。在适当时机制定适当的法规，在适当阶段出台适当的制度关系珠海市经济发展和社会进步。诸多地方性法规甚至是法律出现事与愿违,甚至南辕北辙的情况恰恰是因为没有把握好最佳的出台时机,如《劳动合同法》出台遭遇全球经济危机,导致该法与实践格格不入,因此做好制定法规立项论证至关重要。如果说制定法规立项论证是提高立法质量的首要环节,那么立法后评估就是检验和提高立法质量的末尾环节。对已经生效并施行一段时间的法规进行评估,可以有效地检验法规实施的真实情况,正确判断法规是否有效,进而对法规的进一步修改提供宝贵的建议。

(2) 立法引领改革成效显著

在中国改革开放的很长一段时间内,立法的步伐往往滞后于改革,很多改革举措在良性违法、良性违宪的前提下进行。如 1983 年中共中央下发了《关于印发农村经济政策的若干问题的通知》,全国农村开始推行包产到户。而 1982 年《宪法》中并未承认家庭承包制,到了 1993 年修宪时才将这一制度予以确认。正因如此,党中央反复强调,"凡重大改革要于法有据,需要修改法律的可以先修改法律,先立后破,有序进行"[①]。珠海市人大及其常委会重视通过立法引领改革发展,通过立法确认改革成果,通过立法激励改革创新。

在市场经济体制改革领域,珠海市人大及其常委会制定了《珠海经济特区商事登记条例》《珠海市私营企业权益保护条例》《珠海市企业技术秘密保护条例》(失效)、《珠海市商品交易市场管理》《珠海市技术成果入股与提成条例》(失效)、《珠海经济特区民营经济促进》《珠海经济特区科技创新促进条例》。尽管上述条例部分已经失效,但在制定并出台之时,有效地推动了珠海市经济体制改革,激发了市场主体的活力,促进了自主创新,为珠海的经济发展奠定了扎实的制度基础。在政府管理体制改革领域,珠海市人大及其常委会制定了《珠海经济特区政府投资项目管理条例》《珠海经济特区相对集中行政处罚权条例》《珠海经济特区行政执法与刑事司法衔接工作条例》。上述法规明确了政府依

---

① 参见《凡属重大改革都要于法有据》,《中国改革报》2014 年 10 月 29 日第 1 版。

法行政的制度依据，规范了政府及相关部门审批、投资以及执法行为。在社会建设领域，珠海市人大及其常委会制定了《珠海经济特区社会建设条例》《珠海经济特区见义勇为人员奖励和保障条例》《珠海经济特区志愿服务条例》等，这些条例的出台既强化了社会管理和创新，又推动了社会主义和谐社会建设。在民主法治建设领域，珠海市人大及其常委会制定了《珠海市人民代表大会议事规则》《珠海市人民代表大会常务委员会议事规则》《珠海市人民代表大会代表建议、批评和意见办理规定》《珠海经济特区审计监督条例》《珠海经济特区人民调解条例》等地方性法规，使得珠海市的民主建设走上了法治道路。

（3）"立法试验田"作用明显

先行先试是特区立法的使命。近年来，珠海市人大及其常委会大胆探索、开拓创新，针对珠海市的实际情况以及市场发展的规律，出台了大量的先行性、试验性的立法。这些地方性法规的出台，一方面为珠海的改革开放提供了法制保障，另一方面也为国家立法积累了大量的经验，充分地发挥了"立法试验田"的作用。

在民商事领域，珠海制定了《珠海经济特区商事登记条例》，该条例体现了有限政府、企业自由和创新发展的理念，改革内容具有一定的首创性和突破性，具有重大的示范效应。随后，厦门出台了《厦门经济特区商事登记条例》，广东省出台了《广东省商事登记条例》，都是从珠海立法中汲取的经验。在生态文明领域，珠海于2013年出台了广东省首个生态文明建设条例——《珠海经济特区生态文明建设促进条例》(2013)，这是党的十八大以后全国首部生态文明建设促进条例，其以法规形式明确各类主体功能区管理要求，探索自然资源资产离任审计制度，并首次在立法中规定排污权交易等创新制度。在城市建设领域，珠海于2016年出台了《珠海经济特区地下综合管廊管理条例》，该规定是国内首部专门规范地下综合管廊建设与管理的地方性法规，对地下综合管廊的规划与建设、运营与维护、档案信息管理、法律责任等做出了详尽的规定。在行政执法领域，珠海市出台的《珠海经济特区行政执法与刑事司法衔接工作条例》是全国首部规范"两法衔接"工作的地方性法规，该法规的出台，有利于充分利用行政执法与刑事司法之间的优势和资源，减少两者之间衔接成本，在依法行政与公正司法之间构建桥梁。在反腐败领域，珠海市人大常委会制定了《珠海经济特区预防腐败条例》（2013），该条例使重要的腐败预防措施都得到了很好的贯彻和落实，有些措施也起到了很明显的作用。另外还出台了《珠海经济特区预防腐败条例实施细则》（2015），规定了领导干部个人事项报告等事项，并采用了大数据系统对于招投标行为进行监控，还解决了三资管理、国企的交易平台等社会问题，该立法发挥了很好的社会效果。

4. 珠海立法的展望

（1）健全人大立法公开

尽管珠海人大立法公开已经取得了不错的成绩，针对地方性法规文本公开、地方性法规草案公开、地方性法规废止公开、年度立法计划等问题均开设了专栏，以便公众查询。但仔细观察不难发现，上述栏目所公开的质量有待提高，公开内容有遗漏仍然是目前立法公开应当重点解决的问题。对此建议珠海人大及其常委会从以下几个方面着手。

第一，公开所有有效的地方性法规文本。珠海市人大及其常委会共通过地方性法规及有关法规问题的决定百余件，除去已经被废止的地方性法规和有关法规问题的决定之外，余下的都应当予以公开。此外，还应当根据内容分类公开，如将地方性法规和有关法规问题的决定分别予以公开，将设区的市立法和经济特区立法分别予以公开。

第二，公开地方性法规草案起草说明。对于普通民众而言，地方立法的复杂性和专业性成为民众无法评价法规的障碍之一，在公布法规草案征求意见的同时，建议公开法规草案的起草说明。一方面可以令民众更容易理解法规草案的立法目的、重点内容、争议焦点，使民众针对具体情况提出立法建议；另一方面通过公开起草说明可以宣传法治思想，弘扬社会主义法治理念，树立正确的法治思维，为今后的普法工作奠定基础。

第三，公开法规废止文件。珠海市每年都会制定促进社会经济发展的新法，修改不符合实践的旧法，废止无法适用的老法。建议珠海市人大常委会将所有修改和废止的情况均予以公开,一方面方便民众知晓最新的法规动态,了解哪部法规出台了,哪部法规修改了,哪部法规废止了;另一方面将所有修改、废止的工作公开,也可以侧面反映一段时间内人大常委会的工作重点,便于民众监督。

第四,公开立法规划。一个地区的立法规划是根据本地区未来发展的趋势和重点拟定的,珠海地处港澳之间,在未来几年将会成为连接港澳的重要枢纽,加强同港澳的联系,深化横琴自贸区改革,推进珠海生态文明建设,促进珠海经济社会发展等诸多目标都是珠海立法规划的前提依据。建议珠海根据自身情况和发展特点,及时编制符合客观规律的立法规划。

(2)强化立法计划执行

立法计划执行情况较差是珠海立法唯一比较明显的问题,立法计划完成情况的好坏是人大立法质量高低的重要衡量标准之一,珠海年度立法计划完成率低于20%,从侧面反映了珠海人大立法效率不高、年度立法计划编制不合理、年度立法计划论证不科学。同时,年度立法计划无法落实无疑会降低立法计划的严肃性和指导性,甚至影响到人大及其常委会的公信力。因此,建议珠海市人大常委会采取以下措施强化立法计划的执行力度。

第一,加强对立法计划的科学论证。年度立法计划须紧紧围绕立法的必要性及可行性,对立法计划进行认真研究,重点研判立法项目中的重点、难点,科学推断立法计划在规定时间内完成的可能性。在论证和研判过程中,不能仅仅研读由起草部门提交的文字材料,还需要通过召开听证会、专家论证会以及其他方式对立法项目进行全方位的论证,剔除那些不合法、不科学、不可行、不成熟的立法项目。此外,在制定年度立法计划时,一定要充分考虑到人大及其常委会的工作精力,合理配置立法资源,确保每一件法案都能成为精品。

第二,组织协调各部门提高计划完成率。首先,要明确立法起草部门的责任,要求立法起草部门将立法项目作为本单位的重点工作,建立领导负总责、分管领导具体抓的工作责任制,及早做出安排。对于立法调研、草案起草、征求意见、提交市政府常务会议讨论、提请市人大常委会审议等每一个环节的步骤安排和工作责任都要具体化，保证按要求高质量地完成法规草案起草任务。其次，要重视法规草案送审的时间安排，严格要求政府起草部门按照立法计划执行，因故不能按时提请人大审议的，要向人大常委会做出书面说明。最后，要加强对法规起草工作的组织协调和督促落实工作，法工委提前介入，及时了解草案的进展情况、涉及的主要问题和需要把握的原则，增强法规草案的针对性。

第三，鼓励人大代表、社会团体和个人提交立法计划建议书。建议征集立法项目、编制年度立法计划，直接向人大代表发出征集立法项目意见建议函，充分听取人大代表的意见；主动联系人大代表参与立法工作，将人大常委会当年的立法计划发给人大代表。同时，珠海市人大及其常委会开通提交立法计划的渠道，选取采纳人大代表、社会团体和个人提交的优质立法建议作为年度立法计划项目，加强对人大代表提交立法建议能力的培训，提高立法建议的质量，提高立法建议书成为年度立法计划的概率。

（3）完善自贸新区立法

2009年年底，横琴新区挂牌成立，珠海市提出了"建设横琴，法治先行"。为此，珠海市2010年出台《珠海经济特区横琴新区管理委员会行使市一级行政管理权规定》，确定横琴新区的法律地位，立法保障横琴新区市一级行政管理权的落实。2012年制定《珠海经济特区横琴新区条例》，全方位创新体制机制，建立高效科学的决策、执行和监督机制；明确横琴新区的产业准入条件以及税收、人才引进等优惠政策，创设符合国际惯例的商事登记制度，将横琴新区与港澳地区在交通、资金、人才、商务、旅游、科教研发、公共服务等方面的合作内容法律化。基于珠海横琴新区的定位和未来努力的方向，珠海应当继续完善自贸区立法。

第一，加强相关领域立法。针对横琴自贸区立法数量严重不足的情况，建议珠海市人大及其常委会加强相关领域立法，首先要重点解决的便是涉及事权领域的立法，横琴自贸区与港澳地区在交通、金融、科研、公共事务等方面将会有长期且深入的合作，其中涉及海关、检验检疫、边检、投资、税收、金融等部分权限原属于中央事权，这些权限如何划分应当由立法确认。

第二，确立改革试错机制。尽管我国首个自贸区已经成立多年，不同自贸区之间有大量的制度创新可供借鉴和参考。但每一个自贸区都有其独特的定位，无法照搬照抄，因此在建设自贸区上没有固定的模板可以复制，因此在建设横琴自贸区的过程中难免犯错。为了保障自贸区创新的积极性和改革的主动性，建议立法规定试错机制，鼓励自贸区改革创新，大胆试错，但凡符合中央和省委有关精神和原则的探索实践，没有违法乱纪的都不得做出负面评价。

第三，加强立法交流合作。建议横琴自贸区积极借鉴上海自贸区、广州南沙自贸区、深圳前海蛇口自贸区的立法经验，吸收其中有益的立法，直接转化为符合横琴自贸区实际情况的地方立法，节约立法资源，降低立法成本，提高立法效率。此外，建议加强与香港特别行政区、澳门特别行政区的立法合作，在金融、科研、公共事务等合作比较密切的立法领域，充分考虑香港特别行政区、澳门特别行政区的法律习惯，整合其中的有益因素，制定出符合横琴自贸区定位的立法。

（4）加强人大主导立法

珠海市人大常委会是地方人大的常设机构，按照《宪法》及《立法法》的规定享有立法权，但这并不意味着珠海市人大常委会可以完全取代甚至架空珠海市人大。当前从立法数量来看，九成以上的珠海立法工作都由珠海市人大常委会实施；从立法影响力来看，包括横琴新区建设等重大事项的立法工作都由珠海市人大常委会完成。可以说，无论是在立法数量上还是在立法影响力上，珠海市人大常委会制定、修改、废止的立法都远远超过珠海市人大，珠海市人大常委会在立法工作中已经处于完全的垄断地位。对此，建议珠海市人大充分利用《宪法》《立法法》以及《珠海市人民代表大会及其常务委员会制定法规规定》中规定的立法权力，加强对立法的主导。

第一，逐步增加人大立法数量。根据《珠海市人民代表大会及其常务委员会制定法规规定》，凡是属于"重大事项"的立法工作都由人大

二　人大建设的法治逻辑

开展。因此建议珠海市人大及其常委会进一步明确"重大事项"的内涵和外延，提高人大立法的概率，增加人大立法的数量，强化人大对立法工作的主导作用。

第二，积极拓宽人大代表参与立法工作的渠道。首先，建议珠海市人大常委会在法规起草、立法调研的过程中积极征求人大代表意见，邀请人大代表参与立法调研和起草的工作，适当地将人大代表有益的意见体现在立法文本中。其次，建议法规征求意见座谈会中邀请人大代表参与，尤其是那些在所涉及领域有所建树的人大代表，保障人大代表有足够的平台能够提交立法建议。最后，建议充分发挥人大代表来自基层、联系群众、熟悉情况的优势，邀请这些人大代表列席法规草案讨论会，提高法规的可行性。

第三，发挥人大代表立法议案权作用。珠海市人大历来比较重视人大代表立法议案权的作用，凡是由人大代表在人民代表大会期间依法提出的立法议案，经大会主席团研究决定作为大会议案的，都会交有关部门研究办理，并适时纳入立法计划。在今后的立法过程中，建议继续强化人大立法议案权的作用，将人大代表所提交的立法议案予以公开，同时公开有关部门研究办理的情况，以促进立法工作的推进。

（5）克服一市两法矛盾

经济特区一市两法问题是由经济特区立法权适用范围与经济特区所在市范围不一致造成的，2010年珠海经济特区覆盖至全市范围之后，一市两法问题本应消除。但这恰恰是新矛盾的起点，诸如两个立法权如何选择问题，经济特区立法与设区的市立法重合问题，经济特区立法如何规范的问题，等等。因此，建议珠海市人大及其常委会做好以下工作。

第一，确定立法权适用标准。根据珠海市人大常委会访谈，珠海市一般采用变通原则，即需要变通的法规一般使用经济特区立法，不需要变通的则使用设区的市立法。但这仅仅是实际操作过程中的具体方法，并不是一个确定的适用标准。建议珠海市人大出台明确的标准，规范两个立法权的适用条件和标准。

第二，加强地方性法规清理。珠海市一市两法就容易出现同一事项存在两个地方性法规的情况，如《珠海市户外广告设施设置管理条例》和《珠海经济特区户外广告设施和招牌设置管理条例》等，因此建议珠海市人大常委会加强地方性法规的清理工作，及时废止旧法，并公示废止的结果。

　　第三，规范经济特区立法。根据《立法法》第98条第5款规定，经济特区法规报送备案时，应当说明对法律、行政法规、地方性法规做出变通的情况。对于变通的情况不仅需要报送备案，而且应当向公众公开变通情况，以便公众更好地了解地方性法规。

三 依法行政的法治逻辑

推进依法行政，是依法治国的重要内容，是建设社会主义市场经济的内在要求，是深化行政管理体制改革的重要任务。近年来，中央陆续出台法治政府建设的纲要、意见、示范指标体系等一系列指导文件，指引着地方法治政府建设的方向，推动着地方依法行政的步伐。

（一）重大决策程序更加健全

行政决策制度的完善问题，受到中央和地方政府的广泛关注。近年来，行政决策在普遍建章立制的基础上，制度供给不断精细化。2019年国务院行政法规《重大行政决策程序暂行条例》出台实施后，地方关于重大行政决策的制度建设势头不减。在地方政府层面，已有河北、广西、云南、江苏、贵州、重庆等地出台或修改了重大行政决策程序的专门规章。以2020年5月出台的《江苏省重大行政决策程序实施办法》为例，该法在立足地方实际情况和地方特色需求基础上，着力推进重大行政决策民主公开透明，增强其可行性、稳定性。其做法包括两方面：一是细化公众参与的程序规定，将合法性审查作为提交决策机关讨论的前置必经程序，把公众提出较多的意见作为启动后评估的重点；二是对于尚无明确规定的探索性改革决策事项，要求"可以明示法律风险，提交决策机关讨论"。吉林市推进规范性文件制定主体的法定化和公开化，对规范性文件制定主体进行全面梳理，最终确认市政府部门（机构）行政规范性文件制定主体39个，向社会予以通告。湖南省着力完善公众参与平台，对社会关注度高的决策事项，及时公开信息并解释说明，及时反馈意见采纳情况。在省政府门户网站推出《我有"金点子"——2020政府工作报告意见建议征集》专栏，2020年湖南省政府工作报告采纳网友提出的49条"金点子"。① 此外，多地在决策内容和方式上，充分尊重民意。比如，禁养犬的种类，一直是各地市民关注的话题。合肥市公安局、农村农业局发布《合肥市禁养犬名录（征求意见稿）》，向社会征求意见，最终争议较大的中华田园犬（土狗）从《合肥市禁养犬名录》中移除。《合肥市养犬管理条例》自2020年6月1日起实施，此后，在合肥犬类重点管理区内，中华田园犬（土狗）可以继续饲养。

2021年3月1日，《安徽省重大行政决策程序规定》正式施行，该规定进一步完善了重大行政决策的公众参与机制，细化了公开征求意见的渠道和途径，明确了听证参加人的遴选方式；设定了决策咨询论证专家库入库专家、专业机构的基本条件，探索了建立专家论证意见反馈机制；风险评估事项范围有所拓宽；引入了公平竞争审查机制和决策容错机制等。浙江在全省开展重大行政决策目录化管理专项行动。《浙江省人民政府办公厅关于印发浙江省重大行政决策事项目录编制指引（试行）的通知》（以下简称《通知》）（浙政办发〔2021〕3号）出台后，全省决策事项目录化管理和决策能力显著提升。《通知》要求重大行政决策目录的编制应遵循事项征集、立项论证、审核报批、人大衔接、集体审议、党委同意、社会公布、备案等程序。重大行政决策事项目录原则上应当于每年3月31日前向社会公布，公布的目录应包括事项名称、决策主体、承办单位、法律政策依据、履行程序要求、计划完成时间等要素。

行政决策事先征求意见机制不断细化。例如，深圳市地方金融监督管理局门户网站设置"重大决策预公开"专栏，并下设"重大行政决策事项听证及公开公示""重大行政决策事项内容及解读""相关民意征集与反馈"等栏目。对于同一政策，其征求意见公告、征求意见稿和相关

---

① 参见《湖南省人民政府关于2019年度法治政府建设情况的报告》。

说明、意见征集上传、结果反馈及意见采纳情况表集中公开，一目了然。值得一提的是，深圳还将举行了听证会的决策事项的听证报告完整上传网络，内容包括听证事由，听证会举行的时间、地点和参加人，听证参加人的主要意见和建议，陈述人的主要意见和理由，以及听证会评议情况和听证意见、建议的采纳情况。

（二）行政执法改革纵深迈进

一是新型综合执法体制改革稳步迈进。多地积极推进新型综合行政执法体制机制改革。山东省烟台市在市级层面推进领域内综合执法，组建完善市场监管综合执法支队、环境执法支队、文化市场综合执法支队等8支队伍，实现一个领域"一支队伍"管执法；在区县层面，则实行跨领域、跨部门的综合执法，组建县级综合行政执法局，将发生频率高、与群众生产生活关系密切、多头重复执法较为突出的城市管理、城乡规划、住房城乡建设、农业、畜牧兽医、水利、文化市场、旅游等领域的全部或部分行政执法事项纳入执法范围，统一以综合行政执法局的名义开展执法工作。厦门市将基层综合执法改革与镇街机构改革同步推进，整合镇街现有执法资源和站所，设立镇街综合执法队，实现在镇街层面的"一支队伍"管执法；按照依法下放、宜放则放的原则，推动区级政府部门将点多面广、基层管理迫切需要又能有效承接的执法权限下放给镇街综合执法队，并同步制定镇街执法事项目录；建立联动执法机制，对未纳入镇街执法体系的其他执法领域建立移送、协调、协作机制，解决了以往"区级部门管得到但看不到，镇街看得到但管不到"的问题。安徽省宣城市旌德县实行"局队合一"体制，以局机关名义实施执法，将以往分散的行政处罚、行政检查、行政强制等职责予以整合、归并和统筹配置，并不断探索更大范围的综合执法。

二是执法衔接联动更加畅通。2020年，上海市公布了修改后的《上海市城市管理行政执法条例实施办法》（以下简称《办法》），使得专业管理与集中执法有序衔接。在城管执法范围上，将物业管理、房产市场管理、住房保障、优秀历史建筑保护、国有土地上房屋征收与补偿等在内的全部房屋管理类事项，以及文明施工领域的行政执法事项，均纳入城管执法范围。该《办法》完善了责令改正的执法程序，有关部门移送案件线索前，已责令当事人改正或限期改正的，应将责令改正通知书、改正情况等材料一并移送城管执法部门或乡镇政府，城管执法部门或乡镇政府经调查认定违法事实后，可依法做出行政处罚决定。江阴市公安部门打造公安网格化防控管理平台，与智慧城市综合管理平台对接，实现两方面信息互通互换互融、数据共建共享共用。公安部门与政府其他职能部门之间，派出所与镇街综合执法机构之间，建立起联席会议制度，形成齐抓共管的新格局。

  三是新型综合执法深入推进。浙江省开展"大综合一体化"行政执法改革国家试点，出台《浙江省综合行政执法事项统一目录》，将20个方面的300项行政处罚事项纳入综合行政执法目录。开展综合行政执法规范化建设，推广"教科书式"执法、"综合查一次"等创新实践。浙江推进"60%以上的高频率高综合高需求执法事项纳入综合执法范围、综合行政执法事项覆盖60%以上的执法领域、60%的行政执法量由综合行政执法部门承担"；要求各地各部门"一张清单管理"，加快建立执法事项总目录，构建全覆盖政府监管体系和全闭环执法体系，一支队伍管执法；实施"一体化联动"，健全行政执法统筹协调指挥机制。例如，《宁波市"大综合一体化"行政执法改革实施方案》明确了"一张清单"管职责、"一个平台"管指挥、"一个窗口"管受理、"一个网格"管巡查、"一支队伍"管执法、"一个系统"管运行、"一个终端"管办案、"一个机制"管联动、"一件事"场景强监管。2021年年初，生态环境部印发《关于优化生态环境保护执法方式提高执法效能的指导意见》，要求明确执法职责，优化执法方式，完善执法机制，规范执法工作。各地积极响应落实。贵州省黔东南州为解决执法力量不足等问题，统筹全州生态环境执法力量，组织、抽派业务科室、州支队、各大队综合行政执法、环境应急管理、环境监测及行政审批、土壤及固废管理等方面的优秀监管执法人员，配备无人机、水质快检包、执法记录仪、摄像机等执法设备，分组开展巡查排查和执法检查，并全面压实属地责任和企业主体责任。湖南全省统一组建乡镇（街道）综合行政执法机构，逐步实现"一支队伍管执法"，并出台乡镇（街道）及县级以上政府部门法治政府建设示范指标体系，将乡镇（街道）纳入法治政府考核主体。

四是推进营商环境市场化、法治化、国际化。2021年年初，湖南省人民政府下发《关于在中国（湖南）自由贸易试验区开展放权赋权极简审批的通知》（湘政发〔2021〕4号），实施全链条放权赋能，全领域极简审批，全覆盖"一件事一次办"，按照"能放全放、急用先放"的原则，赋予中国（湖南）自由贸易试验区第一批省级经济社会管理权限97项，涉及企业准入、项目核准及建设、土地使用、国际贸易、报关报检、招商引资、招才引智、金融服务等多个方面，让自贸试验区有充分的自主权。

五是找准法治建设与社会治理的结合点、发力点，依法推动完善社会治理格局。2020年年底，中共中央下发《法治社会建设实施纲要（2020—2025年）》。2021年4月，《江苏省法治社会建设实施方案（2021—2025年）》通过。随后，《湖南省法治社会建设实施方案（2021—2025年）》《广西壮族自治区法治社会建设实施方案（2021—2025年）》等先后出台。各地各类规划方案、政策文件的出台，为法治社会与社会治理法治化指明了方向。

（三）政务服务更加精简高效

政务服务是政府职能转变和人民群众获得感的重要晴雨表，成为法治政府和公共管理改革的重点所在，受到中央与地方的高度重视和社会各界的广泛关注。

多个地方以高频事项为抓手，以"高效办成一件事"为目标，推进流程再造、业务协同、一体化办理，持续提升"一网通办"改革成效。各地各显其能，有的地方推出"容缺办理""告知承诺制"，有的地方适应群众需求实施"午休延时服务""在线排号服务"等，在便利群众、提升效率等方面取得显著成效,"门难进、脸难看"的问题得到克服,"事难办"的问题明显缓解。

为提升不动产登记的规范性和效率,江苏省人大常委会出台地方性法规《江苏省不动产登记条例》,全面实现不动产登记"一窗受理、集成服务";并基本实现不动产登记与水、电、气、网络、有线电视等关联业务的集中联通办理,全省大部分地区实现一般不动产登记3个工作日内办结。[1]

湖南省出台《湖南省优化经济发展环境规定》,聚焦企业、群众"最烦、最痛、最怕、最盼"的事项,推进营商环境优化。推进跨部门、跨地区、跨层级的政务数据联通和资源共享,推进"一件事一次办"改革;实行市场准入负面清单和公平竞争审查制度,严格兑现招商引资优惠政策和承诺,不得非法干预市场主体的投资自主权;为鼓励创新,对于新产业、新业态、新产品采取审慎监管措施;要求以降低企业成本为重点,对政府收费、电子政务平台收费、公用企业收费、政府性融资担保机构收费等进行规范;明确县级以上政府主要负责人为本行政区域优化经济发展环境工作的第一责任人。江苏省出台持续压缩企业开办时间的专门文件,线下推行"企业开办"一站式受理窗口,线上开办企业"全链通"一站式服务平台。

多地实施工程建设项目审批制度的纵深改革。江西省要求2020年10月底前基本建成全省工程建设项目审批和管理体系,年底实现与全国工程建设项目审批和管理体系的统一。陕西省本着问题导向,扎实推进规范审批事项、优化流程、上线体系等措施扎实推进,并按照"只减不增、只少不多"的原则对相关审批服务事项进行全面清理规范,逐一优化编制审批流程图,不同阶段、不同部门共享申报材料等举措有序推进。安徽省亳州市结合"服务企业年"活动,设立工程建设项目审批综合服务窗口,充分利用"一张图"成果,开展"一张图"项目策划生成,简化审批手续,完善代办机制和评价机制,工程建设项目审批管理运行接

---

[1] 参见《江苏省2019年度法治政府建设情况报告》。

入省政务服务网并实现了"零纸质、不见面"审批,营业执照、资质信息、人员信息、信用信息等在线实时获取无须提交纸质资料,不到现场即可发起办事申请,实现全程不见面审批。

深圳等地推行"秒批"改革。所谓秒批,即利用互联网技术与部门信息共享,优化流程、精简材料、数据共享、系统自动比对,实现在线申请、自动审批、即时出具结果、在线签发证照的全程智能化、自动化审批模式。以往各地的人才引进,涉及人社、公安、发改、政务服务等多个部门,需要多次给不同部门递交纸质材料、反复跑动。2018年6月,深圳市开展应届毕业生接收的"秒批"改革,2019年2月扩展到在职人才引进、博士后和留学归国人才引进。实现全程网上办理,仅落户环节前需要前往公安局户籍窗口现场采集指纹。青岛等地对标其做法,提出"网上办理、受理零窗口""信息共享、审核过程零材料""自动比对、审批(核)零人工""主动送达、领证零跑腿""全程留痕、纸质材料零提交"的"五个零"标准,开展"秒批"清单梳理、流程优化和系统建设。提出在2020年年底之前,至少80个政务服务事项实现"秒批"的目标清单。

浙江省全面实施"无证明城市"改革。长期以来,各类繁杂证明不仅增加了职能部门的负担、损耗办事效率,也使得群众"磨破嘴、跑断腿",甚至引起民众强烈不满。近年来,越来越多的地方政府将建设"无证明城市"作为改革目标。义乌对证明材料进行全面清理,实行六个"一律取消"[①],并分批次取消了市内270项证明。2019年,金华市举行深化减证便民全面实施"无证明城市"启动仪式。通过部门间信息共享,申请人得以大幅减轻提交材料、开具证明之苦,工作人员直接系统查询即可。"无证明城市"的纵深推进,依赖于政府的数字化转型和智

---

① 即,凡是没有法律法规明确规定的证明材料,一律取消;凡是开具证明的部门、镇街或村居无权查证、无法开具的证明材料,一律取消;凡是能够凭借申请人现有证件办理的,一律取消;凡是能通过申请人书面承诺等信用管理手段解决的证明材料,一律取消;凡是能通过部门间会商核查或实地调查核实的证明材料,一律取消;凡是能通过市政务网大数据信息平台实现数据信息互联共享的证明材料,一律取消。

能化建设，破除信息孤岛和数据烟囱，推进公共数据资源的整合、归集、分层、共享和开放。

清单制改革继续深化。北京市继续落实市场准入负面清单制度，并清理45个"零办件"事项，全部取消市、区两级政府设定的证明事项和办事所需其他兜底条款。[①] 浙江省严格落实"全国一张清单"管理模式，要求不得自行发布市场准入性质的负面清单，不得违规另设市场准入审批，确保"一单尽列，单外无单"。[②]

审批服务事项知识库得到推广。上海市黄浦区完善"店小二"政务智能终端3.0，打造"店小二"主题式服务机器人等各类"AI+政务服务"应用。黄浦区借助5G网络技术，实现畅通的远程视频、高效的数据交互；依托主题式服务智库，为办事企业群众提供办事引导、核验材料等智能服务；在291项审批服务的基础上，归集街道、社区、事务中心的191项自然人服务事项，业务受办能力大幅提升；配备智能文件证照柜，提供文件材料、证照的EMS免费往返寄递等服务。由此，为楼宇企业、周边群众提供楼内办理、就近办理服务，提供前置性咨询和帮办的视频服务，为"只跑一次"提供支撑。

跨区域办理有序推进。随着现代社会人员、资本等要素流动的加速，传统地域管辖机制对创业创新的制约日渐凸显。对此，各地探索跨区域的办理机制，并从"全城通办"迈向数个省市通办，其典型为长三角地区的"一网通办"，通过三地协同与信息共享，推进长三角政务一体化。比如，苏州开通市县两级长三角"一网通办"综合服务窗口，首批试点30个企业服务事项和21个个人服务事项开始运行。虽然还面临法规制度、事项标准、数据格式、平台对接等方面障碍，但已迈出宝贵一步。

政策兑现体系逐步完善。多地上线政策兑现综合服务平台，以实现政策对策精准推送、精细管理和精心服务。南宁市要求各部门对政府补贴、政府奖励、税收优惠政策等各项惠企利民政策和为招商引资、引智、

[①] 参见《北京市人民政府关于2019年法治政府建设情况的报告》。

[②] 参见《省发展改革委 省商务厅关于贯彻落实〈市场准入负面清单（2019年版）〉的通知》（浙发改体改〔2020〕64号）。

引技而制定的各项优惠政策和产业促进政策,进行收集分类,并梳理出兑现流程,以"减环节、减时间、减材料、减跑腿"为目的,提出需要的数据共享清单,开展兑现流程优化与再造。

政务服务在减材料、减环节、减时限、降成本方面,已取得巨大成效,不断迈向标准化、规范化、便利化。针对企业群众办事的痛点、堵点、难点问题,各地广泛推进一网通办、一证通办、移动办理、跨域通办等,从行政审批"一个事项"转变为服务企业群众"一件事"全流程一次办理,逐步推广普及。各地政务服务的改革推进,大多通过政策文件方式来推进,或者将基层探索予以推广,或者借鉴其他地方经验创新,一直存在缺乏法律依据的缺陷。对此,贵州探索以立法方式引领改革,出台地方性法规《贵州省政务服务条例》,自2021年7月1日起施行。条例对于贵州政务服务的平台、服务程序、服务便利措施、监督管理、法律责任等予以系统规范。

安徽省将省级行政许可事项压减至192项,工商登记后置审批事项压减至137项。在商事登记制度改革方面,实现321项"一件事"全程联办。开发上线7×24小时政务服务地图,关联全省2.3万个服务场所,近6000个自助终端,191万个服务事项。全省范围内均实现企业开办的网上办理。

江苏省太仓市着力推进涉企信息归集共享,全市31个有监管执法职能的部门均向省市场监管平台提供涉企类信息,涉及行政处罚、行政指导、行政许可、抽查检查结果等类型,通过国家企业信用信息公示系统在企业名下公示,提高了涉企信息的覆盖率和公示率。不少地方收费项目目录不仅向社会公布,而且做到了随时更新。比如,成都市向社会公布了《成都市2021年行政事业性收费项目目录》。

(四)政务公开水平更进一步

《政府信息公开条例》修改后,地方政务公开的推进迎来新高潮,制度建设进一步加强。2020年4月,上海市出台《上海市政府信息公开规定》，并废止了 2004 年颁布的旧规定，新规定扩大了政府信息公开的范围和途径，细化依申请公开流程，强化便民服务原则。为最大限度压缩不予公开条款的适用范围，在程序上要求行政机关适用"三安全一稳定"条款、滥用申请等条款时，应书面报告市政府办公厅；在公开时限上，对于法律法规规章有明确规定，以及行政机关有承诺少于 20 个工作日的，应当按照规定或承诺时限公开。

标准化建设继续推进。北京市全面推进基层政务公开标准化规范化，进一步完善政务公开全清单标准，规范全制度流程，追求贴近基层、简洁易行，加强政务公开和融媒体的协同联动，实现广泛发布和精准推送，建立政策公开答疑机制，提高政府信息传播力、到达率和易懂性；按季度向社会公开政府工作报告重点任务、重要民生实事项目、政府绩效任务的执行情况。

（五）行政复议改革纵深推进

2019 年是《行政复议法》实施 20 周年，行政复议制度的改革迈入深水区。2020 年 2 月，中央全面依法治国委员会第三次会议通过《行政复议体制改革方案》，各地在方案指引下积极探索创新。

2019 年 8 月，《通州区全面推进行政复议规范化建设工作方案》出台，对行政复议的受理、审理、决定做出全方位规范，并实行行政复议的请示报告制度，重大复议决定的备案制度，将行政复议决定、行政复议年度工作报告和行政复议典型案例予以公开。通州区还将行政复议工作作为法治政府建设的重点工作，纳入政绩考核指标，将行政复议案件中的工作失误，以及不履行复议决定书、意见书和建议书的，作为依法行政考核扣分项。

广东省各级复议机关普遍在政务服务中心、信访大厅设置行政复议案件受理窗口或受理点，并利用各级公共法律服务实体平台，接收行政复议申请，群众在"家门口"即可申请行政复议。在网上办事日渐普及的当下，广州、珠海、中山等地还建立了行政复议网上申请平台，浙江省还探索通过微信公众号、小程序受理复议申请，行政复议的网上申请、网上办理日渐成熟。

行政复议委员会试点改革走向定型。2008年原国务院法制办确定在8个省市开展行政复议委员会试点工作。佛山作为行政复议改革的先行地区，2019年9月将原来的"三统一、一分别"调整为"四统一"，即统一复议人员、统一接受申请、统一审查案件、统一做出决定。通过一级政府只设立一个复议机构，复议机构统一管辖本辖区内复议案件，将矛盾纠纷化解在当地。顺德区还按照"矛盾发生在哪里，庭审调查就开在哪里"的思路，将农村股权争议案件的复议庭审现场设在属地村委会，此举措对于查清事实、畅通交流、法治宣传均起到良好效果。

浙江省在全省推行行政复议局的改革，2016年以来行政复议直接纠错率保持在10%以上的较高水平，年均协调化解率在24%左右，近7成行政争议在复议环节被消化，实现"案结事了"。2020年5月，浙江成立省行政复议咨询委员会，为办理重大、疑难、复杂的行政复议案件提供咨询意见。新成立的行政复议咨询委员会由政府主导，委员中立而专业，有利于提升行政复议的公信力和公正性。台州市对于诉讼失败或复议纠错达到一定数量或比例的，由政府负责人约见谈话，且约谈单位要在1个月内将整改报告上交行政复议局，并及时反馈整改落实情况。辽宁省司法厅还对全省14个市"行政复议化解矛盾纠纷的重要作用未得到有效发挥"问题整改情况进行专项督查，对提升行政复议、办案能力、贴近群众需求的行政复议便民措施、行政复议办事流程、办案效果的宣传力度共三大方面的九项具体指标进行考核。

样本一　成都市系统推进政务服务"跨省通办"

为贯彻落实国务院办公厅关于政务服务"跨省通办"的文件要求，切实转变政府职能，提升政务服务能力，全国各地积极探索，创新机制，方便了企业群众办事。自2020年以来，不少省份加强横向合作，通过区域性、点对点合作模式，推动高频办事事项的"跨省通办"。如上海等地就社保等领域推动长三角地区跨省通办；福建、江西、湖南、广东、广西、海南、四川、贵州、云南9省（区）签署了《泛珠内地九省（区）政务服务"跨省通办"合作框架协议》。

成都市在推进政务服务"跨省通办"过程中积极探索，形成了一定的经验，可为全国推进此项工作提供参考，但成都等地的实践也遇到一些共性的困难，需要从国家层面和顶层设计角度加以解决。

1. 成都市推动政务服务"跨省通办"的主要经验

为贯彻落实国务院有关政务服务"跨省通办"工作的安排部署，四川省依托省一体化政务服务平台设立了"跨省通办"专区，推动两批"跨省通办"事项落地落实。成都市在省级有关部门指导下，结合自身实际，以"管理有区域，服务无界限"为理念，大力推进政务服务"跨省通办"，不断提升企业和群众的获得感、幸福感。

（1）推进"跨省通办"落地落细

成都市紧紧围绕两批"跨省通办"事项清单要求，以政务服务"点对点"跨省通办为切入点，推动政务服务互认互信、协同发展。2021年以来，成都市在落实好四川省、重庆市、贵州省、云南省、西藏自治区等西南五省《政务服务"跨省通办"合作协议》的基础上，与广州市、贵阳市、兰州市、西宁市、乌鲁木齐市共同合作建立政务服务"跨省通办"工作机制，与天津市、沈阳市、哈尔滨市、大连市、长春市结成"跨省通办"政务服务战略合作伙伴关系；四川天府新区与北京海淀区达成政务服务"跨省通办"合作协议；成都市双流区与广州市从化区、南宁市青秀区、乐山市市中区、乐山市峨眉山市、长沙市芙蓉区、宁波市鄞州区、贵阳综合保税区、贵阳市乌当区、贵阳市开阳县共同建立起6省10地政务服务合作机制。通过跨省合作，打破"政务藩篱"，分批次推动居民身份证换领、异地就医登记备案、普通护照签发等领域132项高频政务服务事项实现"跨省通办"。

（2）创新"跨省通办"服务模式

成都市将"蓉易办"政务服务品牌打造作为"跨省通办"的先手棋，通过"线上+线下"相结合的方式，为企业和群众提供高效、便捷、优质、规范的政务服务。线上层面，成都市完善"天府蓉易办"平台，纵向打通省一体化政务服务平台统一身份认证、统一支付等八大基础支撑系统和各区（市）县政务服务系统，依托四川政务服务网"跨域通办"，专区开展线上服务，内设"跨省通办""成渝通办""西南五省跨省通办"，以及四川省内"成德眉资通办"和成都市内"全域通办"等不同模块，为企业和群众提供政策查询、事项办理、流程查询等服务，不断强化"跨省通办"网上政务服务平台支撑；线下层面，成都市设立涵盖市场准入、公安户政、民生保障等领域的"跨省通办"专窗，打造"全程网办""异地代收代办""多地联办"等政务服务新模式，为企业和群众提供面对面服务。

（3）拓展"跨域通办"范围深度

在成渝通办方面，成都市围绕成渝地区双城经济圈建设，分批次推动210项"川渝通办"事项落地落实。成都市全域和重庆市全域取消川渝间养老保险关系转移纸质表单邮寄传递试点，同时精简服务对象证明材料，相关信息由社保经办机构查询获取，业务办理时限大大缩短；成都公积金中心积极推进成渝两地异地贷款互认互贷、联动治理，缴存证明实现无纸化，异地贷款申请由"两地跑"变为"一地办"。成都市武侯区与重庆市沙坪坝区签署"区块链+政务服务""跨省通办"合作协议，推进政务服务流程和方式系统性重塑；成都市天府新区和重庆市两江新区建立"市场准入异地同标"准入机制，实现两地注册登记无差别标准、零障碍准入；两地高新区联合举行《政务服务跨省通办合作备忘录》"云签约"仪式，从深化跨省通办、推进数据共享、开通"绿色通道"等8个方面深化合作。省内通办方面，成都市联合德阳、眉山、资阳三市政务服务主管部门制定印发《成德眉资政务服务同城化无差别受理工作方案》，在市、县两级政务服务中心统一设立"成德眉资一体化企业登记服务专窗"及"无差别受理窗口"，梳理成都、德阳、眉山、资阳四市市级政务服务大厅在办事项，形成《成德眉资政务服务"同城化无差别"受理事项清单》，按照"成熟一批、推出一批"的原则，推出两批次100个无差别受理事项，并实行动态调整。同时，不断深化成都市内"全域通办",制定《成都市加快推进政务服务"全域通办"工作方案(试行)》,梳理收集全市各区(市)县政务中心、乡镇(街道)便民服务中心在办事项,选择具备标准化程度高、无总量控制、无行政给付等客观条件的事项,形成通办事项清单。

2."跨省通办"面临的困难

必须看到,政务服务"跨省通办"推行以来,取得了一定成效,极大地方便了企业群众,但目前已办结的"跨省通办"办件主要通过"全程网办"方式,通过"异地代收代办"等线下方式办结的办件比例较低。而且,实际工作推进主要为"点对点"形式,部分城市之间通过签署合作协议形式解决"跨省通办"中存在的标准、共享、互认等方面的问题障碍。

(1)"跨省通办"业务总体上协调困难

目前,"跨省通办"业务主要依靠有关省份各自协调。基层政府有开展"跨省通办"业务需求的,往往需要自行与外省基层政府一一协商对接。多头协调的结果既影响效率,又容易导致各地不同协调机制导致的"跨省通办"方式、标准不统一。而且,各地开展"跨省通办"的积极性不同、意愿不一致,有的地方因兄弟地区配合积极性问题而遇到推进困难。并且,开展得好的往往是在国家层面有统一办事平台、办事标准的领域,诸如税务等领域,这些领域的"跨省通办"也较为容易协调。为此,不少地方反映,急需国家层面的统一协调安排。

(2)"跨省通办"事项办理标准不一致

各省(区、市)依据相关法律法规,设立了不同的行政权力部门,制定了不同的实施办法或其他规范性文件,对事项的审批标准分别进行了规定,导致不同省(区、市)对于同一事项存在不同的法律依据和审批标准,给跨地区业务协同带来较大障碍。例如,"门诊费用跨省直接结算"事项中就因为参保地与参保人员所在地门诊结算金额数据标准不一致,导致参保人员无法通过医保卡直接结算。

(3)"跨省通办"事项办理时限仍较长

全国各地各部门使用不同的办件系统进行审批,部分办件系统未实现对接，数据信息不能共享，在办理"跨省通办"事项时，审批中涉及的基本信息和相关证明材料不能通过网上核验、数据共享的方式实现互通，需要通过线下寄递的方式传递资料和证照文书，办理结果也需寄递送达，影响了办事效率，降低了企业群众获得感。例如，申请异地开办企业，在当地办理需要2小时，但"跨省通办"最快需要4天。

(4)"跨省通办"信息共享不畅通

由于各省市均建立了自己的业务系统，无法异地统一共享，导致办理渠道还存在功能不完善、部分操作较烦琐、网络不稳定、沟通渠道有限等问题，申请人异地办理不同事项需在不同系统中办理，出现业务类型受限、使用过程中问题不断、咨询电话接通率不高等问题，导致申报问题不能及时解决，群众企业体验感较差。此外，全国各地机构改革和行政权力下放情况不一，行政审批事项涉及的部门、层级更加错综复杂，跨省部门之间、工作人员之间难以形成有效的联络沟通机制。

(5)"跨省通办"审批结果少部分区域不互认

因各地审批制度差异，出现了部分地区不认可某地行政机关审批结果的问题。以市场主体登记机关在营业执照上的签章和公示系统中的登记机关不一致，造成工商审批结果认可问题为例，有申请人反映，设有行政审批局的地方颁发的营业执照在省外得不到认可，对申请人办事造成障碍。

1. 完善建议

第一，加强顶层设计和国家层面的协调推动。建议变当前各省市自行联系协调为主为国务院有关部门纵向主导推动与各省市横向辅助协调联系相结合的推进模式。由国务院部门会同省级行业主管部门统筹推行"一套标准办审批"，对跨省通办事项进行精细化梳理，整合优化重构业务流程，编制标准化工作流程和办事指南，科学细化、量化审批服务标准，统一申报材料、受理方式、审查方式、办理时限等内容，压缩自由裁量权，推进同一事项实行无差别受理、同标准办理。

第二，加快制定"跨省通办"事项清单、统一标准。建议由国务院主管部门协调各地政府围绕公安、市场监管、教育、医疗、社保、民政等重点领域，梳理企业群众使用频率高、反映强烈、需求量大、群众获得感强的事项，按照"应减尽减"原则，优化压缩调整"跨省通办"事项办理流程，明确申请条件、申报方式、受理模式、发证方式、收费标准等内容，统一办理事项名称、办理标准、提交材料的名称与清单，梳理并编制"跨省通办"的事项清单和办事指南。这也是解决各地"跨省通办"业务人员水平参差不齐问题的关键。

第三，加快推进在线政务服务，提升在线办理能力。应指导有关省市加快推进在线政务服务建设，提升在线办理能力，扩展在线办理事项范围，切实实现绝大多数办理事项可以在线提交申请、全程在线办理，为"跨省通办"、全程网办扫清信息平台方面的障碍。可借鉴最高人民法院智慧法院建设成果，加快推进建设全国统一的在线办事系统和平台，为全国范围内实现政务服务办事平台统一、办事流程统一、办事标准统一、办事数据统一奠定基础。

第四，打通各地政务服务平台，实现各领域数据共享。建议加快推进全国一体化政务服务平台"跨省通办"服务专区建设，实现企业群众办事一个平台入口办理。统一各地政务服务数据接口和数据标准，采取强制向国务院业务部门、全国统一政务服务平台归集政务服务数据的机制，提升业务数据归集效率，提高数据共享水平，规范审批流程。建议加快推动业务系统与政务服务平台互联互通、协同办理，面向各级政府部门提供跨区域查询和在线核验服务，网上政务服务覆盖省、市、县、乡、村五级，提升基层在线服务能力，同时在全国范围内大力推进"全程网办"，实现材料共享、信息传输、异地出证等功能，为跨省通办提供基础保障。

样本二　江北区"一件事"改革推动基层治理新格局

中共中央政治局审议通过了《关于加强基层治理体系和治理能力现代化建设的意见》，提出要加强基层政权治理能力建设，构建常态化管

三　依法行政的法治逻辑

理和应急管理动态衔接的基层治理机制，构建网格化管理、精细化服务、信息化支撑、开放共享的基层治理平台，形成推进基层治理现代化建设的整体合力。近年来，不少基层政府也在探索推进基层社会治理的新模式、新格局。调研发现，浙江省宁波市江北区正在探索社会治理"一件事"集成改革，推进基层社会治理的"整体智治"，探索出了不少经验，取得了较好的成效。

近年来，江北区按照习近平总书记"越是开放越要重视安全，统筹好发展和安全两件大事，增强自身竞争能力、开放监管能力、风险防控能力"的重要讲话精神，坚持"没有防在前也是一种隐患"的风险意识，以问题为导向，以社会治理的矛盾风险这个突出点为着力点，发挥党组织对基层社会治理的领导核心作用，以法治化建设贯穿社会治理全过程，以数字化赋能撬动社会治理领域改革为引领，坚持系统观念，用好系统方法，探索基层社会治理"一件事"集成改革。

1. 江北区社会治理"一件事"集成改革的具体做法

基层社会治理"一件事"是指基于数字赋能的方向架构，根据当前可以收集的各类数据和信息，预判各类社会矛盾风险场景，以防治"未病"为导向，以消除隐患和快速化解为目标，对涉及具体场景的行政审批和政府监管进行数据溯源，落实预警机制，同时明晰法规依据，确定调处化解、综合执法的主体，优化跨部门、属地街道（镇）的权责配置，形成社会矛盾风险系统性、整体性、协同性预防与处置"一件事"的闭环，事前介入干预，最大化消除风险，提升突发事件应对能力，并举一反三提出优化职能配置、完善政府监管、打破数据壁垒等的建议。

（1）街道预吹哨、条抓块统治未病

江北区以"问题视角"，详细梳理各方面积累的52万条数据信息和国内外新闻报道的矛盾风险点，根据本地经济社会发展状况，分析研判当前区域内可能出现的矛盾风险场景，如分析出危化品储运领域中危化品车辆乱停放等风险点位场景47个，房地产建设领域全周期中精装修质量问题引发的矛盾纠纷场景53个。同时，深度剖析利益冲突的内在原因，找准矛盾化解的切入点，提前对预见到的矛盾风险吹哨。目前该区系统设计了疫情防控中进口冷链食品无"三证一码"问题治理、农村集体资产资源资金保值增值治理、生态环境保护中固定污染源治理、餐饮油烟扰民问题治理等16个"一件事"集成改革清单，包含矛盾风险问题场景事先追溯机制、预警机制、条抓块统、综合执法、数字赋能、信用体系运用等6大模块18项要素，以达到"治未病、防风险、除隐患、化矛盾"的成效。

（2）沙盘实推演、压力测试做预案

社会治理的根本不仅仅是"小不拖大、大不拖炸"，及时应对矛盾风险，将其化解在萌芽状态更重要的是通过依法主动履职，针对可能出现的社会矛盾风险场景进行沙盘模拟推演后，制定防范和化解的预案，提前补齐短板，最大化消除引发矛盾纠纷的因素，实现矛盾风险提前预防与高效处置的有机统一。如针对房地产建设中因为建设质量等问题，可能出现的集体越级上访等一系列社会矛盾风险，江北区运用"一件事"集成改革清单，合理制定房地产开发事项全领域、全生命周期、全覆盖的预防预案，做到预警工作"按方抓药"有条不紊。

（3）制度做裁定、系统设计明责任

编制权责清单虽可以明确各部门和属地街（镇）职责，但在有关问题的具体处置上仍然会因存在职能交叉重叠或者职能空白，而需反复协调。为此，江北区建立了以主要领导为组长的职责裁定制度，以最高效率确定重大、疑难事项等"条抓块统"的权责落实，填补职能责任空白。以重大投资项目建设中渣土消纳难问题的治理为例，权责清单虽明确了发生乱倾倒后部门和街道（镇）的各自职责，但缺失消纳场地资源拓展的相应工作职责，可能影响轨道交通建设等重大投资项目施工进程。江北区运用"一件事"集成改革清单，明确由区综合行政执法局牵头协调资规、住建、农业农村等部门和属地街道（镇）共同拓展消纳场地资源，为扩大有效投资迅速落地、推动区域经济高质量发展提供了有力保障。

（4）数字作赋能、整体智治扬风帆

"一件事"集成改革清单设计，将原本模糊化、变化多的语言转化为标准性高、统一性高、逻辑性强的数据语言及流程,为数据元素标准设置、数据集成库建设、数据建模形成等数字赋能奠定了基础。以建筑垃圾乱倾倒问题治理"一件事"综合执法为例,江北区已经实施了部分数字化执法,主要通过宁波市建筑垃圾处置监管平台等系统,查询建筑垃圾运输车辆的备案登记情况,初步核查违法主体身份信息,调取车辆进出消纳场所、码头的监控信息,核查运输车辆 GPS 运行轨迹信息,初步查明违法主体和事实,但因为法律法规顶层设计未予支撑和数据壁垒尚未完全打通的原因,还需要凭《单位介绍信》,跑公安、市场监管、交警大队、农业农村等部门,才能彻底锁定违法主体,查清违法事实。未来探索建立建筑垃圾乱倾倒问题治理"一件事"迭代智治平台,通过数字赋能在限定权限下直接访问各类数据平台,调取违法主体和违法事实的信息,推进跨层级、跨系统、跨部门、跨业务的高效协同,快速锁定违法主体,迅速查清违法事实,大幅度提高综合执法效能。执法后将数据反馈至信用体系平台,丰富平台数据,形成"信用+监管"闭环管理。

2. 江北区社会治理"一件事"集成改革的实践价值

以"一件事"为抓手,探索社会矛盾分析风险治理的新模式,对于突破传统社会治理头痛医头脚痛医脚疲于应付的模式,推进政府全面依法履行职责,提升基层全面防范风险能力,具有重大的实践价值。

(1) 有助于彻底转变社会治理被动应对矛盾风险的局面

社会矛盾风险治理"一件事"改革变被动应对矛盾风险为通过主动有序管理消除矛盾风险隐患。其有助于厘清基层治理中的高频风险点及应对策略,突出场景化预警,有利于事前预警、提前化解。一是有助于构建"未病防得病"风险预警体系。梳理清单最重要的出发点在于预判风险点,并采取措施消除风险,最大限度降低问题发生的频率。二是有助于降低"病急乱投医"应急处置成本。"一件事"清单的梳理有助于避免矛盾风险出现时情况不明、处置失当,降低处置成本,也有利于相关部门提早关注、提前准备、先期处理、尽早解决,将矛盾风险消灭在萌芽状态。三是提供了"对症下良药"操作手册,改变了矛盾风险处置预案抽象不实用的状况,针对性、可操作性以及对一线人员的参考价值更高。

(2)有助于形成源头化解矛盾纠纷大格局,节约社会成本

"一件事"改革有助于实现矛盾风险早发现、早处置,避免矛盾纠纷形成、激化,有助于改变法院司法资源被挤兑、解纷效果不理想的局面,形成源头化解纠纷矛盾、诉源治理的大格局。社会治理"一件事"改革还有助于大幅节约社会成本和管理成本。其将矛盾风险化解的关口前移,不仅可以弥补矛盾风险发生后处置成本高、时效长、社会关系恢复难等缺点,而且矛盾风险解决时间点越靠前,难度越小、成本越低、成功化解率越高,社会治理也就更有准度、更有温度。

(3)有助于提升政府应对矛盾风险的效率和能力

社会矛盾风险治理"一件事"改革有助于切实改变政府职能交叉、空白的矛盾,实现政府管理无死角、群众诉求有回应。以"一件事"的理念梳理政府管理的权限、职责,考量的不是政府部门是否依法履职,而是能否依法有效解决实际问题。该改革模式有助于优化跨部门、跨层级、跨领域"一件事"办理流程,形成整体性合力。一是有助于打造"一盘棋""整体政府",推动各部门或层级间"联动式"处置矛盾风险,增强机关内部整体性意识,形成"一盘棋"思维。二是有助于形成"一张网"高效协同治理格局。梳理"一件事"清单,可根据风险场景,将责任落实到各部门、各层级、各领域,压实各部门、各层级的责任,确立街道(镇)属地管理体系和部门联动体系,避免部门和层级间权责不清、推诿扯皮问题发生,也有助于业务条线和乡镇之间的有机互动,形成治理的整体性合力。同时,以"一件事"为目标导向的应对处置方式,有助于部门和街道(镇)内部打破已有壁垒,按照职能体系重塑架构形态和思维习惯,推进机关内部"最多跑一次"改革。三是以"一件事"的理念明确解决各类现实问题中部门、街道(镇)的职责,弥补了街道(镇)属地管理权责清单中解决实际问题时的权责空白,并配置预警的机制,这相对于问题出现后街乡吹哨、部门报到,更能切实解决社会治理遇到的现实问题。

3. 社会矛盾风险治理"一件事"改革需注意的问题

首先，要彻底转变社会治理观念。一方面，要提升应对和处置矛盾风险的能力；另一方面，更需要提高预判风险和消除风险的水平，彻底前移社会治理关口，变被动为主动。

其次，要积极寻求法治保障。众多社会矛盾风险的出现与法律规定空白、矛盾有一定的关系，在调动各部门参与预防矛盾风险、处置矛盾事故的过程中，必然会遇到一系列法治保障不到位的问题。为此，必须争取立法支持，推进法律法规的立改废。

最后，要提高数字赋能的水平。没有信息化就没有现代化，脱离信息化就不能建立现代化的社会治理新格局。数字赋能可以激发出强大的基层社会矛盾风险治理活力，畅通社会矛盾风险"一件事"数据信息从预判、预防、调取、分析、处理、反馈等全过程各环节的数据流转通道。为此，必须着力打通机关内部运行堵点，推动各部门整体协同解决政府综合监管、执法难的问题，加强数据深度挖掘利用。

样本三 经济发达镇行政执法的挑战、因应与展望

经济发达镇是指具有一定人口，工商业聚集，经济实力较强、社会化水平较高，能引领和带动当地经济发展的镇。改革开放以来，江苏、浙江、广东等省份涌现出一批经济发达镇，成为经济社会发展的重要引擎。但与此同时，受传统的乡镇行政管理体制和一些法律政策的制约，经济发达镇无法提供足够有效的公共服务和监管执法，治理能力远远滞后于发展水平。

作为经济发达镇典型的徐霞客镇，位于无锡市区和江阴市区之间，系江阴市面积最大、人口最多的乡镇，现有常住人口18万，当地有六千多家企业和个体工商户。为进一步从面积人口大镇向经济社会强镇发展，当地积极实施扩权强镇，实施行政执法的体制机制改革，管理秩序跃上新台阶，民众的幸福感、获得感显著提升。其探索经验值得总结，对其他地方也有借鉴意义。

1. 中国经济发达镇面临的挑战

不少经济发达镇虽冠以基层政府之名，但在经济总量、财政收入、产业结构、地域面积、人口数量等方面已远远超越了传统意义上的农业乡镇范畴，甚至接近中等城市体量。经济发达镇在享受发展成果的同时，其经济社会管理也面临诸多挑战，存在"先发的烦恼"。诸如外来人口数量较多乃至倒挂，政府责任重而权力轻，事项繁多而经费不足，管理体制滞后于社会治理需求，监管服务能力滞后于民众需求等问题，都对治理能力提出较高要求。实践中各类考核测评往往最终落在乡镇政府层面。大量事权职责往往要求乡镇政府在最前线"冲锋陷阵"，乡镇"党政一把手"负总责、诸多事项的"一票否决"屡见不鲜。其管理事项之广泛、执法任务规模之巨，已为传统乡镇体制机制所无法承担。乡镇疲于奔命，要完成上级部署的各类任务。在执法能力有限而管理要求过高、法定手段稀少而任务过多的背景下，乡镇政府的执法监管面临诸多挑战和风险。

（1）各类风险居高不下

经济新常态背景之下，经济发达镇面临的各类风险不容低估。其中，既包括巨大的社会稳定风险，又包括金融风险；既有地方债务风险，又存在劳资纠纷风险。经济新常态的背景，使得企业债务风险、劳资纠纷风险剧增。社会稳定风险也随着经济社会发展而有上升态势。2012年江苏省启东市造纸排污工程引发激烈请愿，2014年浙江省杭州市余杭区生活垃圾焚烧发电厂项目导致的抗议事件等，都表明随着经济社会的逐步发展，先发达地区在人民生活水平已有较大改善的背景下，社会各界对于环境安全的敏感度明显提升。政府在重大建设项目方面或征求意见不到位或处置稍有不慎，往往容易引发群体事件，导致本已走上轨道的重大项目被叫停，营商环境受到不利影响，严重伤害政府公信力。"前事不忘，后事之师"，这对于徐霞客镇等经济发达镇，有着巨大的警示意义。

（2）民生诉求不断增强

日益增强的民生诉求，对政府治理提出较高要求。发展至今，普通民众对于环保、民生等问题的关注程度、敏感程度与日俱增,对于以往一度司空见惯的问题容忍度不断下降,这对政府执法监管、提供服务都提出空前高的要求。比如,在环境问题常态化的趋势下,民众环保需求有增无减。许多地方基层环保部门都反映,对于餐饮油烟扰民、河道黑臭、扬尘污染、垃圾焚烧、露天烧烤等投诉的数量居高不下,群众怨气也越来越大,甚至发生群体性信访事件。随着生活水平的提高,食品药品、饮用水、空气的清洁安全牵动着各界民众的心弦,类似"僵尸肉""苏丹红鸭蛋""毒豆芽"等事件受到民众强烈关注,成为基层政府执法监管要解决的重点任务。

(3) 乡镇层级权责失衡

乡镇政府的权力少而责任重,是必须正视的问题。现行法律中直接就乡镇政府设置执法权的明确规定较少。从现行法律、法规层面来看,乡镇政府承担的执法职能并不多见。但现实中乡镇政府往往要基于上级布置安排,承担各类任务职责。这在经济发达镇表现得尤为突出。以徐霞客镇为例,其拥有六千多家企业和个体工商户,对于劳动监察而言构成"无法完成的任务",陷入"救火队"的工作状态。与此同时,上级机关、普通民众、法律政策都对基层执法提出越来越高的要求。一些问题稍有不重视、不应对、不落实,就会面临成为媒体炒作热点、上级问责启动的风险。当下推行的一些改革也抬高了对乡镇执法的标准要求。比如,行政执法与刑事司法两法衔接实施之后,对行政执法的现场取证、证据固定更是要求达到接近刑事认定的标准。

在乡镇层面,条块分割的体制更是加剧了执法能力低下的问题。派驻机构主要作为县级部门的派出机构存在,执法资源分散并未形成合力,机构类型繁多而能力低下。面对违法行为层出不穷的现象,条块分割的正规执法队伍点多面广、任务繁重、人手不足,执法能力远远不能满足维护管理秩序、保障民众权益的需求,其突出表现在三个方面。第一,驻派镇的执法部门执法的管辖区域广大而编制力量相对缺乏。一些行政执法部门在镇的派驻机构力量过度薄弱,对事关民生、环保等事项难以企及。以环保领域为例,能落实到每个乡镇、街道的执法人员一般只有一两名，只能疲于应付，再强调监管到位可谓纸上谈兵。第二，每个执法机关的管辖只限于特定条线，即便个别派驻机构力量存在"富余"，但由于分工过细、机构职能单一，对于其他违法活动即便发现也无权处置。第三，缺乏强制手段作为执法后盾。镇政府工作人员在日常工作中发现违法情况时，只能进行劝阻；不听劝阻的，只能联系有执法权的县级部门来处理。由于发现违法行为不能及时采取处置措施，执法活动的权威性、严肃性势必大打折扣，出现了市县部门"管得到而看不到"而乡镇街道"看得到而管不到"的怪现象。

2. 以徐霞客镇为代表的探索

《中共中央关于全面推进依法治国若干重大问题的决定》提出，创新执法体制，完善执法程序，推进综合执法，严格执法责任，建立权责统一、权威高效的依法行政体制。对此，许多经济相对发达镇开展积极探索，在理顺体制、制度创新、结构重组、流程优化等方面积极创新，基层政府治理逐步走向现代化。

构建适应城镇化发展需求的新型行政管理体制，从传统的部门间联合执法起步，探索跨部门整合统一的新型综合执法体制机制。比如，天津市滨海新区的镇成立综合执法大队，集中行使13大类近300项行政处罚权及与之相关的行政强制措施，实现镇街层面的综合执法"一支队伍管全部"。成都市金堂县淮口镇推行综合执法机制改革，在纵向上整合镇、区执法职责，将原来省级工业区的城市管理、交巡警、规划建设等10类行政执法职责整合划入淮口镇综合执法队，实现了统一执法。各地在探索中，表现出横向上整合执法机构，纵向上减少执法层级，走向基层新型综合执法的新模式。其中，徐霞客镇成效较为显著，其做法值得关注，经验值得总结。

（1）实施机构改革，理顺管理体制机制

乡镇政府作为一线行政执法的承担者和主力军，直接面对社会民众、企业和社会组织，其执法体制上受制于各级政府及其部门，下则直接面对民众需求和问题。新形态的综合行政执法如何闯出一条新路？综观各地，有的地方在基层体制改革与综合执法探索中，有意无意走上提高规格、增设机构、扩充编制、增加人员的老路，陷入自我膨胀、机构分裂、人员增加、效能不高的怪圈。对此，从条块分割的单一部门分别执法，走向条块整合、职能整合的跨部门综合执法，是行政执法体制改革的核心内容。

徐霞客镇按照"机构精简高效、资源优化配置、管理职能清晰"的要求，进行执法监管的机构改革。2010年4月，江阴市徐霞客镇被中央机构编制委员会办公室确定为经济发达镇行政管理体制改革试点镇。本着精干高效的综合决策机构、便民服务的综合办事机构、协调统一的综合执法机构的三分法，将现有机构予以大幅整合归并，在镇及以下不设置派出机构。2012年，徐霞客镇组建起"两办六局一中心"①的新型机构模式。

在人员方面，探索行政机构、事业单位整合设置，行政、事业人员统一使用编制配置模式，实有编制不增反减；镇所属事业单位的机构编制予以保留，不配备相关人员，不实际运作，职责与相关办、局、中心整合归并，人员统一使用、分类管理。改革后编制人员大幅精简，编制减少了35名，实有人员也减少10人，简约、精干的政府组织架构初步搭建。机构改革之后，徐霞客镇综合执法局正式组建，统一行使城管、环保、安监、民政等与社会管理相关的数百项行政执法权限。执法队伍打破原有条线限制，按片区分成三个中队，队内相对分工，协同执法，实现了"一支队伍管执法"。这种改革和做法，体现了"精简、统一、效能"的原则，既有利于精兵简政，又有利于减少职能交叉、多头执法。

（2）下沉执法力量，塑造中队执法格局

从全国范围看，在纵向上不少地方的执法资源配置存在头重脚轻的不平衡现象，越往上的县、市层级，执法机构、编制、队伍建设越齐备、到位；而越往下到乡镇、街道，执法力量则越薄弱。针对这种执法配比

---

① 即党政办公室、组织人事和社会保障局、政法和社会管理办公室（挂司法所牌子）、经济发展和改革局（挂生态旅游局牌子）、财政和资产管理局、建设局、社会事业局、综合执法局、便民服务中心（挂招投标中心牌子）。在级别以上机构均按副科级管理，其主要负责人原则上由镇领导班子成员兼任，镇以下不设派出机构。

与执法需求的强烈反差，徐霞客镇注重纵向整合，优化资源配置，以期扭转之功。

一方面是权力职责的下放。江阴市政府各个部门尽可能将权力下放给徐霞客镇，涉及项目投资、规划建设、安全生产、市场监管、社会管理等方面相关行政许可、非许可类审批事项，公共服务事项和行政执法权，市国土、卫生、安监、城管、住房保障管理、国税、地税、工商等方面的延伸服务。以处罚为例，截至2016年8月，徐霞客镇的网格综合执法已承接了江阴市级13个部门下放的行政执法权力647项。针对其中160多项需要专业人员、专业技术、专业设备，通过政府购买服务的方式，徐霞客镇将部分专业要求较高、年度业务量较少的中间业务委托给专业中介机构。

另一方面是执法队伍力量的下沉。徐霞客镇综合执法局逐步形成法规科指导、监管各中队执法工作的格局。按照"相对分工、协同执法"的原则，各个中队统一行使城管、安监、环保、教育、卫生、文化等领域共647项行政处罚权，并相对独立完成网格内的各项任务。

（3）利用网格治理，配合执法提升效能

在经济发达镇，如果没有社会各界的广泛有效参与，数以万计乃至十多万的人口，数以百计乃至千计的企业，仅靠数十人的执法队伍，很难把城市管理好。对此，徐霞客镇将已有的网格体系和网格员队伍纳入大综合执法体系。其思路是，以网格化管理体系为基础，整合基层治理资源，有力配合执法，促成执法成本大幅降低和执法效能显著提升。徐霞客镇先后制定出台网格治理、网格化执法的一系列专项管理制度，网格与行政执法无缝衔接。在具体监管做法方面，借鉴已有网格化管理的成效，吸纳执法资源，执法"直达"一线的能力显著提升。徐霞客镇按照"纵向到底，横向到边"的要求，本着尊重历史沿革、兼顾乡土风情、满足现实需求、预设发展愿景四个原则，以片为单位将全镇划分6个一级网格，以村、社区为单位划分了21个二级网格，以自然村及企业数为单位划分了179个三级网格，把区域内所有的人、地、物、事、组织等要素全部纳入网格，成立了由179名网格员和1025名信息员组成的

三　依法行政的法治逻辑

网格巡查队伍。各网格员、信息员及时收集、受理、监督、处理本网格范围内的环保、安监、城管、国土、住建等14大类问题。考虑到乡镇内部也存在着各区域、各网格的经济社会发展差异，徐霞客镇以网格为基础的综合执法，并不过分强调整齐划一，而是注重凸显特色、凸显需求。比如，原璜塘工业园区和峭岐工业园区所属的网格，由于区域内的工业企业较多，且不少为化工类企业，其专业网格员配置就相应侧重环保、安监类。

对于一般民众、网格员直接发现的违法线索、信息，通过移动终端直接拍照取证，固定违法线索；上报给本级网格长后，在其职权范围内能够解决的，则即时处理并反馈至指挥中心予以结案。由此，既能第一时间对违法行为做出反应，克服了之前基层执法延迟滞后的弊病，也提升了执法效能，网格巡查队伍对于综合执法局的执法构成有力的配合和支持。

（4）推行繁简分流，实现执法流程再造

徐霞客镇积极探索执法程序的流程再造，实施执法程序的类型化。其做法主要有两个。一是依托指挥中心进行流程再造，设置分层次的处置机制。对于在网格内能够化解的，由网格长、网格员予以处置；超越其职权范围或需要实施强制的，则指挥中心派单给相关职能部门予以处置，处置完毕反馈至指挥中心予以结案；职能部门认为案件复杂、疑难的，则移入疑难案件库，进行专案研讨处理。处理完毕后经第三方评估考核再予以归档。二是完善快速处置机制。快速处置机制对于最大限度地减轻违法行为的损害后果，增强民众对执法行为的信任度，都有积极作用。徐霞客镇在《行政处罚法》简易程序的基础上，建构完善违法行为的快速处置机制。综合执法人员发现的违法情形，如依照有关法律、法规可适用当场处置程序的，执法人员将配备的移动执法终端现场连接蓝牙打印机，现场制作并打印、送达行政处罚文书；对于适用一般程序的处罚事项，则通过移动执法终端拍照取证，执法取证更加便捷。

（5）依托信息技术，有效提升执法能力

信息化彻底改变了现代社会的生产生活方式。中国基层很多地方传

79

统的行政执法，受人财物技术的局限，虽然名义上"依职权"主动出击处置违法，但实际上处于"不告不理"的状态。徐霞客镇在执法线索搜集、执法证据保存、执法流程优化等方面应用信息技术，使执法能力得到了全方位的提升。

一方面，信息化设备的应用，提高了当地执法机关发现违法、预警防控、调查取证的能力。徐霞客镇借助综合管理信息平台，对管理对象建档立库并予以类型化，现已基本完成对象信息入库，对辖区内各类企业，包括僵尸企业、失信企业的管理经营信息及时更新，通过大数据分析研判，大幅降低了金融风险、债务风险、安全生产风险和环境保护风险。依托信息化技术构建的指挥中心，真正实现了行政执法的主动巡查、主动发现。以环保为例，江阴市面对近万家企业、82家国家重点监控企业和2000余家重点监控企业，而仅有76名编制的环保执法监察人员的格局，江阴市开发出环保在线监控系统。执法人员在办公室通过视频监控图象、在线监测数据即可发现企业的异常排放情况并及时派人处置。

在传统行政执法模式下，证据取得、证据保存等方面的"取证难"长期困扰着各级执法机关。徐霞客镇对全镇范围内可能存在环境污染风险的企业实施全天候视频监控，配备视频转发分发、录像存储、检索回放、调查取证等功能，实现了远程巡查，足不出户可及时发现违法排污等环境违法行为，并可远程取证。

另一方面，借力数据平台形成常态化信息共享机制。针对以往部门之间各自为政、难以形成合力，信息孤岛下信息搜集使用效率低下等问题，徐霞客镇注重信息的整合与共享。现已通过整合卫计、民政、社保、安监等多个部门的基层信息数据，做到了信息共享。其审批信息与监管执法政务信息的"双向推送"模式，值得关注。其做法是，审批部门与监管部门形成协调联动机制，做到"一批就管、审管同步"。审批部门将审批结果的数据信息及时推送给监管部门，监管部门则据此开展事中事后监管，逐条逐项列出监管目录清单和追责清单，并将监管情况及时反馈给审批部门。审批部门则根据监管信息开展协同处理。综合执法局根据审批结果和监管信息，有针对性地开展日常巡查和调查处置。由此，以往"强审批、弱执法"的格局得到矫正。

运用指挥中心监督平台，与全镇1168个监控点实现联网对接和信息交换，现已实现了每一名执法人员、每一次执法行为都在系统上留痕、可追溯，有利于保护执法人员并倒逼执法行为规范。

（6）加强队伍选拔建设，提供人才保障

新型综合执法对于执法人员、网格员都提出了较高要求。江阴市和徐霞客镇高度重视队伍建设，选拔优秀人才并积极加以培训。2012年10月，徐霞客镇按照"缩编减员、提高效率"的原则，对所有中层干部实行清零竞岗、全员竞聘，全机关32个中层正职岗位和17个中层副职岗位全部实行竞争上岗。这为之后的综合执法改革奠定了坚实的队伍基础。实施新型综合执法对执法人员的素质提出了更高、更全面的要求。对此，徐霞客镇采取多种措施，通过对网格员的培训，要求每位网格员都能够熟悉并掌握本网格内的工作对象、工作资源，摸清社会稳定风险点与不和谐因素，对家底、账本和风险了然于胸。除传统培训机制外，徐霞客镇还采取选派优秀人员跟班、挂职等方式到市对应部门、服务中心学习，使得其工作人员快速掌握综合执法相关的业务知识、操作流程，在执法内容广泛化的同时确保执法的专业能力和专业水准。由此，徐霞客镇的行政执法管理已从疲于奔命的"灭火队员"被动式执法走向从容不迫、不慌不忙、预防为主、标本兼治的多元监管治理。

3. 提升基层执法能力的展望

发展至今，徐霞客镇已初步建立起与经济发达镇经济社会发展要求相适应的新型行政治理的体制、机制和模式，社会治理能力显著提升，成效已然初显。2015年，徐霞客镇的全口径财政收入增加至12.5亿元，公共财政收入达到6.2亿元。综合考核排名从2012年的江阴市第13名，跃升至2014年的第3名，并在激烈竞争的背景下于2015年继续稳居第3名，这与新型综合执法的推进不无关联。

2016年12月，中共中央办公厅、国务院办公厅印发了《关于深入推进经济发达镇行政管理体制改革的指导意见》，这给经济发达镇的新型综合执法吹响了新的号角，并对执法体制、综合行政执法机制、责任制、协调机制提出明确要求。以徐霞客镇为代表的经济发达镇，有必要抓住这一大好契机，以满足民众需求为导向，适应经济社会继续前进的节奏，进一步完善其综合执法体制机制。为不断提升基层治理能力，并推动经济社会的健康可持续发展，其改革尤其应注重以下方面。

第一，理顺条块关系，稳步推进新型综合执法。从今后看，基层行政执法有必要从"小综合"走向"大综合"，从纵向为主的专业行政执法走向"条块为主"的区域综合执法。正如《关于深入推进经济发达镇行政管理体制改革的指导意见》所提出的，要"整合现有的站、所、分局力量和资源，由经济发达镇统一管理并实行综合行政执法"。显然，今后的新型综合执法，应在总结徐霞客镇综合执法经验的基础上，将当地乡镇的各类派出机构、分支机构的执法力量、执法资源继续整合。

第二，与时俱进完善立法，强化固化引领作用。有必要根据基层治理的新形势新需求，结合现代信息技术的深刻影响，出台新法、修改已有立法，为新形态综合执法监管保驾护航，便于其发挥更大作用。一方面，从执法手段来看，行政处罚的集中行使有《行政处罚法》作为明确依据，而行政强制措施、行政强制执行权的集中综合仍处于基本上无法可依的状态。从中央到地方文件都提出的整合各部门在镇、街层面的派出机构并由镇统一管理，需要修改法律予以支持。另一方面，从各个执法领域来看，基于信息化、网络化的新型综合执法往往缺乏明确的法律依据。以环境污染源的在线监控为例，已经在环境执法方面发挥一定作用，但是，由于缺乏足够明确的法律依据，在线数据是否能够作为执法的有效证据，民众通过拍照发现的违法行为能否作为行政执法的证据，还是仅可作为执法线索，现在仍不够明确，导致在许多地方数据、视频只能发挥预警或补充作用。为此，一方面，对现有行政执法相关的法律、法规进行审视、修订；另一方面，各市、州应利用好修改后的《立法法》所赋予的立法权，通过地方立法为当地乡镇综合执法提供依据，起到引领作用。

第三，强化保障，形成坚强后盾。为新型综合执法与配套改革提供全方位的保障，是改革取得成效并深入推进的前提基础。

一是确保镇综合执法的编制身份保障。一方面，与其执法需求、执法规模相适应，在地方机构编制限额内，赋予相对灵活的用人自主权。在编制方面，江阴市在试点工作中适当放宽经济发达镇党政机构的限额。另一方面，还应加强执法人员身份待遇保障。从全国范围看，基层综合执法人员身份较为混乱，有公务员、事业编制、合同编制等区分。执法人员身份的差异，不仅导致待遇不同，而且导致激励机制差异，成为综合执法人员反映较为强烈的问题，客观上也与暴力野蛮执法、选择性执法、执法不作为等有密切关联。对此，应考虑将城管执法人员整体纳入公务员的"行政执法类"，适用统一的法律规范、绩效激励和责任机制。通过综合执法队伍从"事业化"走向"行政化"，既提升了对综合执法人员的保障能力，也有利于执法行为规范化。

二是加强财政支持保障力度。江阴市本着财权与事权相匹配的原则，加大对徐霞客镇的镇级财政支持力度。考虑到发达乡镇对执法经费的需求较强，江阴市明确财政关系按照"一定三年不变"的原则，公共财政预算收入超过2009年基数部分，地方留成部分按80%结算财力返还，以增强其发展活力，确保公共财政经费保障充足、到位，这为确保徐霞客镇治理创新的可持续性提供了坚实保障。

三是公安等部门单位提供协作保障。公安部门应为综合执法提供强力保障和强制力后盾，协助综合执法机构开展工作；在遭遇暴力抗法、恶意破坏法律秩序等行为时，为综合执法保驾护航。权力被剥离或下放的县市部门，应当对综合执法给予业务指导、技术支持和信息共享。比如，县市部门对于日常执法中发现的违法线索需要综合执法机构查处的，应当及时移送转交，进行信息资料的共享。

第四，相关政府部门联动形成合力，为改革扫除障碍瓶颈。一些地方的新型综合执法改革，存在"上下不同、左右失联"的问题。特别是市、县级政府及其部门的不理解、不支持，不仅直接导致上下对接不畅，更使得改革推进遭遇瓶颈，损害改革实效。江阴市、无锡市等上级政府对改革的支持，成为徐霞客镇试点探索的重要经验。

针对发达乡镇权责失衡的问题，江阴市、徐霞客镇两级政府达成共识有利于阻力最小化。对于徐霞客镇的"扩权强镇"改革，江阴市本着"权责一致、能放则放"的思路尽可能予以下放，而徐霞客镇则本着"能接就接、接管一致"的原则尽可能接收，实现职能的下沉和完善；对于派驻在徐霞客镇的机构，原则上由镇里负责管理；确有必要且经批准暂不调整管理体制的，也对派驻机构充分授权。无锡市、江阴市在机构、编制、财政等方面的有力支持，为徐霞客镇的新型综合执法改革提供了强有力保障，这也是其他地区推行乡镇综合执法改革中应借鉴的重要经验。

四　司法建设的法治逻辑

公平正义是司法的灵魂和生命，努力让人民群众在每一个司法案件中感受到公平正义是中央对司法的殷切要求。为了实现司法的公平与正义，全国各地司法机关通过一系列司法改革举措，切实提高矛盾纠纷化解效率，借助智慧司法提高司法效能，通过司法公开提升司法公信。

（一）落实司法责任改革

2020年2月，中央全面依法治国委员会印发《关于深化司法责任制综合配套改革的意见》，对司法责任制综合配套改革提出进一步的系统要求。政法机关对照中央部署要求，出台实施意见和方案，不断建立和完善司法责任制综合配套制度。具体体现在以下方面。

第一，人民法院全面实施司法责任制综合配套改革。2020年7月，最高人民法院发布《关于深化司法责任制综合配套改革的实施意见》，提出加强法院政治建设、健全审判监督管理、强化廉政风险防控、推进人事制度改革、优化司法资源配置等五大方面28项配套举措。地方法院积极推进司法责任制综合配套改革，北京市高级人民法院印发《北京法院落实司法责任加强履职监督工作办法（试行）》《北京市高级人民法院关于审判权力和责任的清单（试行）》，浙江省高级人民法院颁布《浙江省法官惩戒暂行办法》，青海省高级人民法院出台《青海省高级人民法院院庭长审判管理与监督权力清单》《青海省高级人民法院办案人员权力清单》《青海省高级人民法院关于加强全省法院院庭长办案工作的规定》。

第二,法官员额制管理机制不断健全。一是建立法官员额配置动态调整机制。2020年1月,最高人民法院印发《省级以下人民法院法官员额动态调整指导意见(试行)》《人民法院法官员额退出办法(试行)》,完善员额的编制、动态管理、遴选、退出等相关制度。二是明确法院干警任职回避规则。4月,最高人民法院《关于对配偶父母子女从事律师职业的法院领导干部和审判执行人员实行任职回避的规定》施行,各地法院出台执行回避规定的实施细则,如广东省高级人民法院印发《关于执行审判回避规定的实施细则》。三是落实干预司法行为如实记录制度。习近平总书记强调,"司法不能受权力干扰,不能受金钱、人情、关系干扰,防范这些干扰要有制度保障"。为落实2015年出台的《领导干部干预司法活动、插手具体案件处理的记录、通报和责任追究规定》《司法机关内部人员过问案件的记录和责任追究规定》《关于进一步规范司法人员与当事人、律师、特殊关系人、中介组织接触交往行为的若干规定》,2020年年底,宁波市中级人民法院上线人民法院"三个规定"记录平台,用信息化手段落实干预司法如实记录制度,从司法机关外部、内部及办案人员自身三个层面,阻断影响司法独立公正的因素。根据最高人民法院部署,全国四级法院于2021年1月统一启用"三个规定"记录报告平台。

第三,检察机关健全绩效考核和责任追究制度。2020年,为全面落实司法责任制配套改革,最高人民检察院健全检察官绩效考核和惩戒追责制度,先后出台了《关于开展检察官业绩考评工作的若干规定》《人民检察院司法责任追究条例》,以规范检察官业绩考评,提升检察业务管理水平,严格区分办案质量瑕疵责任与违法办案责任,健全了检察官绩效考核和惩戒追责制度。最高人民检察院进一步明确检委会工作机制,实施《人民检察院检察委员会工作规则》,对检委会的组成、工作机制、讨论决定案件的范围、决定的效力与执行等做出细化规定。2020年,检察机关院领导办案结构优化,检察长列席审委会数量持续上升。

第四,强化司法人员的履职保障。为保障民警人身安全,切实维护国家法律尊严，2020年1月，最高人民法院、最高人民检察院、公安部联合制定《关于依法惩治袭警违法犯罪行为的指导意见》，依法惩治袭警违法犯罪行为，以维护人民警察的执法权威。

（二）纠纷化解效率明显提升

近年来，各地法院坚持把非诉讼纠纷解决机制挺在前面，加强非诉讼和诉讼对接，人民调解、行政调解、司法调解联动，充分发挥人民法院调解平台在线化解纠纷功能，让人民内部矛盾能够更快、更有效化解。

一是将矛盾纠纷化解与诉源治理相结合。例如，福建省高级人民法院出台《关于进一步深化诉源治理减量工程建设的实施意见》，要求全省法院开展诉源治理，形成外部多元解纷和内部高效协同"两个合力"，实现案件数量往下走和办案质效向上升"两个拐点"。江西将万人成讼率、诉前调解质效等指标纳入平安江西建设考核评估范围。

二是推行繁简分流。北京法院通过创新举措不断完善"多元调解＋速裁"工作，实现了60%的民商事案件化解在诉讼前端的目标。新疆法院通过"繁简案件快速分流系统"实现了繁简案件快速分流。① 在河南濮阳，法院推行民事案件分调裁审机制改革以来，速裁法官以不到1/4的人员，分流案件近60%，既提高了效率，也有利于集中精力办好疑难案件。

三是加强行政机关负责人应诉。虽然修改后的《行政诉讼法》和司法解释有明确要求，但不少地方行政机关负责人出庭应诉率仍然偏低，特别是较高层次的政府及部门负责人出庭应诉，总体上依然偏少。2020年6月，最高人民法院公布《关于行政机关负责人出庭应诉若干问题的规定》。一些地方政府采取措施推动行政机关负责人出庭应诉。上海市本着"问题导向、突出重点、优化流程、提升质量"的理念，加强行政

---

① 王书林：《新疆实现全区法院繁简案件快速分流》，《人民法院报》2020年6月22日第1版。

应诉工作。杭州市着力推进负责人出庭应诉，2019年，杭州市两级法院开庭审理的全市行政机关为被告的一审案件，行政机关负责人出庭率为86.36%。2020年上半年，杭州市行政机关负责人出庭率已达到90%。通过行政机关负责人出庭应诉，既增强了行政机关对法治政府建设的重视程度，也起到良好的法治宣传效果，特别是对于行政纠纷的实质化解更是起到显著效果。

四是将解决纠纷与营造良好营商环境相结合。四川省法院与省工商联会签《关于构建依法服务保障民营经济健康发展协作机制的意见》，共同确立了常态化、制度化的民营经济发展协助机制，旨在推动涉民营经济领域治理体系和治理能力现代化，以及民营经济纠纷多元化解，进而促进四川省法治化营商环境持续优化。

（三）源头治理"执行难"

各地司法机关认真贯彻落实中央全面依法治国委员会《关于加强综合治理从源头切实解决执行难问题的意见》，将源头治理作为解决执行难问题的切入点，加强社会诚信建设，执行规范化建设，推动执行工作从"基本解决执行难"向"切实解决执行难"迈进。

一是加强执行联动机制建设，将解决执行难问题纳入综治考评体系。2020年3月，浙江出台了《关于加强综合治理从源头切实解决执行难问题的实施意见》，将执行工作纳入平安浙江、法治浙江建设考评体系，将"万人失信率"纳入营商环境和信用城市考评体系。6月17日，安徽省合肥市通过《关于加强人民法院执行联动工作的决定》，要求各级政府应将执行联动工作纳入平安建设考评体系，建立执行联动工作联席会议制度，建立基层协助执行网络。

二是充分应用现代科技手段，提升执行效能。例如，在疫情期间，广州中院在全国率先采用网络直播方式摇珠选定司法评估鉴定拍卖机构。目前，用网络直播方式进行司法评估鉴定拍卖机构的摇珠选定已经在全市4家法院常态化，14次摇珠共有超过33000人次观看。北京互联网法院通过电子诉讼平台与"天平链",构建"公证机构+区块链"现场调查机制,使得委托调查全过程及调查结果反馈及时上链,做到调查过程真实可靠、不可篡改、可追溯,也监督了公证人员从事司法辅助活动,保障公证参与执行工作程序规范化。

三是推进执行管理体制改革,消除体制机制障碍。近年来,一些地方法院在"深化内分"的框架内对执行管理体制改革进行探索。譬如湖南省高级人民法院所辖的益阳市、郴州市、湘潭市、张家界市、永州市中级人民法院开展了全市两级法院执行工作一体化运行模式。在江苏省苏州市,开展"基层法院执行局接受本院及中级法院执行局双重领导、业务上以中级法院执行局领导为主"的执行管理体制改革试点,破除两级法院执行上下贯通的体制机制障碍,形成横向到边、纵向到底的信息互联互通体系。全市法院之间的指定执行、提级执行、交叉执行等事项,通过"三统一"案管系统发起、处理和反馈,大幅提升了执行效率。

(四)加大公益诉讼力度

近年来,全国法院、检察院办理民事公益诉讼、行政公益诉讼案件数量逐年上升。

一是各地密集出台了人大决定、司法文件支持公益诉讼。河北、内蒙古、辽宁、浙江、湖北、广西等十余个省级地方人大出台了关于加强检察公益诉讼工作的决定或加强新时代检察机关法律监督工作的决议,推进公益诉讼的制度建设。以2020年5月出台的《浙江省人民代表大会常务委员会关于加强检察公益诉讼工作的决定》为例,该决定规定了检察机关办理行政和民事公益诉讼的案件范围,提起公益诉讼的程序、方式,公安、法院、司法行政机关、监察机关与检察机关加强配合协作的方式,并明确规定县级以上人民政府应当采取措施,支持检察公益诉讼工作等。

二是公布公益诉讼典型案例。2020年以来,浙江、青海、广东、宁夏、山东济南、贵州黔南州等地检察院先后向社会公布涉及环境污染、非法采矿、生态保护、国有资产流失等的典型公益诉讼案件，展示检察机关保护公共利益的决心。

三是完善工作机制，强化协作配合。例如，四川省南充市检察机关健全行政执法与检察监督长效协作机制，与国土、环保、市场监管、农牧业、水务等行政部门联合会签11个关于公益诉讼工作的文件。广东省珠海市检察院与市监察委员会共同签署了《珠海市监察委员会、珠海市人民检察院加强公益诉讼协作配合实施办法（试行）》，通过建立案件线索互相移送机制，增强了法律监督刚性。

（五）扫黑除恶成效显著

为期三年的全国扫黑除恶专项斗争是党的十九大以来，党中央做出的重大决策，事关社会大局稳定和国家长治久安，事关人心向背和基层政权巩固。2020年，全国司法机关围绕"建立健全遏制黑恶势力滋生蔓延的长效机制，取得扫黑除恶专项斗争压倒性胜利"的目标任务，增强综合治理效能，加大对重点行业领域专项整治力度，最大限度挤压黑恶势力滋生空间。

全国各地司法机关依法公正处理一大批具有重大影响的、典型的涉黑案件。云南省检察机关已对孙小果出狱后涉嫌黑社会性质组织犯罪提起公诉，监察机关、检察机关依法将孙小果案19名涉嫌职务犯罪的公职人员及重要关系人移送审查起诉。2019年12月"操场埋尸案"一审宣判，杜少平犯故意杀人等罪被判死刑，并于2020年1月20日被执行死刑，时任校长黄炳松、怀化市公安局原副局长杨学文等多名涉案公职人员被依纪依法严肃处理。此外，安徽针对蚌埠"刘氏兄弟"长期盘踞一方、官黑勾结，省纪委监委主要负责同志直接领办，以纪检的威力消除办案的阻力，推动查处涉黑涉恶腐败及"保护伞"60人，其中厅级干部1人，县处级干部19人，实现了以打伞促扫黑、黑恶势力与"保护伞"一窝端的良好效果。

（六）智慧司法威力彰显

各地司法机关之所以能够在疫情防控期间正常履职，积极发挥各自职能，做到抗疫、办案两不误，与"智慧司法"的建设密不可分。

智慧法院全面实现了审判执行智能化、办案管理科学化、司法服务精准化。例如，在区块链技术方面，杭州、北京、广州三家互联网法院走在全国前列。有的法院则敏锐捕捉到5G"大带宽、低时延、大连接"特性在法院业务上有广阔的应用前景，将5G技术与法院业务深度融合。广东省广州市中级人民法院建设5G智慧法院实验室，率先开展5G远程庭审。有的法院则着力打造一站式多元解纷机制、一站式诉讼服务中心建设，将智慧法院与服务当事人结合起来。例如，在北京市西城区，在江苏省苏州市相城区，法院整合系统内信息化资源，搭建智慧送达平台，借助社会化运作，建立专业送达团队，进行集约化管理，重塑送达工作流程，大幅提升了审判效率。

在新的一年，各地检察机关坚持以"科技"为引擎，加强智慧检务建设，努力实现检察机关的信息化转型升级，全面推进新时代基层检察工作创新发展。上海市人民检察院第二分院通过建设检察工作数据分析和可视化项目，实现了检察数据的集成处理、可视化分析。安徽省阜阳市检察院率先在全省建设智慧公益诉讼取证云平台。

新冠肺炎疫情影响下，大量司法活动受到阻碍，不管是律师会见当事人、检察官的侦查活动，还是法官庭审都受到极大限制。在疫情防控期间，全国各地司法机关一方面依法惩治妨害疫情的违法犯罪行为，另一方面利用科技手段积极开展网上诉讼、远程办公。

各级法院统筹做好疫情防控和维护稳定等工作，审结各类涉疫案件2736件，促进涉疫矛盾纠纷源头预防化解。辽宁、湖北、广东、青海等地高级人民法院先后公布多批妨害新冠肺炎疫情防控犯罪典型案例，涉及抗拒疫情防控措施、制假售假、编造和故意传播虚假信息等犯罪。各地检察机关积极行动，2020年1—6月，全国检察机关受理审查逮捕妨害新冠肺炎疫情防控犯罪6624人,经审查批准和决定逮捕5370人;受理审查起诉8991人,经审查决定起诉5565人。司法机关在疫情期间重拳出击,为切实维护社会稳定,打赢疫情防控阻击战提供了有力的司法保障。

在纠纷解决方面,各地法院运用远程立案、在线庭审、在线调解、在线执行等一系列诉讼服务措施及时定分止争,依法保障社会公平正义和人民群众合法权益。各地法院纷纷加强在线诉讼指导。天津、重庆、广东等地法院先后出台了在线诉讼规程。一些地方疫情期间线上诉讼成主流。例如,深圳市两级法院在新冠肺炎疫情期间,通过网上立案26609件,实现电子送达40629次,在线庭审2553次,微法院申请阅卷3033件,深圳市龙华区人民法院速裁庭运用"深圳移动微法院"开庭数占全院81%。[①]

各地司法行政部门在司法部《关于进一步加强司法行政信息化建设的意见》的指导下,不断加快推进司法行政信息化建设。贵州省司法厅加快"数字法治、智慧司法"信息化体系建设;山东省司法厅打造了一体化管理的"社区矫正平台",通过在省厅指挥中心建设社区矫正远程视频督察系统连接各地市、各区县社区矫正中心,实现司法厅对全省社区矫正日常工作、突发事件的远程监督、管理和指挥。

样本一　广州智慧法院建设的主要实践和经验

以习近平新时代中国特色社会主义思想和习近平法治思想为指导,对标最高院信息化4.0建设体系,将司法规律以及人工智能、5G、大数据、区块链等前沿技术与审判执行深度融合,充分发挥改革创新和信息技术的"双驱"作用,坚持创新驱动,扎实推进智慧法院建设,在提升中级法院审判体系和审判能力现代化水平方面成效显著。以AOL全业务

[①] 肖波、徐全盛:《深圳"智慧引擎"启动在线诉讼》,《人民法院报》2020年4月21日第8版。

线上办理体系建设为主线,在智审、智执、智服、智管方面形成一批可复制可推广的信息化建设经验,并逐步延伸至智慧共享、智慧考评等方面,5G 智慧法院实验室、无线平板加班神器、授权见证通、域外法查明通、刷脸查笔录、数据超市、ODR 在线调解、智破智融系统、模块化分段执行、裁判文书上网及线上查验、庭审公开直播等技术成果实现了多个全国首创,被国家层面多次推广,为经济社会高质量发展提供了更加有力的司法服务和保障。

1. 依托 AOL 全业务线上办理体系,构建并推进智慧法院发展规划

（1）启动构建 AOL 全业务线上办理体系工作

AOL 的建设目标是 All On Line,即法院全业务线上办理。充分利用现有智慧法院建设成果,以诉讼服务与审判执行业务为主干,对照 AOL 全业务线上办理体系总体框架,继续完善已有成果,加快实施在建项目,认真填补空白领域,建章立制、规范流程、强化执行,构建起 AOL 全业务线上办理体系的主体。在实现 All On Line 的同时,不断丰富 AOL 的内涵并拓宽其外延,AOL 的内涵是 All Of Love,即智慧法院的一切建设成果应当让使用者感受到友好和关爱;而 AOL 的外延是 All On Live,即强调真实感、现场感。

（2）启用 5G 智慧法院实验室,探索 5G 创新应用

举办 5G 智慧法院实验室启用暨第一批成果发布活动,首次发布了 5G 智传笔、5G 随身云盒、5G 庭审本和 5G – LIM 系统等创新成果。继续深化 5G 智慧法院建设,不断推进 5G + 智慧庭审系统、5G + 诉讼服务中心、5G + 司法区块链、5G + 智慧执行、5G + 智慧移动办案、5G + 智慧专网等建设。

（3）推动区块链应用落地

建成两级法院区块链应用基础,并对接最高院"统一司法区块链"。创建司法区块链联盟——"网通法链"（由中级法院、市检察院等 9 家单位组成可信区块链联盟）。基于区块链技术,响应党中央、最高法的相关精神指导,积极开展了一系列的技术验证与应用探索。

一是完成区块链授权见证通系统应用研究、试点,在全省推广"区

块链授权见证通系统",以前沿科技支撑业务全流程,将授权见证从线下拓展至线上,构建"预约服务""跨境授权""远程视频""在线见证""全程留痕"加"司法审核"的"5+1"司法服务模式。该平台深度应用5G和音视频交互技术,为法官、当事人和诉讼代理人提供突破时空限制的虚拟见证空间,实现线上线下服务同质化,保障授权见证信息的完整、安全、可追溯。总体来说,该平台的建立和应用,全面提升了港澳地区当事人司法获得感,大大缩短了授权见证办理用时,节省了见证费、公证费和往返交通费等多项费用,降低了诉讼成本,有效提高了审判质效。

二是在全国法院范围内率先开发"区块链律师调查令"线上服务功能,实现申请、审批、签发、使用及反馈的全流程在线办理。律师通过电脑或微信小程序即可完成律师调查令的申请和使用,还可向法官反馈调取到的证据材料,整个办理流程突破了时空限制,节省了邮寄和交通成本,为律师工作提供了便捷。同时,律师申请"区块链律师调查令"需经过人脸识别实名认证;法官签发的调查令通过司法区块链"网通法链"进行了加密存储,可有效防止伪造或篡改,最大限度地保证调查取证全流程的安全性。目前,两级法院"区块链律师调查令线上办理平台"已完成3.2万件律师调查令申请。

三是完成区块链快审系统应用研究及试点。区块链智能快审系统利用框架式庭审语音记录方式,采用智能多轨语音复核记录技术进行庭审语音记录,庭审结束后通过"电子签名+指纹按捺"生成电子语音笔录并把数据推送到区块链存证平台,实现庭审数据的防篡改、可验真、可追溯,确保庭审数据的生产、存储、流转和使用全流程安全可信。生成的区块链电子语音笔录数据包可通过二维码推送到云平台,实现当事人快速、便捷地获取庭审资料。

目前已投入使用的智能快审法庭19间,快审案件庭审时间平均缩短50%以上,快审案件法官从以往每天开4个庭提高到20多个庭,是全院平均水平的4.73倍,案件平均审限比全院民事案件平均审限缩短近10天。

2. 创新推进新"六智"建设，推动智慧法院建设走在全省全国前列

（1）以电子卷宗随案同步生成和深度应用为核心，推进智慧审判建设

一是深化电子卷宗应用。以诉讼材料随案同步生成为基础建成"智卷"系统，实现左看右写、证据全文检索、调阅音视频证据、文书自动生成，提高办案效率。二是建成智慧破产系统。法官、管理人线上办案，破产资金在线审批、流转留痕，60万债权人可在线参加债权人会议及在线投票。将区块链技术融入投票功能，实现过程可追溯、不可篡改。三是推进智慧庭审建设。融合5G、语音转录等技术，打造集微信开庭、网络开庭、远程庭审、智能快审于一体的智慧庭审系统。研发便民终端E法庭，集成5G通信、智能语音、智能门禁等系统，便利当事人参与诉讼。四是在全国范围内率先开发上线涉港澳地区案件授权见证通平台。港澳地区当事人委托内地诉讼代理人全流程在线进行，授权仅需半小时。省法院发文在全省推广使用。五是深化移动办案办公，打造全国首创法官通在线办案办公体系。在桌面云系统，以及原有可移动办公办案的法官通安全终端的基础上，采用最新的生物特征识别技术和防盗拍水印技术，通过国密级加密的4G安全通信信道，打造全国法院首创以平板电脑为载体的新一代法官通在线办案办公体系，可实现在线合议、在线阅卷、案例和法规查询、类案推送等合议系统功能，并可实时处理审判办公各类事务，而且能以数据不落地本机的安全方式连接内网。在疫情常态化的新形势下，实现全体法官远程办案办公，突破疫情期间办案办公时空限制，成为广大法官在院外实时办案办公的"神器"。

（2）推行执行案件分段集约改革，打造模块化分段智执系统

该院执行工作已实现电子卷宗深度应用、无纸化办案、全流程网上操作，促进提高规范化水平。在深化大数据监控、执行财物管理、流程节点预警、移动办案四大平台建设基础上，将执行案件在全局范围内进行统一管理，按照财产查控、财产处置、款物发放、结案归档四个办案步骤，对一个案件实行分段流转、接力办理。具体言之，即财产查控、执行通知书、报告财产令等文书制作和送达等事务性较强的工作，统一

交财产查控团队集约化处理。在案件繁简分流后，分流至不同的办案团队；对于普通执行案件，分为四个阶段由不同的办案团队接力办理，实现"简案快办，繁案精办"。

该系统将发起查控、繁简分流、常规文书套印等以指定动作内化为系统的全自动流程，能由系统自动完成的一律由系统自动完成；所有流程审批、文书签章实现全线上办理、全程留痕，同时增加文书审批层级的挂角标志，方便经办人员明晰审批权限及审批流向。一是按照办案业务设置7大类共45个标签页，每个业务的标签页中，预设生成该业务所涉及的文书，有效消除办案人员制作文书的等待耗时，方便办案人员批量选用文书及一键签章送达。二是在阶段办结时，自动提取本阶段所完成的事项内容及文书，自动填入阶段事项信息登记表，并形成该阶段的电子卷宗。在下一阶段法官接手时，必须阅知前一阶段事务信息后，系统方允许其接收办理。三是系统开发上线了集约事务自动分片功能，方便任务分派及集约办结；新增微执行小程序，按照房屋、车辆等不同种类标的物，预设了不同的拍照部位、拍照角度、内容项目等标准化录入要求，确保标的物"查得清、记得全"；在款物发放阶段，嵌入利息以及案款分配自动计算功能，大大减轻法官计算利息及各相关债权人可分配数额的工作量。四是对各阶段工作设置基础分值，依据办结时间长短进行量化考核，并实现超期预警。

（3）以"送必达、执必果"试点为抓手，推进智慧共享建设

为打破各级政务部门间的数据壁垒，解决部门间"多要少给"的突出问题，促进数据共建共治共享，在全国优化营商环境的大背景下，该院与最高院、省市政务大数据中心积极对接，建成法院营商环境政务共享平台——"数据超市"，接入包括"全国组织机构信息""全国律师信息"以及涵盖省、市的民政婚姻、房地产、税务等多个方面共31个查询主题。

根据部分数据涉及面较广，数据类型较为敏感的实际情况，"数据超市"采取以下安全策略：一是细化权限配置，系统启用了单项单人、单项多人、多项单人、多项多人权限设置功能；二是限制办案法官只能对

本案件的当事人进行关联检索，防止查询功能被滥用；三是启用短信验证码，确保操作人与操作账户一致，避免账户被盗用，所有查询操作使用全程留痕；四是将使用记录纳入"法院廉政风险防控系统"风险点进行实时监管，一旦出现异常情况即会触发系统预警。

此外，建成智慧送达平台，对接市"四标四实"数据库，与通信运营商、邮政公司、淘宝、京东共享送达人活跃手机号码和有效地址信息，并通过短信弹屏送达、公证语音存证送达等方式，提高送达效率。将失信被执行人名单推送市信息共享平台，46家执行联动单位实时获取信息，实现"云惩戒"。

（4）加大电子诉讼工作力度，推进智慧诉服建设

一是推动诉讼服务中心建设。集成立案、信访、诉讼服务等10余项职能，提供40余项诉讼服务，全面覆盖5G网络。配置全省政务服务一体机，提供出入境、交管、人社、民政、税务等14类高频业务办理。二是完成与最高院全国人口数据、市公安局户政支队、市来穗局数据对接，上线启用户籍人口信息查询功能。全市两级法院的立案窗口同志录入当事人姓名、身份证号后，即可自动核验自然人信息是否真实存在，并实时返回户籍人口登记信息。所有信息查询实现系统留痕，有效保证信息安全。同时，可打印带水印的信息登记页面，替代以往当事人往返公安部门才能开具的被告自然人证明，减轻当事人诉累。三是建成同质化线上诉讼服务体系。以微法院、AOL诉讼服务平台、12368诉服热线为核心，构建线上诉讼服务体系，实现线上线下诉服同质化。四是上线诉讼费电子票据服务和网上退费功能。当事人通过手机微信或支付宝扫码缴费后，输入电话号码和电子邮箱即可开据诉讼费电子票据，有效节省当事人支付的诉讼费纸质票据邮寄费用。电子票据还可以用于诉讼费退费申请，有效避免以往当事人因丢失纸质票据而办理退费困难的问题。五是实现裁判文书网上送达及网上核验。升级上线电子送达平台，实现裁判文书带电子签章送达。开发上线裁判文书二维码验证功能，方便当事人和第三方单位通过微法院小程序扫描裁判文书末页的二维码，查阅文书原始版本，并对裁判文书进行核验。

(5)加强司法大数据管理和应用，推进智慧管理、智慧考评建设

一是积极推进"数助决策"深度应用和成果转化，为最高法院信息化顶层设计提供数据支撑和案例样本。为进一步贯彻落实习近平总书记关于"要运用大数据提升国家治理现代化水平"，最高院开展了"数助决策"示范应用工作。2020年5月，广州市中院被最高院确定为"数助决策"示范应用单位，自此展开了与最高院司法大数据研究院的长期合作。首先，将最高院"数助决策"系统开放给院内相关部门使用，为日常工作提供了较大的辅助依据；其次，联合大数据研究院依托人民法院大数据管理服务平台汇聚的审判资源信息，设计"法治化营商环境司法评估指数体系"框架和指标，出台《2020年法治化营商环境评估报告》，该报告已上报市委、市政府、市人大等政府职能部门，进入领导决策层面；最后，"数助决策"示范应用工作专班基于"数助决策"系统数据分析与大数据研究院合作撰写了《基于司法大数据的2019年经济社会运行情况评估报告》《2019年法院审判执行运行情况评估报告》《全国GDP排名前30城市的法治化营商环境评估报告（2017—2019）》等专题研究报告。其中，《涉数据保护案件逐年增长，民事案件多涉不正当竞争，刑事案件超五成为非法获取计算机信息系统数据、非法控制计算机信息系统罪》一文收录至最高院《司法大数据决策参考》2020年第33期，并受到最高院周强院长专文批示。目前，2021年度的"数助决策"深度应用工作拟将"2021年涉外案件司法大数据分析""2021年金融审判司法大数据分析"作为研究课题，还在继续进行中。

二是深化司法数据管理应用。深化法院大数据平台建设，实现126个流程节点数据信息智能管控，院庭领导可实时监控审判执行动态。司法数据公众服务中心实时公开5项审判执行动态数据和经济形势司法指数、治安形势司法指数，定期公布司法统计报表和6类数据专题分析报告。

三是推动司法政务管理智能化。建成支持机关事务、党务、卷宗流转等工作的31个司法管理模块，司法政务全程网上办理、移动办理。建成法官工作量评估系统，提升考评科学性、准确性。

四是开发上线廉政风险防控系统。以现有审判管理系统为平台，以

审判、执行数据为支撑，针对审判过程中立案审查、分案到庭、开庭审理、案件合议、宣判送达、上诉息诉、案件执行、结案归档等阶段的32个重点廉政风险环节进行事前预防和控制，对重点风险业务进行密切跟踪与监督，对不符合规范流程的给予风险警示，并提供事后分析，便于总结提高或为考核提供依据，为公正、高效司法提供有力保障。

五是推进智慧法院建设成果落地。上线"法院综合业务系统使用情况监督系统"，全方位监管5个核心系统36项技术运用情况。研发智慧庭审云集控系统，全市法院686个法庭、43个远程提讯室实现统一监管、统一调度、统一运维。

（6）量身定做，打造审判辅助特色产品

结合涉外审判工作实际，建成全国法院首个域外法查明平台，破解域外法查明难点、痛点。平台具有域外法查明案例、域外法律法规、涉外裁判文书三大资源库，收集来自全国的具有涉外审判职能的40多家法院的域外法查明案例331件，其中，适用澳门特别行政区的18件，适用台湾地区的10件，适用英、美、德等外国法律的66件，适用国际条约、国际公约的42件；收录域外法律法规31712部，所涉地域除港澳台地区外，还涉及英国、美国、德国、巴西、日本等25个国家，其中香港特别行政区2093部，澳门特别行政区24277部，台湾地区9部，外国法14部，国际条约、公约及司法协助协定等5139部。平台还提供了多个域外法律资源库的链接，用户可一键直达港澳地区法律库、香港地区判例库、日本法律库等。平台采用"互联网+案例+法律"模式，对裁判文书进行精细分类，满足用户多路径、多维度的检索需求。采用AI技术，快速定位检索内容，24小时提供查询服务。链接权威查明机构和域外法律数据库，引入域外法查明规则及操作指引，让当事人足不出户即可"一站式"解决域外法查明难题，加快了"寻法"速度。

建设在线多元纠纷化解平台（简称ODR平台），并以此为中心点，发散建设道交、家事、涉外等专业线上调解平台，利用互联网技术"一张网"，广泛发动并有效整合人民调解、行业调解、商会调解、律师调解等各类调解主体及仲裁、工会、妇联等行业资源，打造集约、智慧、高效的"5G一站式"多元解纷体系。通过ODR平台，实现纠纷诉前调解分流、跨境授权委托见证、线上调解并签署调解协议、在线提交司法确认、线上完成司法确认听证、电子送达裁定书全流程线上完成，有效推动线上"集约化""一站式"解纷。在5G智能虚拟法庭、5G庭审本等智慧支持下，当事人调解成功之后不需要再等待安排听证的时间和地点，也不需要前往法院，随时连线即可予以司法确认，有效突破传统调解的时间、空间限制，为多元化解矛盾纠纷赋予新鲜动力。

3. 全市一盘棋，实现法院司法透明度持续领先

（1）全市联动常态监督，构建阳光司法机制

制定《关于推动全市法院司法公开工作整体走前列的工作方案》《中级人民法院关于进一步提升司法公开水平的工作方案》等14个规范性文件，推动司法公开工作规范化、制度化。全面推进审务公开、审判公开、执行公开、数据公开和司法改革公开，当事人通过法院门户网站、小程序、手机App可获取各类信息，有效保障当事人知情权、参与权、监督权，主动接受社会公众监督。在中国社科院发布的《中国司法透明度指数报告（2021）》中，该院司法透明度指数再次位列全国法院第一，实现"七连冠"。

（2）持续推进四大平台建设，高质量完成"规定动作"

一是文书公开实现整体提高。狠抓文书上网工作，逐一督促，逐个落实，每月通报全市两级法院及本院各部门上传中国裁判文书网的情况。同时，严格落实文书上网有关规定，对文书的起草、审核、签发、用印、公开等各环节进行"层层过滤"，杜绝文书"带病出门"。增设"一票否决"制度，对公开工作出现意识形态方面重大错误造成恶劣影响的，将在司法公开年度绩效考核中实行"一票否决"。二是庭审直播优势进一步加强。在继续抓好本院庭审直播工作的基础上，支持、引导各基层法院扩充庭审直播并发数，打好庭审直播技术基础，并在全国率先采用网络直播方式进行司法评估鉴定拍卖机构摇珠选定。三是持续做好审判流程公开与执行信息公开。推出庭审笔录公开、电子档案网上查阅等新功能，增加执行裁定书自动提取及自动公开等功能，进一步便利诉讼当

事人。

（3）对标世行营商环境评价体系，高标准谋划"自选动作"

为推进营商环境建设工作，努力营造国际一流法治化营商环境，积极对标世界银行评价标准，打造营商环境公开平台，实现了营商环境司法文件和司法数据的首次公开，以及对优化营商环境工作的动态披露。对司法绩效评估数据、司法文件、审判执行流程、庭审直播、裁判文书、改革举措等内容进行常态化公开，并提供中英文双语导航，可进一步提升司法实质公开水平，助力地区优化营商环境。

4. 制定"抗疫"期间服务保障措施，为社会公众提供各类线上服务

（1）提供全天候"不下线""非接触式"诉讼服务

完善网上服务平台，通过官方宣传，引导当事人通过法院网上诉讼服务中心、微信小程序、12368诉讼服务中心等平台办理立案、缴费、送达、提交材料、阅卷、查询进展等各类事项。2021年，全市法院网上立案60.9745万件，通过12368诉讼信息服务平台处理当事人各类诉讼事项33.5545万个，借助智慧送达平台成功送达文书400.7128万份，开展网上调解226043场次。《人民法院报》头版刊登《智慧法院助力司法审判"不打烊"——法院疫情期间推进审判执行工作纪实》。

（2）提升互联网庭审、远程视频庭审能力

面对新冠肺炎疫情带来的新形势、新要求，该院大力推广互联网庭审模式，迅速开展互联网法庭建设，全市两级法院均具备了互联网庭审能力，目前全市共有200个法庭满足互联网开庭需求。在该市第一看守所紧急增设远程讯问室，将全市远程提审室增加到43个，大大提升了远程视频庭审能力，实现了李锦昌等39人特大黑社会案件、王克伟等62人诈骗案远程庭审；同时还支持省内其他法院实现到监狱、看守所的远程庭审。2021年，全市法院在线庭审4.9428万次，通过监狱、看守所远程开庭数量超过2.1854万件。

（3）庭审网络直播让公众"在家"监督法院工作

新冠肺炎疫情爆发后，该院迅速下发通知，要求全市法院加大庭审

直播工作力度，为因疫情影响无法直接到法院旁听的社会公众提供网上观看直播的渠道，实现在线远程旁听案件，主动接受社会公众监督。2021年，全市法院直播案件18.6916万件，观看量超过24150万人次。

下一步，该院将以构建AOL为主线，大力推进"互联网+5ABCD"，即5G、人工智能（Artificial Intelligence）、区块链（Block Chain）、云计算（Cloud Computing）、大数据（Big Data）等新技术与法院业务深度融合，加快推进"智审、智执、智服、智管、智享、智评"建设，推动"两个一站式"建设，为审判执行、诉讼服务、司法管理提供更加有力的技术保障，促进司法提质增效。

一是深化智慧法院建设，提升智慧法院建设成效。探索以AOL体系为繁简分流工作赋能，实现智能分流。通过5G智慧法院联合实验室孵化创新技术应用，推进5G安全专网建设。推进各系统平台，进行区块链服务化的改造升级。基于司法区块链平台，建设可信的电子证据平台、繁简分流支撑系统、司法文书验证支撑系统等。继续与战略合作伙伴、长期合作企业、团队共同申请著作权、专利权等权利。持续完善智慧破产系统。推动涉港澳地区人脸识别认证功能在网上诉服等系统应用。继续完善AOL授权见证通，扩大使用范围。

二是狠抓智慧应用成果，发挥智慧法院办成员作用。智慧法院建设要加大全市法院信息化系统应用力度，将《关于进一步加强全市法院信息化系统应用力度的实施方案》落到实处，在强化应用培训、定人定责、收集反馈渠道上下功夫，提高信息化系统的应用水平。要重点发挥智慧办法官的作用，及时反馈实际操作中法官、群众的测试效果和体验，对应用的优化改进建言献策。应用的推广需要进行教学指导解决不会用的问题，使得建设成果不断克服难题，逐步升级，起到真正的辅助作用。

三是继续推动司法公开工作再上新台阶。认真落实《关于推动全市法院司法公开整体走前列的工作方案》（以下简称《方案》）要求，进一步提高裁判文书制作质量，杜绝裁判文书出现错误而导致"带病上网"。做好庭审直播工作，持续加大庭审直播的技术支持力度，努力提高庭审直播案件与应直播案件数比例，确保达到《方案》的目标要求。

样本二　宁波法院"移动微法院"建设评估报告

2018年，中国社科院国家法治指数研究中心、中国社会科学院法学研究所法治指数创新工程项目组受浙江省宁波市中级人民法院委托，对宁波法院的"移动微法院"建设情况进行了调研和评估。

1. 法院信息化建设的背景与意义

（1）信息化时代的需要

进入信息时代，大数据、云计算、人工智能等新兴信息技术正重塑社会生产、生活的方方面面，智慧城市、智慧社会也在如火如荼的建设之中。国家大数据战略为法院信息化建设提供了波澜壮阔的时代背景。党的十八大将"信息化"列为中国新兴"四化"道路建设之一，把"信息化水平大幅提升"作为全面建成小康社会的重要标志。党的十八届三中、四中、五中全会相继提出，"建立动态、透明、便民的阳光司法机制"；"构建开放、动态、透明、便民的阳光司法机制"；实施"网络强国战略、互联网＋行动计划和国家大数据战略"。

（2）国家治理手段现代化的需要

推动"互联网＋政务服务"工作是党中央、国务院做出的重大决策部署，互联网技术的运用，让政务服务从线下走到线上，逐渐实现了线上的全流程服务，并不断创新服务模式，大大提升了国家的治理能力和科学决策能力。司法作为重要的国家治理手段之一，近年来也将司法体制改革与科技变革相结合，推动大数据、人工智能、区块链等科技创新成果同司法工作深度融合，信息技术在审判、执行、管理、服务等方面的应用，大力推动了司法现代化，是国家治理手段现代化的重要一环。

（3）民众参与诉讼便捷化的需要

移动互联3.0时代是人与网络全方位互动的时代。当前，社会大众在衣食住行等各个层面，通过网络甚至只是一部手机即可在线订餐、订票、购物、学习，实现与世界的全方位信息交流与互动。在这一背景下，如果诉讼程序仍然一成不变，法院信息化建设只聚焦于提升法院内部的监督管理自动化水平与完善辅助法官功能，司法与民众便捷化的需求就不相匹配；法院与当事人之间的沟通难以顺畅，民众对司法的满意度就难以提升。

（4）实现公平正义的需要

最高人民法院多次强调，全面深化司法改革、全面推进信息化建设，是人民法院两场深刻的自我革命，是实现审判体系和审判能力现代化的必由之路，是人民司法事业发展的"车之两轮、鸟之两翼"。人民法院信息化建设是推进司法为民、公正司法、司法公开、司法民主的主要途径，是审判体系现代化和审判能力现代化的重要内容，是实现"让人民群众在每一个司法案件中都感受到公平正义"目标的重要保障。

（5）矛盾纠纷化解的需要

随着社会经济的高速发展，人民法院受理的案件数量不断攀升，2018年《最高人民法院工作报告》显示，2018年地方各级人民法院受理案件2800万件，审结、执结2516.8万件，结案标的额5.5万亿元，同比分别上升8.8%、10.6%和7.6%。[①] 案件数量的持续增长使得一些法院的人案矛盾十分突出，在传统的办案模式下，仅仅依靠优化法院的职权配置已经无法满足人民群众越发高涨的诉讼需求。只有通过大力推进法院信息化建设，将法官从繁重的事务性工作中剥离出来，提升信息化辅助办案水平，才能有效提高审判效率，从而及时化解进入法院的矛盾纠纷。

2. 移动微法院的功能与特点

过去法院信息化建设有两个不足。一是应用系统开发整体性不足，法院开发的系统和应用往往各自为战，各个系统往往不兼容，各个应用也无法互通互联，各个法院之间的信息化建设更是存在技术壁垒，虽然平台林立、软件众多，但是往往功能单一，无法发挥信息化合力；二是

---

① 周强：《最高人民法院工作报告——2019年3月12日在第十三届全国人民代表大会第二次会议上》。

四 司法建设的法治逻辑

侧重服务法院管理，服务法官和服务当事人的功能开发相对不足，以往软件开发往往体现了法院领导或者开发公司的思路，软件开发过程没有法官等信息化服务对象的参与，导致法院各个应用用户体验较差，法院信息化的服务对象——法官和当事人没有切实体会到信息化带来的便利。

移动微法院与现有的法院办案系统打通对接，克服了原来信息化建设碎片化、信息孤岛的弊端，以原有的各个系统为支柱，形成了智慧法院建设的平台级产品，能够牵一发而动全身，充分调动和利用现有的信息化资源，使之效用最大化。因此，移动微法院不仅好看而且好用，其最大的优势在于能够真正服务于当事人、服务于法官、服务于诉讼全流程，因此，具有可推广的巨大价值和强大的生命力，真正体现了"微程序大作用"。具体而言，有以下几个显著的特点。

（1）便捷性突出

移动微法院搭载于微信小程序，具有可移动、微而小、更亲民、易普及的优势。中国已全面进入移动互联网时代，处处可上网，人人有终端，微信已成为移动互联的重要平台和沟通交往的重要渠道，在普通民众中有很高的使用率和良好的接受度。与以往专门开发的手机 App 不同，移动微法院正是以微信为载体搭建，通过微信小程序入口访问，无须下载安装，不用占用手机空间，无须添加好友，保密性强，不泄露用户私人信息，便于诉讼，公众接受程度较高，非常适用于诉讼这种低频次行为。在试运行过程中统计，约有 94% 的案件当事人愿意选择使用移动微法院，尤其是住所不在受理法院所在地的当事人以及代理人，使用移动微法院的意愿更为强烈。

（2）适用范围广

移动微法院不是在现有的智慧法院体系之外，打造一套全新的办案系统，而是运用移动互联网技术，以现有智慧法院系统为依托的移动电子诉讼平台，因此，其具有全链条、全覆盖、集成化、普惠性的优势。移动微法院与现有的各审判执行系统及多元化解平台全面对接，数据实现实时双向交互，贯通从立案到归档全流程，基本实现"一入口全链条"办理。移动微法院适用范围广，从案件类型上说，民商事、行政、执行案件都可适用，可适用的案件数量占法院收案量90%以上；从使用对象上说，可满足办案人员、当事人及其代理人、第三方调解人员等多方用户需求。

（3）可操作性强

移动微法院操作界面简洁，具有易操作、简便化、体验好、更智能的优势。考虑大部分用户只是偶尔甚至一次性使用，移动微法院设计之初就充分考虑用户体验，大部分操作可拍照一键上传；内置文书模板，常见文书可简单填写后自动生成；设置"一步一导引"，诉讼的每个步骤都有提示、告知、提醒或释明等，操作简单，易学易用。与此同时，移动微法院功能比较强大，引入人脸识别、电子签名、多路实时音视频交互等先进移动互联网技术，可为移动式、跨时空、便利化诉讼提供有力技术支撑。

（4）可推广性强

移动微法院不是一个封闭、固定的系统，其具有模块化、标准化、可推广、易升级的优势。移动微法院的架构采取模块化设计，目前共有立案、送达、证据交换、调解、开庭、执行六大基本模块。一功能一模块的设计，大大方便了后续开发，增加功能就像搭积木，开发一个新的模块上挂即可，可快速实现迭代升级和功能扩展。接口的标准化，方便与各法院的审判执行系统对接，能够迅速推广运用。从2017年8月底宁波下辖的浙江省余姚市人民法院（以下简称"余姚法院"）在全国率先试点"移动微法院"1.0版开始，近一年多时间，"移动微法院"已经发展到4.0版，并在北京、河北、辽宁、吉林、上海、福建、河南、广东、广西、四川、云南、青海12个省（区、市）辖区法院试点运行，发展推广十分迅速。

3. 移动微法院的实践效果

（1）有效解决沟通难问题

在当前法院"案多人少"矛盾突出的背景下，一方面，法官每天大量时间被开庭、外出调查、撰写裁判文书所占用，不可能有充分时间与当事人进行沟通交流，当事人"找法官难"的现象在诉讼过程中普遍存

四 司法建设的法治逻辑

在。无法及时有效沟通，是当事人对法院产生不信任，对法官工作不满意的重要原因之一。另一方面，法官在送达、了解案情、核对证据时也经常遇到无法联系当事人或者当事人不予配合的窘境。移动微法院为法官和当事人之间架设了一座沟通的桥梁。当事人可以随时随地在微法院中查询自己案件的办理情况，充分了解案件的进展，缓解了当事人普遍反映的人民法院"见面难""问事难"等突出矛盾，减少了与案件承办人沟通不畅、信息不公开等原因引发的投诉和涉诉信访。法官则可以通过移动微法院辅助司法送达，执行法官还可以对申请执行人进行终本约谈并制作约谈笔录。移动微法院有利于解决法院长期存在的法官和当事人沟通不畅、信息不对称等堵点、难点、痛点问题，从而提升当事人对人民法院的满意度，保证诉讼流程顺畅。宁波法院以往12368司法服务热线约有三分之一的来电系投诉反映找法官难的问题，而该部分问题的来电占比在应用移动微法院后降至16%。

（2）降低当事人诉讼成本

在司法实践中，对于住所不在受理法院所在地的当事人和代理人来说，一次次前往法院进行签收程序性文书、提交证据、参加调解等诉讼活动，给其增加了很大的诉讼负担，"诉累"是一直以来案件当事人和代理人普遍反映的问题，也是社会公众对改进法院工作的重点诉求。宁波移动微法院让群众打官司最多跑一次，甚至一次都不用跑成为可能，并且诉讼活动可以突破时空限制，错时异步进行起诉、答辩、举证、质证、辩论、宣判等环节，方便当事人利用非工作时间、碎片化时间参与诉讼。以宁海县人民法院为例，该院2018年收案同比增加23%，到诉讼服务中心办事者却减少了1876人次，同比下降5.38%。同时，充分考虑手机用户的操作习惯，移动微法院中大部分文件均支持拍照上传，并内置文书模板，常见文书可填写必要信息后由系统自动生成，简单易学，便于操作。宁波移动微法院切实解决了老百姓问累、跑累、诉累问题。

（3）为远程诉讼提供便利

随着移动互联3.0时代的到来，当事人对远程诉讼的需求越来越强

107

烈。中国社会科学院法学研究所法治指数创新工程项目组对全国法院信息化的评估显示，部分法院已经实现网上立案和网上缴费功能，评估对象中有2479家法院已开始探索网上立案方式。但是，网上诉讼服务尚未在全国普及，评估显示，不能实现网上证据交换功能的法院有2110家，占61.25%；无法实现网上调解的法院有2364家，占68.62%；不具备网上开庭功能的法院则更多，有2443家，占70.91%。实践中真正通过远程实现开庭、调解和证据交换的诉讼案件比例则更低。利用移动微法院，案件承办法官可以组织双方当事人进行调解，通过移动微法院向案件当事人和代理人送达法律文书，在线进行远程视频开庭等，极大地方便了异地案件当事人和代理人的诉讼活动。在一起宁波法院审理的装饰装修合同案件中，分布在全国各地的12名证人通过移动微法院视频作证。截至2018年年底，当事人已利用宁波移动微法院在线申请立案23970件，在线签订调解协议和在线撤诉11790件，法官在线组织庭前会议、证据交换、开庭及询问6449件次，跨省跨市开庭或调解案件1549件，跨国跨境调解或开庭12件。

（4）提高了审判执行效率

执法办案是法院的第一要务。法院的信息化建设首先要考虑的是如何服务法官执法办案。在案多人少的背景下，移动微法院也提供了大量辅助审判执行功能。一是移动微法院使庭前会议和证据交换等程序可在线上进行，有效促进了审判团队中法官与法官助理之间的科学分工，实现了案件审理程序的繁简分流，使法官能够集中精力处理司法核心业务。二是移动微法院将法官的办案过程从办公室PC端复制到了移动终端，将办案模式从传统线下模式转变为线上线下相结合的模式，从而有效拓宽了法官的办案空间。利用移动微法院，法官可以在手机端实时查看所有承办的未结、已结案件信息，进行案件立案、审查、调解、庭审、归档、执行任一流程，充分利用碎片化的时间处理一些简单的程序性事务，提升了法官的工作效率。三是移动微法院进一步压缩程序性、事务性工作用时。移动微法院将电子送达引入送达流程，书记员或者法官助理，在微法院中引入相应的诉讼文书，点击选择受送达人，即可一键精准送达，极大地提升了送达的效率；当事人点击文书后，法院工作人员即可在微法院中看到已读回执，送达时间更加准确。2018年，宁波两级法院微信送达各种诉讼材料78483件次，大幅提升了送达效率，同时节约了送达成本。据测算，每年两级法院可节约送达费用500万元以上。四是申请执行人可以通过移动微法院向执行法官提供被执行人的财产线索并发送定位，有助于执行法官及时、迅速、准确地掌握被执行人的财产信息，提升执行效率和执行效果。

2018年，宁波两级法院法官人均结案116.91件，同比增加21.85件；人均执结150.16件，同比增加18.85件。2014—2017年，宁波两级法院案件平均审理期限从不到40天逐年上升到55天；而2018年，在收案增加8%的情况下，平均审理天数首次出现下降拐点，审理天数下降11%。

（5）规范审判和执行行为

移动微法院不仅便利了法官办案和当事人诉讼，也有利于促进审判和执行行为的规范化。在司法责任制"审理者裁判，裁判者负责"的要求下，裁判文书签发机制进行了改革，主审法官独任审理案件的裁判文书，不再由院、庭长签发，对审判执行的监管提出了新的挑战。移动微法院贯通了一个案件从立案、送达、调解、审判到执行的全过程，通过移动微法院，法官和当事人在案件办理过程中的所有交流过程、各方诉讼参与人的诉讼活动、执行法官的执行行为，均可以做到全程留痕，有据可查。因此，移动微法院在为当事人提供便利的同时，实现了办案全程留痕，全程可视化、可备查、可追溯、可跟踪监督，可以督促案件的承办法官进一步端正工作作风、规范办案流程，有利于加快构建与员额制和司法责任制相适应的监督管理机制，提升办案效率。

利用移动微法院，案件当事人、上级领导和纪检监督部门还可以实时对案件办理过程进行监督，及时发现办案过程中不规范、不合法之处，最大限度避免办案过程中的枉法与不公。

（6）打造阳光透明的司法

法谚有云，正义不仅要实现，还要以看得见的方式实现。司法公开不仅是司法公正的需要，也是提升司法公信力的利器。通过移动微法院能够及时向当事人推送各类审执信息，为人民法院进一步推动司法公开工作提供了新平台，同时也大大降低了因信息不对称、公开不够、沟通不畅所产生的信访问题、不信任问题，极大提升司法公信力。尤其在案件的执行阶段，移动微法院支持法官外出执行场景，执行法官在外出进行保全、查封、扣押等强制执行措施时，可以利用移动微法院以图片、语音、视频、定位等方式推送给申请执行人，实时公开重要执行节点信息，方便申请人与执行法官的沟通，使案件执行过程公开透明，减少申请执行人对人民法院消极执行的担忧，增进当事人对法院工作的理解和信任。

2018年，宁波市两级法院利用移动微法院发送执行送达、执行节点、交流联系和终本约谈等信息35万余条，平均每件执行案件发送约17条，充分保障了当事人的知情权和监督权，有效降低了因司法信息公开问题所引发的执行信访数。宁波中院接待的执行信访当事人由2017年的407人次下降至2018年的192人次，降幅达到52.83%。

4. 移动微法院的发展应用前景

移动微法院在宁波法院的试点取得了明显的成效，短短一年多时间内，移动微法院从宁波法院推广到浙江全省法院，又从浙江法院扩大至北京、河北、辽宁、吉林、上海、福建、河南、广东、广西、四川、云南、青海12个省（区、市）辖区法院，适用于民商事第一审、第二审和执行案件。在这一背景下，总结宁波移动微法院成绩与经验的同时，更应关注微法院运行中的瓶颈和问题，能够使得全国法院"移动微法院"少走弯路，促进"移动微法院"健康成长。

（1）功能运用瓶颈

宁波的移动微法院是全国范围内率先上线试点的移动微法院，微法院（包括升级后的浙江移动微法院）的小程序有网上立案、查询案件、在线送达、微信缴费、手机阅卷、法规查询、法院导航、申请执行等30余项功能。但是，随着当事人对移送诉讼需求的不断增长和当事人对微信小程序这种形式认可度的提升，移动微法院也应不断升级完善，开发更多服务人民群众，贴近审判需求的功能，满足诉讼当事人日益多元化的诉讼需求，例如增加微信缴费通道等。移动微法院的页面设计也可以更加人性化，为当事人以外的普通公众使用小程序提供便利，允许公众无须通过人脸识别验证就可以使用移动微法院的司法公开、诉讼风险评估等服务。

（2）适用范围瓶颈

目前，宁波移动微法院适用的主要对象是法官和当事人，为他们移动办案、远程诉讼提供便利；移动微法院适用的案件类型主要是民商事案件、执行案件和部分行政案件，今后，移动微法院的适用对象和案件类型都有待进一步扩展。适用对象方面，移动微法院可以拓展社会公众的服务内容，例如，在微法院中向公众公开更多司法内容，目前江苏微法院已将诉讼指引、开庭公告、案件检索、裁判文书、庭审经过、统计数据等向社会公众开放，值得宁波移动微法院借鉴完善。在案件类型方面，刑事案件进行远程开庭，也可以降低提押成本，减少提押风险，提高司法效率，今后，可以进一步探索移动微法院在刑事附带民事案件甚至刑事案件中的应用途径和应用方式，扩大移动微法院的适用范围。

（3）统一标准瓶颈

随着最高人民法院将移动微法院在全国12个省（区、市）辖区法院开展试点，各地已经纷纷上线了"微法院""移动微法院"小程序。在微信小程序中搜索"微法院"，显示已经有上百个法院上线了微法院的小程序，除了浙江、江苏、河北、吉林等省级法院的微信小程序，还有不少中、基层法院的微信小程序。但因缺少指导性建设标准，各地法院移动电子诉讼平台也呈现出类型多样、标准不一、缺少规范等问题。建立推广移动电子诉讼全国标准版，有助于减少各地法院试错成本，提高全国移动电子诉讼平台建设的整体水平。

（4）数据互通瓶颈

大数据时代，数据只有互通互联才能发挥更大作用。移动微法院要发挥服务当事人、辅助审判的优势，还有待与法院内外部进一步加强数据的互通互联。在内部与人民法院现有的审判信息系统、执行信息系统等各类系统进行对接,其中还涉及内网与外网数据传输问题,需要人民法院做好各平台、各系统、各部门、各区域、各网络之间数据的互联互通,充分利用现有的资源和数据,为移动微法院应用打好数据基础。在外部需要打通移动微法院与网上调解平台、道交一体化平台等业务协同接口,加强与公安、工商等部门以及移动通信、大数据公司等的合作,加强对外部数据的整合和利用。

(5)诉讼规则瓶颈

宁波移动微法院的电子送达、远程立案、网上调解、提交证据、网上开庭等功能,大幅降低了当事人的诉累,节约了司法资源,开启了移动诉讼新模式。但是现行的民事诉讼规则是在传统诉讼中构建起来的,对于移动微法院司法实践中面临的新情况和新问题,法律规定仍处于真空地带。虽然,从2018年最高法院出台的《最高人民法院关于互联网法院审理案件若干问题的规定》明确了身份认证、立案、应诉、举证、庭审、送达、签名、归档等在线诉讼规则,但其针对的是互联网法院,而地方法院出台的《浙江法院网上诉讼指南(试行)》和《宁波移动微法院诉讼规程(试行)》层级不高,适用范围有限,因此,亟待制定一部全国统一的移动电子诉讼规程,为全国法院推广应用提供规范指引。这部电子诉讼规程至少应当包含移动微法院等网上诉讼的身份认证、电子送达、电子证据、远程开庭及证据认证的问题,以及当事人诉讼权利的保障及救济等。

总体而言,宁波移动微法院是人民法院信息化贴近人民群众,贴近审判工作的具体体现,开创了法院司法公开的新形式,架设了法院与当事人之间沟通的桥梁,在总结经验,拓展功能,完善相关诉讼规则的基础上,值得在全国法院进行推广。

样本三 刑罚执行实施情况的实证研究

1. 调查问卷的设计和与发放

为全面掌握刑罚执行制度的改革实施效果,中国社会科学院法学研究所组成项目组,并编制了《关于刑罚执行制度改革实施效果的调查问卷》。本问卷的编制过程中,首先,根据调研目的,参考有关调查问卷的形式、编制方法,结合社会学理论,设计出调查问卷的初稿;其次,在向问卷的对象或者熟悉问卷内容的法律专家征求问卷初稿意见的基础上形成修改稿;最后,参考了问卷对象对问卷进行预答的情况最终确定了调查问卷的内容。

问卷共分为六种,分别为法官卷、检察官卷、社区矫正卷、律师卷、监管人员卷和服刑人员卷。每份问卷均包括两方面内容:一是被调查对象的基本情况,设置年龄、性别、学历、职务、所在部门、所在单位的地域及层级、对刑罚执行的熟悉情况等,共设置6—8题;二是刑罚执行情况,即针对各个对象了解刑罚执行中的实际情况、利弊得失、存在的问题及对策建议等,如"是否有必要制定统一的《刑罚执行法》""是否有必要统一刑罚执行机关"以及减刑、假释、监外执行的情况等,共设置10—20题。

信度(Reliability)在社会学中是衡量测量方法质量的一个重要指标,即对同一现象进行重复观察是否可以得到相同的资料,它代表着调查的可信度。[①] 为了保证该调查问卷的信度,调查采取了以下措施。第一,样本基数较大。2020年7—8月间,调查组先后向特定法院、检察院、监狱、社区矫正机构、律师群体及服刑人员发放了相应的调查问卷,共收到有效答卷9207份,各份问卷都在800份以上。其中法官卷1038份、检察官卷863份、社区矫正卷2415份、律师卷1956份、监狱管理卷1423份和监管对象卷1539份,如图4-1所示。第二,匿名性。调查问卷不要求提供填写者的姓名,因此最大限度地保证了调查问卷结果的客观性。第三,广泛性。调查问卷的广泛性体现在两个方面:一是对象的广泛性,调查对象涉及刑罚执行的方方面面,从刑罚执行的执行者、被执行者、裁判者到监督者;二是地域的广泛性,调查问卷采取定向方法与网络填报结合的方式,9207份问卷分别来自全国31个省、市、自

[①] [美]巴比:《社会研究方法》第十一版,邱泽奇译,华夏出版社2009年版,第143页。

治区，并兼顾中东西部地区。

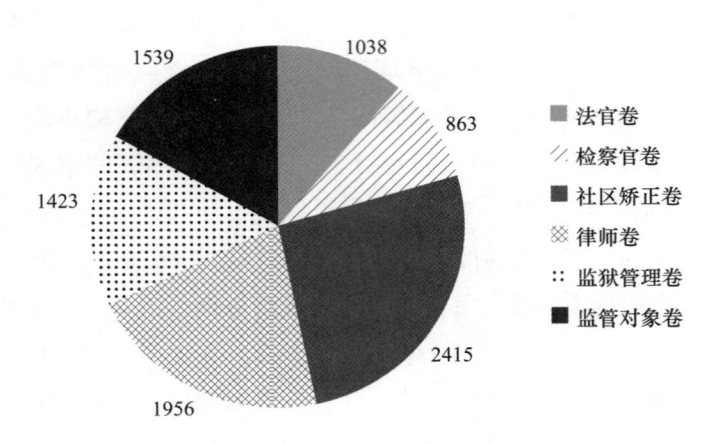

图4-1 刑罚执行各问卷发放情况（单位：份）

课题组经过对答卷的统计、分析，将问卷的基本情况、特点与原因及相关的对策建议作以下分析。

2. 基本情况

（1）答卷人基本情况

① 法官卷

法官卷有效填写1038人次，年龄集中在30—50周岁的占64.10%。从事审判工作的时间几乎平均分布在五年以下、五年以上二十年以下以及二十年以上，绝大部分为本科以上学历，主要来自审判、执行部门，从事过财产刑执行工作的408人，占39.31%；从事过减刑假释或暂予监外、死刑执行工作的231人，占22.25%。

② 检察官卷

检察官卷有效填写863人次，年龄集中在30—50周岁的占68.90%，从事检察工作的时间近乎一半为十年以上，绝大部分具有本科以上学历，主要系检察官、检察官助理及中层干部，有403人对刑罚执行工作直接进行过监督，占46.70%。

③ 监狱管理卷

监狱管理卷有效填写1423人次，年龄集中在30—60周岁的占

90.90%。有60.37%的人在监狱工作的时间为二十年以上；有44.06%的人为专科及以下学历，有53.62%的人为本科学历，只有2.32%的人为研究生及以上学历，主要系普通干警；54.32%的人直接从事刑罚执行、罪犯改造工作，其所在监狱关押罪犯的刑种和刑期涉及三年以下、三年以上、无期徒刑及死刑缓期执行。

④ 社区矫正卷

社区矫正卷有效填写2415人次，年龄集中分布在30—50周岁的占90.40%。60.99%的人从事司法行政工作在五年以下；44.47%的人学历为专科以下，52.92%的人学历为本科，只有2.61%的人学历为研究生及以上；1850人直接从事过社区矫正工作，占76.60%。

⑤ 律师卷

律师卷有效填写1956人次，年龄集中分布在30—50周岁的占87.30%。有47.65%的人从事律师工作在五年以下，有21.52%的人从事律师工作在五年以上不满十年，有20.09%的人从事律师工作在十年以上不满二十年。绝大部分为本科学历。其中1638人从事过刑事诉讼的辩护工作，占83.74%；但只有21.70%的人从事过刑罚执行的辩护工作。

⑥ 监管对象卷

监管对象卷有效填写1539人次，年龄集中分布在30—50周岁。学历多为高中及以下；初中学历最多，占46.98%。判决的刑期涉及三年以下、三年以上五年以下、五年以上十年以下及十年以上。剩余刑期分布在三年以下、三年以上五年以下、五年以上十年以下及十年以上，其中三年以下最多，占46.07%。服刑前的职业为个体及自由职业者居多，占32.23%。

（2）答题基本情况

从以上来自法院、检察院、监狱、社区矫正机构、律师群体及服刑人员对调查问卷的填写情况来看，呈现出以下特点。

① 制定统一的《刑罚执行法》的必要性

除了监管对象外，5份问卷均设置了这一问题，5份答卷的倾向性比较一致——绝大多数刑罚执行机构的工作人员、律师赞成制定统一的《刑罚执行法》。其中，监狱和社区矫正监管人员赞成率最高，分别有96.63%和96.65%的人赞成；律师其次，答卷的1956人中，有92.13%的人赞成；法官和检察官的赞成率都在88%以上，在法院系统答卷的630名工作人员中，有89.37%的人认为有必要制定统一的《刑罚执行法》；检察系统答卷的863人中，有88.64%的人赞成。

② 成立统一的刑罚执行机关的必要性

除了监管对象外，5份问卷均设置了这一问题，5份答卷的倾向性比较一致——绝大多数刑罚执行机构的工作人员、律师赞成成立统一的刑罚执行机关。其中，监狱和社区矫正监管人员赞成率最高，分别有95.57%和95.16%的人赞成；其次是法官和律师，分别有86.98%和85.38%的人认为有必要制定统一的《刑罚执行法》；检察官的赞成比例略低，有80.65%的人赞成。

③ 刑罚执行效果的整体评价

第一，对刑罚执行惩罚犯罪的效果评价一般。

律师对刑罚执行惩罚犯罪的效果非常不满意的比例为1.48%，比较不满意的比例为6.23%，比较满意的比例为48.92%，非常满意的比例为12.12%，综合评分为7.03分。[1] 检察官对此项非常不满意的比例为0.46%，比较不满意的比例为3.83%，非常不满意的比例为59.91%，非常满意的比例为12.17%，综合评分为7.36分。监狱干警对当前我国监禁刑惩罚犯罪方面的效果评价也不高，非常不满意的比例为4.15%，比较不满意的比例为11.25%，比较满意的比例为41.74%，非常满意的比例为14.48%，整体评分仅为6.73分。

第二，刑罚执行在改造罪犯、预防再犯方面的效果评价一般。

律师对刑罚执行在改造罪犯、预防再犯方面的效果非常不满意的比例为1.58%，比较不满意的比例为9.15%，比较满意的比例为

---

[1] 满意度的主管评价对应的评分区间为0—10分，0为非常不满意，10为非常满意，分数越高评价满意度越高，下文涉及评价的皆如此。

45.50%，非常满意的比例为 11.40%，综合评分为 6.84 分。检察官对刑罚执行在改造罪犯、预防再犯方面的效果，非常不满意的比例为 1.04%，比较不满意的比例为 6.95%，比较满意的比例为 49.25%，非常满意的比例为 10.78%，综合评分为 7.00 分。

具体而言，不同群体对当前我国监禁刑、社区改造在改造罪犯、预防再犯方面的效果的评价差异性较大。总体上，社区矫正人员评价较高，而律师和监狱管理人员的评价较低。

对于监禁刑而言，社区矫正人员对当前我国监禁刑在犯罪改造方面的效果的评价较高。非常不满意的比例为 0.50%，比较不满意的比例为 1.45%，比较满意的比例为 39.50%，非常满意的比例为 48.28%，整体评分为 8.69 分。律师和监管人员的评价较低。律师对监禁刑在犯罪改造方面的效果，评价为非常不满意的比例为 1.94%，比较不满意的比例为 7.77%，比较满意的比例为 47.50%，非常满意的比例为 11.96%，综合评分为 6.95 分。监管人员非常不满意的比例为 4.22%，比较不满意的比例为 12.93%，比较满意的比例为 40.76%，非常满意的比例为 13.07%，整体评分仅为 6.55 分。

对于社区矫正的效果，社区矫正人员对当前我国社区矫正在犯罪改造方面的效果认可度较高，非常不满意的比例为 0.75%，比较不满意的比例为 2.19%，比较满意的比例为 38.43%，非常满意的比例为 47.95%，整体评分为 8.63 分。律师卷对社区矫正在犯罪改造方面的效果不够满意，非常不满意的比例为 1.58%，比较不满意的比例为 9.97%，比较满意的比例为 45.86%，非常满意的比例为 12.58%，综合评分为 6.92 分。

第三，刑罚执行情况。

课题组调查了律师对中国刑罚执行情况的总体评价。从调查结果看，总体感受较好，有 93.56% 受访律师认为我国刑事判决中的刑事执行部分全部或者大多数得到了依法执行，其中，认为都依法执行的占 17.69%；有 70.40% 的受访律师认为我国刑事判决中的罚金部分全部或者大多得到了依法执行，其中认为都依法执行的占 10.38%，律师群体对罚金刑的执行评价低于整体的刑罚执行评价。另外，64.75%的受访律师认为应当扩大缓刑、假释、管制、罚金等非监禁刑或非监禁刑罚执行方式的适用范围。

④ 减刑工作开展情况

第一，对减刑工作的整体满意度较高。

法官对法院减刑案件审理工作的总体评价较高，平均为8.08分。在被调查的630名法官中，非常不满意的比例为1.27%，比较不满意的比例为2.70%，比较满意的比例为39.21%，非常满意的比例为34.29%，整体而言，"满意"的比例高于"不满意"。

第二，实践中减刑存在的问题。

实践中，减刑是比较容易出问题的领域之一，从云南孙小果案到北京郭文思案都体现出监狱减刑随意、法院裁判尺度宽松、检查监督不力等弊端，具体而言主要体现在以下七个方面。

其一，案件未严格遵循减刑的适用条件。法官问卷中，对"案件审理未严格遵循减刑的适用条件"持肯定态度和否定态度的人数分别为67人和247人，其余的人则表示不清楚，支持和反对的比例为1∶3.69；在监狱干警问卷中，对该问题持支持态度和否定态度的人数分别为98人和1004人，支持和反对的比例为1∶10.24。由此可见，不管是减刑的裁判机关还是提请机关大都认为减刑的裁定是严格遵循适用条件的，但是差异在于，监管人员中认为减刑适用条件严格的比例远高于法官。

其二，减刑适用过多。法官问卷中，对"减刑适用过多"观点持肯定态度和否定态度的人数分别为133人和158人，其余的人则表示不清楚，支持和反对的比例为1∶1.19；在监狱干警问卷中，对该问题持肯定态度和否定态度的人数分别为394人和702人，支持和反对的比例为1∶1.78。由此可见，大部分法官和监管人员不认为减刑适用过多，但是差异在于，监管人员中认为减刑不多的人数占比远高于法官，而且否定减刑过多的人数占比远远低于否定减刑未严格遵循减刑的适用条件的人数占比。

其三，法院难以掌握被提请减刑对象的服刑情况。法官问卷中，对

"法院难以掌握被提请减刑对象的服刑情况"观点持肯定态度和否定态度的人数分别为255人和118人，其余的人则表示不清楚，支持和反对的比例为2.16∶1；在监狱干警问卷中，对该问题持肯定态度和否定态度的人数分别为452人和589人，支持和反对的比例为1∶1.30。由此可见，法官中大多数表示认可这个情况，持肯定态度的人数，超过持否定态度人数的1倍以上，在管人与管事相分离的情况下，法院难以根据监狱提供的书面材料准确掌握被提请减刑对象的服刑情况，而监狱干警对此持否定态度的占多数，但是持肯定态度的比例也较高。

其四，减刑案件的审理过于形式化。法官问卷中，对"减刑案件的审理过于形式化"观点持肯定态度和否定态度的人数分别为224人和137人，其余的人则表示不清楚，支持和反对的比例为1.64∶1；在监狱干警问卷中，对该问题持肯定态度和否定态度的人数分别为496人和590人，支持和反对的比例为1∶1.19。对此项，法院的支持者远多于反对者，但监狱干警的反对者略多于支持者，二者的分歧仍然存在，只是无论是法院还是监狱，对选项支持和反对的人数比例都较接近，可见对于这一问题分歧较大。

其五，减刑案件的审理不够公开。法官问卷中，对"减刑案件的审理不够公开"观点持肯定态度和否定态度的人数分别为174人和192人，其余的人则表示不清楚，支持和反对的比例为1∶1.10；在监狱干警问卷中，对该问题持肯定态度和否定态度的人数分别为176人和975人，支持和反对的比例为1∶5.54。对此项，多数法官及监管人员认为减刑审理比较公开，但是差异在于，监管人员中认为减刑审理比较公开的人数远高于认为不够公开的人数，法官中持支持和反对意见的人数比例比较接近。

其六，关于减刑标准不明确的问题。法官问卷中，对"减刑标准不明确"观点持肯定态度和否定态度的人数分别为142人和224人，其余的人则表示不清楚，支持和反对的比例为1∶1.58；在监狱干警问卷中，对该问题持肯定态度和否定态度的人数分别为202人和968人，支持和反对的比例为1∶4.79。对此项，不论是法官还是监管人员大多持否定态度，但是差异在于，监管人员中持否定态度的人数远高于肯定的人数，法官中持支持和反对意见的人数比例比较接近。

其七，关于减刑考核不公平的问题。法官问卷中，对"减刑考核不公平"观点持肯定态度和否定态度的人数分别为115人和185人，有超过一半的人则表示不清楚，支持和反对的比例为1∶1.61；在监狱干警问卷中，对该问题持肯定态度和否定态度的人数分别为65人和1111人，支持和反对的比例为1∶17.09。对此项，不论是法官还是监管人员大多持否定态度，但是两者对该问题的选择差异巨大，监管人员中持否定态度的人数远高于肯定的人数，监管人员认为减刑考核不公平的仅占4.57%，78.07%的监管人员则不支持这一观点。法官中持支持和反对意见的人数比例比较接近。

从上述减刑可能存在的七方面问题来看，法官和监管人员观点差异比较明显，总体而言，监管人员倾向于否定减刑中存在这些问题，而法官中持肯定意见的比例较高；另外，七个方面之间也存在明显差异，总体而言，在法院难以掌握被提请减刑对象的服刑情况、减刑案件的审理过于形式化、减刑案件的审理不够公开等三方面持肯定意见的人占比较高。

⑤ 假释工作开展情况

第一，对假释工作的整体满意度尚可。法官对法院假释案件审理工作的总体评分较高，平均为7.99分；监管人员对监狱假释工作开展情况的平均评分为7.22分。在被调查的630名法官中，非常不满意的比例为0.95%，比较不满意的比例为2.54%，比较满意的比例为41.12%，非常满意的比例为31.43%；在被调查的1423名监狱干警中，非常不满意的比例为2.04%，比较不满意的比例为7.87%，比较满意的比例为45.26%，非常满意的比例为18.62%。假释工作整体满意度尚可，但低于减刑工作的评价。

第二，实践中假释存在的问题。

课题组针对假释案件审理的弊端设计了八个方面的问题，针对监狱假释案件提请的不足之处设计了九个方面的问题，增加了"假释适用过少"这一问题，鉴于调查问卷对假释案件审理与假释案件提请设计的问题基本一致，以下一并进行分析。

其一，关于未能严格遵循假释的适用条件。法官问卷中，对"未能严格遵循假释的适用条件"观点持肯定态度和否定态度的人数分别为75人和259人，其余则表示不清楚，支持和反对的比例为1∶3.45；在监狱干警问卷中，对该问题持肯定态度和否定态度的人数分别为132人和1113人，支持和反对的比例为1∶8.43。对此项，不论是法官还是监管人员大多持否定态度，差异在于，监管人员中持否定态度人数的比例明显高于法官。

其二，关于假释适用过多。法官问卷中，对"假释适用过多"观点持肯定态度和否定态度的人数分别为82人和232人，其余的人则表示不清楚，支持和反对的比例为1∶2.83；在监狱干警问卷中，对该问题持肯定态度和否定态度的人数分别为123人和1001人，支持和反对的比例为1∶8.14。关于假释适用过多的问题，法院和监狱普遍持否定态度，尤其是监狱，从减轻监管压力、加快罪犯流转的立场出发，有近三分之二的干警不赞同"假释适用过多"的判断。此外，课题组还对是否"假释适用过少"向监管人员单独进行了调查。在被调查的1423名监狱干警中，有11.03%的人表示认同，63.81%的人持否定态度，支持和反对的比例为1∶5.79。也就是说，大多数监管人员认为假释的适用既不过多也不太少。

其三，关于假释考核不公平的问题。法官问卷中，对"假释考核不合理"的观点持肯定态度和否定态度的人数分别为119人和174人，其余则表示不清楚，支持和反对的比例为1∶1.46；在监狱干警问卷中，对该问题持肯定态度和否定态度的人数分别为73人和1065人，支持和反对的比例为1∶14.59。对于此项，法院和监狱干警中反对者多于支持者，但是两者对该问题的选择差异巨大，监管人员中持否定态度的人数远高于肯定的人数，监管人员认为减刑考核不公平的仅占5.13%，74.84%的监管人员则不支持这一观点。法官中持支持和反对意见的人数比例比较接近。

其四，关于法院难以掌握被提请假释对象的服刑情况。法官问卷中，对"法院难以掌握被提请假释对象的服刑情况"观点持肯定态度和否定态度的人数分别为212人和140人，其余的人则表示不清楚，支持和反对的比例为1.51∶1；在监狱干警问卷中，对该问题持肯定态度和否定态度的人数分别为406人和621人，支持和反对的比例为1∶1.53。由此可见，法官中大多数表示认可这个情况，持肯定态度的；监狱干警则大多对此持否定态度，法官和监狱干警对法院是否掌握被提请假释对象的服刑情况的观点差异明显。

其五，关于撤销假释后的问责制度不合理的问题。法官问卷中，对"撤销假释后的问责制度不合理"观点持肯定态度和否定态度的人数分别为168人和136人，其余的人则表示不清楚，支持和反对的比例为1.24∶1；在监狱干警问卷中，对该问题持肯定态度和否定态度的人数分别为486人和441人，支持和反对的比例为1.10∶1。由此可见，对此项，法院和监狱干警中支持者均多于反对者，而且两者中支持和反对比例比较接近。

其六，关于假释案件审理过于形式化的问题。法官问卷中，对"减刑案件的审理过于形式化"观点持肯定态度和否定态度的人数分别为175人和153人，其余的人则表示不清楚，支持和反对的比例为1.14∶1；在监狱干警问卷中，对该问题持肯定态度和否定态度的人数分别为347人和684人，支持和反对的比例为1∶1.97。对此项，法院中支持者多于反对者，但监狱干警中反对者远多于支持者，二者的分歧仍然存在。

其七，关于假释案件审理不够公开的问题。法官问卷中，对"减刑案件的审理不够公开"观点持肯定态度和否定态度的人数分别为145人和200人，其余的人则表示不清楚，支持和反对的比例为1∶1.38；在监狱干警问卷中，对该问题持肯定态度和否定态度的人数分别为162人和936人，支持和反对的比例为1∶5.78。对此项，多数法官及监管人员认为假释审理比较公开，但是差异在于，监管人员中认为假释审理比较公开的人数远高于认为不公开的人数，法官中持支持和反对意见的人

四　司法建设的法治逻辑

数比较接近。

其八，关于假释标准不明确的问题。法官问卷中，对"假释标准不明确"观点持肯定态度和否定态度的人数分别为135人和206人，其余的人则表示不清楚，支持和反对的比例为1：1.53；在监狱干警问卷中，对该问题持肯定态度和否定态度的人数分别为228人和920人，支持和反对的比例为1：4.04。对此项，不论是法官还是监管人员均大多持否定态度，但是差异在于，监管人员中持否定态度的人数远高于肯定的人数，法官中持支持和反对意见的人数比例比较接近。

从上述减刑可能存在的八方面问题来看，法官和监管人员观点差异比较明显，总体而言，监管人员倾向于否定假释中存在这些问题，而法官中持肯定意见的比例较高；另外，八个问题之间也存在明显差异，总体而言，其中法院难以掌握被提请减刑对象的服刑情况、减刑案件的审理过于形式化、关于撤销假释后的问责制度不合理的问题等三方面持肯定意见的人占比较高。其中，关于撤销假释后的问责制度不合理的问题是唯一一个法院和监狱干警都持肯定意见，且肯定人数占比比较接近的选项。

⑥ 暂予监外执行工作情况

第一，暂予监外执行工作认可度尚可。在被调查的630名法官中，非常不满意的比例为0.95%，比较不满意的比例为2.69%，比较满意的比例为40.79%，非常满意的比例为32.7%。当前法官对暂予监外执行工作评分为8.04分。在被调查的1423名监狱干警中，非常不满意的比例为2.11%，比较不满意的比例为6.60%，比较满意的比例为47.16%，非常满意的比例为16.65%，监狱干警对监狱暂予监外执行工作开展情况的评分为7.18分。法院和监狱干警对暂予监外执行的评价低于对减刑工作的评价，同时又高于对假释的评价。

第二，实践中暂予监外执行存在的问题。

课题组针对暂予监外执行案件审理的弊端设计了八个方面的问题，对监狱假释案件提请的不足之处设计了九个方面的问题，增加了"暂予监外过少"这一问题，鉴于调查问卷对假释案件审理与假释案件提请设计的问题基本一致，以下一并进行分析。

其一，关于未能严格遵循暂予监外执行的适用条件。在被调查的630名法官中，有13.49%的人表示认同，47.46%的人持否定态度，37.14%的被调查者表示不清楚，认同和否定的比例为1∶3.52。在被调查的1423名监狱干警中，有7.90%的人表示认同，68.10%的人持否定态度，23.96的被调查者表示不清楚，认同和否定的比例为1∶8.62。对于此项，法院和监狱干警大多持否定态度，监狱干警持否定态度的人数占比更高。

其二，暂予监外执行适用过多。在被调查的630名法官中，有12.86%的人表示认同，45.24%的人持否定态度，40.32%的被调查者表示不清楚，认同和否定的比例为1∶3.52。在被调查的1423名监狱干警中，有4.64%的人表示认同，69.57%的人持否定态度，25.79%的被调查者表示不清楚，认同和否定的比例为1∶14.99。对于此项，法院和监狱干警大多持否定态度，监狱干警持否定态度的人数占比远高于法院干警。此外，课题组还对是否"暂予监外执行适用过少"向监管人员单独进行了调查。在被调查的1423名监狱干警中，有25.37%的人表示认同，46.03%的人持否定态度，28.60%的被调查者表示不清楚。可见，监狱干警多对此持否定态度。也就是说，多数监管人员认为暂予监外执行的适用既不过多也不太少。

其三，法院难以掌握申请暂予监外执行对象的真实情况。在被调查的630名法官中，有30.32%的人表示认同，32.06%的人持否定态度，36.19%的被调查者表示不清楚，认同和否定的比例为1∶1.06。在被调查的1423名监狱干警中，有25.58%的人表示认同，41.95%的人持否定态度，32.47%的被调查者表示不清楚，认同和否定的比例为1∶1.64。对于此项，法院和监狱干警的反对者多于支持者，但监狱干警反对的比例更高。

其四，缺乏对申请暂予执行对象病残鉴定的监督。在被调查的630名法官中，有29.84%的人表示认同，29.37%的人持否定态度，39.37%的被调查者表示不清楚，认同和否定的比例为1.02∶1。在被调查的1423名监狱干警中，有20.52%的人表示认同，50.04%的人持否定态度，29.44%的被调查者表示不清楚，认同和否定的比例为1∶2.44。对于此项，法院干警中支持者与反对者基本持平，但监狱干警则大多持否定态度。

其五，暂予监外执行案件的审理过于形式化。在被调查的630名法官中，有22.38%的人表示认同，36.19%的人持否定态度，39.89%的被调查者表示不清楚，认同和否定的比例为1∶1.62。在被调查的1423名监狱干警中，有17.92%的人表示认同，52.64%的人持否定态度，29.44%的被调查者表示不清楚，认同和否定的比例为1∶2.94。对于此项，法院和监狱干警中反对者多于支持者，监狱干警中反对者占比更大。

其六，暂予监外执行案件的审理不够公开。在被调查的630名法官中，有21.11%的人表示认同，37.78%的人持否定态度，39.21%的被调查者表示不清楚，认同和反对的比例为1∶1.79。在被调查的1423名监狱干警中，有11.52%的人表示认同，60.65%的人持否定态度，27.83%的被调查者表示不清楚，认同和反对的比例为1∶5.26。对于此项，法院和监狱干警中反对者均多于支持者，监狱干警中反对者远多于支持者。

其七，监外执行的标准不明确。在被调查的630名法官中，有20.95%的人表示认同，37.14%的人持否定态度，40.16%的被调查者表示不清楚，认同和否定的比例为1∶1.77。在被调查的1423名监狱干警中，有12.09%的人表示认同，64.44%的人持否定态度，23.47%的被调查者表示不清楚，认同和否定的比例为1∶5.33。对于此项，法院和监狱干警的反对者均多于支持者，其中监狱干警的反对者远多于支持者。

其八，监外执行条件存在漏洞。在被调查的630名法官中，有30.79%的人表示认同，24.29%的人持否定态度，43.02%的被调查者表示不清楚，认同和否定的比例为1.27∶1。在被调查的1423名监狱干警中，有18.62%的人表示认同，44.98%的人持否定态度，36.4%的被调查者表示不清楚，认同和否定的比例为1∶2.42。对于此项，未能形成较为普遍的共识，法院干警中支持者多于反对者，监狱干警中则反对者远多于支持者。

此外，关于被暂予监外执行罪犯的监督应由哪个机关进行，监狱干警的意见普遍趋于一致。在答题的1423名监狱干警中，有77.02%的人认为被暂予监外执行罪犯的监督应由社区矫正机构负责。

⑦ 财产刑执行状况调查

第一，法官对当前法院财产刑执行情况的认可度尚可。其一，当前法官对法院罚金刑执行工作开展情况的评分为7.78分，非常不满意的比例为0.96%，比较不满意的比例为11.16%，比较满意的比例为38.92%，非常满意的比例为31.12%。其二，当前法官对法院没收财产执行工作的评分为7.54分，略低于对罚金刑执行情况的评价。非常不满意的比例为1.16%，比较不满意的比例为7.61%，比较满意的比例为36.79%，非常满意的比例为28.5%。

第二，罚金刑执行率较低的原因。课题组通过法官卷调查了罚金刑执行率不高的主要原因。其一，对被执行人的财产状况不太了解。对此，在参与答题的法官中，有53.68%的人表示认同，39.71%的人持否定态度，5.88%的被调查者表示不清楚。其二，被执行人不配合执行或存在转移财产等逃避执行的情况。在参与答题的法官中，有71.08%的人表示认同，17.65%的人持否定态度，10.29%的被调查者表示不清楚。其三，罚金的执行期限较短。在参与答题的法官中，有53.43%的人表示认同，36.27%的人持否定态度，9.31%的被调查者表示不清楚。其四，被执行人需优先赔偿被害人的损失或偿还其他民事债务。在参与答题的法官中，有89.95%的人表示认同，6.86%的人持否定态度，2.45%的被调查者表示不清楚。其五，刑事诉讼过程中缺乏对被执行人可供执行财产的保全。在参与答题的法官中，有86.27%的人表示认同，7.60%的人持否定态度，5.15%的被调查者表示不清楚。

由此可见，在参与答题的408名法官中，大多数都认同对于所列的影响罚金刑执行率的五个原因，其中，被执行人需优先赔偿被害人的损失或偿还其他民事债务以及刑事诉讼过程中缺乏对被执行人可供执行财产的保全两项认同率最高，都超过85.00%；其次是"被执行人不配合执行或存在转移财产等逃避执行的情况"，而对被执行人的财产状况不太了解和罚金的执行期限较短，认同率较低，但也都在50.00%以上。

第三，没收财产执行中存在的问题。课题组通过法官卷调查了没收财产执行中存在的主要问题。其一，被执行人无财产可供执行。对此，在参与答题的法官中，有64.71%的人表示认同，23.53%的人持否定态度，10.54%的被调查者表示不清楚。其二，判决未明确应没收的财产内容或数额导致没收财产难以准确执行。在参与答题的法官中，有74.26%的人表示认同，18.38%的人持否定态度，6.37%的被调查者表示不清楚。其三，没收财产未给被执行人及其抚养的家属保留必需的生活费用。在参与答题的法官中，有40.93%的人表示认同，46.81%的人持否定态度，11.27%的被调查者表示不清楚。其四，没收财产造成被执行人所负正当债务难以偿还。在参与答题的法官中，有46.57%的人表示认同，39.70%的人持否定态度，12.5%的被调查者表示不清楚。其五，被执行人不配合执行或存在转移财产等逃避执行的情况。在参与答题的法官中，有74.02%的人表示认同，13.97%的人持否定态度，10.78%的被调查者表示不清楚。其六，刑事诉讼过程中缺乏对被执行人可供执行财产的保全。在参与答题的法官中，有84.07%的人表示认同，7.11%的人持否定态度，7.84%的被调查者表示不清楚。

由此可见，在参与答题的408名法官中，对于所列的影响没收财产执行的五个原因比较认同，但是对于"没收财产未给被执行人及其抚养的家属保留必需的生活费用"，多数法官并不认同。在认同的五项原因中，刑事诉讼过程中缺乏对被执行人可供执行财产的保全的认同率最高，超过80.00%；被执行人不配合执行或存在转移财产等逃避执行的情况，及判决未明确应没收的财产内容或数额导致没收财产难以准确执行的认同率也都超过70.00%，没收财产造成被执行人所负正当债务难以偿还的认同率较低，略低于50.00%。

第四，大部分法院将财产刑的执行与罪犯的减刑假释相挂钩，调查结果显示，认为财产刑执行与减刑假释相关的法官人数是认为财产刑执行与减刑假释不相关的法官人数的3倍。

⑧ 关于死刑执行的调查

调查显示，其一，法官对于死刑执行期限是否应当延长争议较大，分别有36.71%的人表示认同，44.03%的人持否定态度。其二，关于应当延长死刑交付执行期限的理由。有78.30%的人认为有利于死刑犯的相关权利（如会见家属、申诉、申请赦免等）的行使和救济。65.90%的人认为有利于发现司法过程中的错误。56.20%的人认为有利于充分发挥人民检察院对死刑立即执行的监督作用。其三，大部分法官认为死刑复核应该设置合理的期限。其中，有60.89%的人表示认同，5.20%的人持否定态度，32.27%的被调查者表示不清楚，支持和反对比为11.71∶1。

⑨ 社区矫正的执行情况

第一，社区矫正干部对社区矫正工作及《社区矫正法》评价较高。大部分社区矫正干部认为，我国的社区矫正法得到了依法执行或者大多数得到了依法执行，并认为社区矫正执行情况良好。其中，85.13%的社区矫正干部认为《社区矫正法》具有可操作性，超过98.00%的社区矫正干部认为社区矫正法大部分或者全部都得到依法执行，其中认为都得到依法执行的比例也高达62.40%；另外，76.44%的社区矫正干部认为社区矫正执行情况良好；56.85%的社区矫正干部认为应当扩大缓刑、假释、管制、罚金等非监禁刑或非监禁刑罚执行方式的适用。

第二，社区矫正工作实施情况。其一，大部分社区矫正干部表示曾向原作出缓刑、假释的判决、裁定的人民法院提出过撤销缓刑、假释建议，但未曾向社区矫正执行地的中级人民法院提出减刑建议；大部分社区矫正机构为社区矫正对象确定了矫正小组，并为社区矫正对象建立了奖惩考核机制。受访者中有62.77%的人表示曾向原作出缓刑、假释的判决、裁定的人民法院提出撤销缓刑、假释的建议；70.39%的人表示未曾向社区矫正执行地中级人民法院提出减刑建议。95.70%的人表示本地社区矫正机构为社区矫正对象确立了矫正小组，87.54%的人表示为社区矫正对象确立了奖惩考核机制。问卷显示，社区矫正期间，被提请撤销缓刑、假释的比例要远大于向法院申请减刑的比例。这跟当前减刑制度的设计有关，我国对于缓刑的减刑，必须有重大立功才能呈报，因此，社区矫正对象相对难以获得减刑。其二，关于我国社区矫正存在的问题。课题组调查了中国社区矫正执行中存在的主要问题，其中有80.07%的人认为社区矫正工作人员缺乏强制执行力，72.20%的人认为社区矫正机构缺乏相关专业人员，54.84%的人认为缺乏系统促进罪犯回归社会的教育矫正措施，是中国社区矫正中存在的主要问题。此外，社区矫正机构设置不明确（44.61%）、对罪犯的社区矫正缺乏必要监督（43.51%）、未对不同种类罪犯的社区矫正予以区别对待（39.85%）等也是目前中国社区矫正中存在的一些突出问题。其三，关于社区矫正机构依托志愿者作用的调查。在受访的社区矫正干部中，57.85%的受访者表示本地社区矫正机构依托志愿者，其中70.51%的志愿者具有积极作用。

⑩ 刑罚执行的监督

第一，刑罚执行的规范性调查。课题组在5份问卷（监管对象卷除外）中都设计了对七种刑罚执行规范性的调查，这七种刑罚执行情形分别是死刑的执行、有期徒刑的执行、无期徒刑的执行、拘役的执行、财产刑的执行、社区矫正（缓刑、监外执行、管制等）、刑罚执行的变更（减刑、假释等）。

根据表4-1，各主体普遍认为最不规范的前三项分别是刑罚执行的变更（减刑、假释等）、社区矫正（缓刑、监外执行、管制等）、财产刑的执行。但是，各主体的排序并不一致，社区矫正工作者认为最不规范的是刑罚的变更，其次是财产刑，最后是社区矫正；律师认为最不规范的是刑罚的变更，其次是社区矫正，最后是财产刑；而法官认为最不规范的是社区矫正，其次才是刑罚执行的变更和财产刑；检察官认为财产刑执行最不规范，其次是刑罚执行的变更和社区矫正；监狱干警认为财产刑执行最不规范，其次是社区矫正，而刑罚执行的变更比较规范。

表4-1　　　　　　　各主体对刑罚执行规范性评价

主体	刑罚执行的变更（减刑、假释等）	社区矫正（缓刑、监外执行、管制等）	财产刑的执行	占比排名
法院卷	28.52%	34.59%	21.87%	前三
检察卷	30.59%	24.33%	36.15%	前三
监狱卷	7.94%	36.68%	46.31%	前三
社区矫正卷	32.13%	16.19%	27.54%	前三
律师卷	42.79%	23.26%	21.06%	前三
加权平均值	28.39%	27.01%	30.59%	—

第二，刑罚执行最佳的监督形式。课题组给出了检察院监督、人民代表监督、律师监督、新闻媒体监督、被害人及家属监督、其他形式监督六个选项，律师认为排名前三的刑罚执行最佳监督形式是检察院监督、人民代表监督和律师监督。

除了检察监督外，检察官普遍认为还应加强人民代表监督、被害人及其家属监督、新闻媒体监督。

第三，检察监督中发现刑罚执行最容易出问题的环节，排列前四的选项分别是减刑、假释、监外执行及保外就医。在参与答卷的863人中，71.15%的人认为减刑最容易出现问题，63.50%的人认为假释最容易出现问题，57.24%的人认为监外执行最容易出现问题，52.26%的人认为保外就医最容易出现问题。

第四，云南"孙小果案件"所反映出的刑罚执行的监督问题比较突出。其一，提请减刑假释不规范。对此，法官、检察官、监狱干警、社区矫正干部和律师中的认同率分别为51.73%、72.56%、45.65%、50.43%和65.03%。其二，减刑假释审判流于形式。法官、检察官、监狱干警、社区矫正干部和律师中的认同率分别为40.66%、58.40%、42.45%、38.18%、57.16%。其三，减刑假释检察监督没有落实。对此，法官、检察官、监狱干警、社区矫正干部和律师中的认同率分别为44.32%、53.07%、45.68%、39.13%和60.48%。其四，减刑假释社会监督难。对此，法官、检察官、监狱干警、社区矫正干部和律师中的认同率分别为57.13%、82.04%、54.46%、59.83%和77.91%的人表示赞同，均属答卷中占比最大的观点。

⑪ 服刑人员对刑罚执行情况的认知

在参与答题的人中，有98.25%的服刑人员表示监狱对在押人员实行计分考核工作；87.26%的服刑人员认为考核计分是提请减刑的依据；61.47%的服刑人员认为计分考核是提请假释的依据；53.09%的服刑人员认为计分考核是物质奖励的依据；54.06%的服刑人员认为计分考核是表扬或批评的依据；54.19%的服刑人员认为计分考核是在押人员分级处分的依据。95.78%的服刑人员知道怎样获得减刑，84.80%的服刑人员知道怎样获得假释，61.34%的服刑人员知道怎样获得监外执行。98.31%的服刑人员表示所在监狱对减刑名单进行了公示；97.08%的服刑人员表示所在监狱对假释名单进行了公示；81.22%的服刑人员表示所在监狱对监外执行人员名单进行了公示。60.49%的服刑人员表示会采取举报或反映情况的方式处理他人减刑假释、监外执行不合理的现象；51.01%的服刑人员表示知道其他人减刑假释、监外执行不合理的反映途径。56.01%的服刑人员表示周围人获得减刑假释的机会是公平的；77.84%的服刑人员表示如果知道他人获得减刑假释，会激励自己，争取减刑假释。有43.92%的服刑人员从未获得过减刑，18.52%的服刑人员表示获得过三次及以上的减刑。45.03%的服刑人员非常同意"获得减刑太难"这句话，5.20%的服刑人员表示很不同意这句话；55.49%的服刑人员同意"假释太难"这句话，3.96%的服刑人员表示很不同意这句话。65.17%的服刑人员表示即便在监所表现良好，但拒不认罪的话不可以获得减刑。

从调查情况看，服刑人员普遍表示熟悉计分考核对于减刑、假释以及表扬、奖励等方面的意义，并且知晓周围人获得不正当减刑、假释的举报与反映路径。从服刑人员反映的情况来看，监狱在减刑、假释制度的适用过程中基本能做到公示、公开。从服刑人员获得减刑的比例来分析，当前我国的减刑制度本质上具有鲜明的"奖励性"特征，减刑是对罪犯的奖励而不是罪犯的权利。此外，虽然我国司法解释规定正当申诉不宜认定为不认罪、悔罪，但从答卷者对"拒不认罪"的判断来看，"拒不认罪"的罪犯难以获得减刑，其间的悖论难以消减。

⑫ 答卷具有一定的立场性

答卷人本身具有非常鲜明的身份特征，对待答卷中的选项往往会基于自身立场去做选择。如监狱监管卷中的多数意见均对问卷中所提的减刑和假释问题持否定态度。关于"减刑案件审理未严格遵循减刑的适用条件"，有70.56%的监狱干警持否定态度；关于"减刑适用过多"的问题，有49.33%的监狱干警持否定态度；关于"法院难以掌握被提请减刑对象的服刑情况"，有41.39%的监狱干警持否定态度；关于"减刑案件审理过于形式化"的问题，有41.46%的监狱干警持否定态度；关于"减刑案件不够公开"的问题，有68.52%的监狱干警持否定态度；关于"减刑标准不明确"的问题，有68.01%监狱干警持否定态度；关于"减刑考核不公平"的问题，有78.07%的监狱干警持否定态度。对上述选项持否定态度的比例均高于认同或不清楚的比例。

同样，对于假释案件，关于"未能遵循假释的适用条件"的问题，有78.2%的监狱干警持否定态度；关于"假释适用过多"的问题有70.34%的监狱干警持否定态度；关于"假释适用过少"的问题有63.81%的监狱干警持否定态度；关于"法院难以掌握被提请假释对象的服刑情况"的问题；有43.64%的监狱干警持否定态度；关于"假释案件审理过于形式化"的问题，有48.07%的监狱干警持否定态度；关于"假释案件审理不够公开"的问题，有65.78%的监狱干警持否定态度；关于"假释标准不明确"的问题，有64.65%的监狱干警持否定态度；关于"假释考核不公平"的问题，有74.91%的监狱干警持否定态度，其所占比例均高于这些选项的认同或不清楚的比例。

对于"未能严格遵循暂予监外执行的适用条件"的问题、"假释适用过多"的问题，法院和监狱均持否定态度，但对"法院难以掌握被提请减刑对象的服刑情况"的问题，则法院多持认同态度，监狱干警多持否定态度，体现出二者基于职责、立场的差别所导致的不同倾向性意见。

此外，参与答题的1956名律师中有96.42%的律师认为有必要参与刑罚执行（如减刑假释）的辩护工作，体现了鲜明的立场性，但当前的减刑假释运作是一项利益给予的过程，而不是权利剥夺的过程，律师参与刑罚执行的辩护，未必受执法主体的欢迎，亦未必能产生实际意义。

3. 调查反映的问题与对策

（1）尽快成立统一的刑罚执行机关和制定统一的刑罚执行法

一直以来刑罚执行工作未能受到理论界足够的关注和立法部门的高度重视，刑罚执行机关或从事刑罚执行的部门亦都处于比较弱势或边缘化的地位，使得从事刑罚执行工作的主体不仅存在天然的人才短板（这从上述参与答题的监狱干警的学历构成可以看出），亦使得这项工作的进一步科学、规范迟迟未能提上日程。而成立统一的刑罚执行机关或制定统一的刑罚执行法无疑能引起理论界和实务界对刑罚执行工作的高度关注，亦能大大提升刑罚执行工作人员的主体地位，更有利于刑罚执行工作本身的进一步规范、完善。

（2）建立丰富多样的减刑、假释种类

根据减刑假释的弊端向法院和监狱干警进行有针对性的调查，虽然大多数监狱干警对上述弊端持全盘否定态度，但法院干警对其中的一些弊端表示认同。得到法院干警较多认同的问题主要表现为法院难以掌握被提请减刑、假释对象的服刑情况，及法院减刑、假释案件审理过于形式化。对于前者主要涉及减刑、假释属于行政权还是司法权的问题，对于后者主要关乎减刑、假释案件庭审实质化的问题。减刑、假释属于行政权还是司法权始终争论不已，无论采取哪种观点都难以实现当前减刑、假释案件办理公正与效率的双赢。课题组认为，只有建立丰富多样的减刑、假释种类，实现行政权与司法权的兼容才能有效解决上述问题。实现减刑、假释庭审实质化的关键是改变我国减刑、假释"奖励说"的固有理念，赋予认罪悔罪的罪犯以减刑、假释的"权利"，将减刑、假释的本质视为"奖励"与"权利"的结合体，以实现减刑、假释的程序运作由"利益给予型"向"权利剥夺型"转变，才能真正实现减刑假释案件审理的庭审实质化。

（3）暂予监外执行制度的改革

调查发现，缺乏对申请暂予监外执行对象病残鉴定的监督、监外执行条件存在漏洞这两个问题得到了较多法院干警的认同。对于前者，可以有较大的改进空间，如为法院配备法医，增强司法技术部门的力量，医院出具证明文件时必须邀请同级人民检察院到场等。监外执行条件的漏洞主要表现为我国的暂予监外执行制度赋予了身体有特殊情况的罪犯以"监狱执行"和"监外执行期间计入刑罚执行刑期"的双重红利，使得司法实践中腐蚀拉拢医务人员、办案人员者有之，多次怀孕逃避刑罚执行者有之，故意服用对抗治疗的药物、自伤自残者有之。而为了规范暂予监外执行案件中的乱象，我国近年来不断从严暂予监外执行的适用条件，进一步缩小了暂予监外执行的适用范围，从而间接增大了刑罚执行机关的监管压力，一些刑罚执行机关为降低监管风险，往往对不符合暂予监外执行条件的病犯亦拒绝接收，使得这些病犯在实践中处于被动脱管状态，给社会留下了巨大的安全隐患。因此建议借鉴国外的有益做法，将暂予监外执行改为暂缓执行，暂予监外执行期间不计入刑罚执行刑期是较为可行的做法。

（4）认罪悔罪不宜作为减刑假释的前提

虽然我国司法解释规定正当申诉不宜认定为不认罪悔罪，但从调查问卷所反映的服刑人员对"拒不认罪"的判断来看，65.17%的服刑人员表示即便在监所表现良好，但拒不认罪的话不可以获得减刑。实践中，能反映这一现象的典型案件如在1995年杭州市萧山区发生的一起命案，"的姐"徐彩华遇害，包括朱又平在内的五名青年因涉嫌抢劫杀人罪被捕，法官认定朱又平等人采用遏颈及石块猛击头部等手段，致徐彩华死亡。朱又平最终被判处死缓，在其经历了17年的牢狱之灾后，真凶归来，证明这是一起冤案。但在漫长的铁窗生涯中，朱又平从未提起申诉，他这样解释，"一个原因是申诉后，没有办法减刑，另外，在没有新的重大证据的情况下，申诉成功率也不高"。可见，认罪悔罪作为减刑假释适用的必要条件之一，对罪犯的申诉行为有较强的导向性。事实上，减刑、假释实体条件的设置不需要有"认罪悔罪"这样的主观条件，有

四 司法建设的法治逻辑

体现罪犯保持良好行为、积极改造的客观条件即可。理由在于，其一，从人类认识和行动的一般规律出发，前期刑事审判不可能百分之百地杜绝冤假错案，既然错案不可避免，将"认罪"作为减刑的前提条件就有强人所难之嫌，亦容易引发实践操作的诸多问题。如浙江著名的张氏叔侄奸杀案中，张高平就拒绝认罪，且从不唱《感恩的心》。而大部分在监狱申诉的罪犯往往会基于减刑的功利追求，一面写认罪悔罪书，一面写无罪或罪轻的申诉状。其二，无论是"认罪"，还是建立在"认罪"基础上的"悔罪"，均涉及罪犯主观心态的判断，而法官并没有辨别罪犯主观心态的科学方法，也就丧失了判断的准确性。有的罪犯在服刑期间认罪态度良好，不仅撰写认罪悔罪书，而且在接受法官询问时积极表示认罪悔罪，而一旦减刑出狱便四处写信，做无罪信访。基于此，建议剔除减刑假释制度中"认罪悔罪"这样缺乏客观判断可能性的实体条件，直接根据罪犯在服刑期间的客观改造表现适用减刑即可。

五　社会治理的法治逻辑

法治社会是法治中国建设的重要一环，功能健全的法治社会能够抵抗突如其来的突发状况，制度完善的社会治理体系能够促进社会自治。加强基层治理、营造法治氛围、提升公共法律服务、促进平安建设，能够提升社会治理的社会化、法治化、智能化和专业化水平，这是构成地方法治推进的重要支点。

（一）社会保障发力抗击疫情

2020年，突如其来的新冠疫情让全世界猝不及防。疫情发生后，依法防控、依法治理受到了空前重视和强调，依法审慎决策、因地制宜、因时制宜、差异化、动态化防控措施，成为许多地方不约而同的选择。

首先，编密织牢民生帮扶保障网络。疫情特殊时期，许多地方出台疫情期间社会救助的专门文件、政策和方案，将因新冠肺炎疫情引起的困难、困境，纳入救助范围，编密织牢基本民生兜底保障网络，确保"不漏一户、不落一人"。比如，福建省政府办公厅印发《实施民生兜底专项行动方案》，要求主动加大困难群体排查力度，全面落实特困人员供养政策，推进特殊困难群体帮扶试点工作。

其次，主动多渠道发现救助对象。主动发现机制的建立完善，对于疫情防控、基本生存权利保障，起到巨大支撑作用。成都市民政局下发了困难群众主动发现机制的专门文件，通过网格化分片包干、加大巡查频率、建立重点人员台账、部门信息共享、加强社会救助政策宣传等方式，主动全面掌握救助需求信息。从以往的群众遇到困难找政府、找社区，转化为登门入户找群众，主动发现并主动帮助解决难题，做到早发现、早介入、早救助。

再次，特事特办简化办理程序。按照中央和上级要求，全面推行最低生活保障、特困供养等救助审批权下放至乡镇、街道的改革。广西规定，对于农村建档立卡贫困人口、城镇困难群众、脱贫脱困对象中的新冠肺炎患者，县级民政部门、乡镇街道可根据需要直接给予临时救助。新疆维吾尔自治区在简化程序方面，明确取消民主评议、入户调查环节，做到当月审批当月发放，对于申请救助的困难家庭中有疫情感染患者的，实施先行救助、后补办相关手续。[①]

从次，落实照料看护服务，满足特殊需求。比如，做好心理疏导，要求儿童督导员、儿童主任全面了解孤儿、事实无人抚养儿童和农村留守儿童、困境儿童的疫情防控、家庭监护、生活保障等情况；根据疫情防控需要，许多地方将对低保对象、特困人员、困难残疾人、困难党员等特殊困难群体的口罩、消毒液等防护用品的发放，纳入社会救助的物资保障。

最后，企业纾困政策创新。在疫情背景下，各地政府、司法机关出台大量促进企业健康发展、促投资扩消费的政策文件。其典型如，黑龙江省人民政府办公厅印发《关于应对新冠肺炎疫情进一步帮扶服务业中小微企业和个体工商户缓解房屋租金压力具体措施的通知》（黑政办规〔2020〕11号），云南省人民政府办公厅出台《关于应对新冠肺炎疫情影响进一步做好稳就业工作的若干意见》（云政办发〔2020〕36号）。2020年3月，湖北省人民检察院制定出台《关于充分发挥检察职能依法保障复工复产促进经济社会加快发展的意见》，贵州省人民检察院出台《贵州省检察机关关于充分发挥检察职能服务保障民营企业改革发展的

[①] 参见新疆维吾尔自治区民政厅、财政厅《关于做好疫情防控期间困难群众救助和帮扶关爱工作的意见》。

措施》。成都市政府办公厅出台《关于进一步深化错时延时服务精准推动城市管理"五允许一坚持"的通知》,以群众需求为导向,坚持便民不扰民、放开不放任,分批分期、分系统分领域推进,合理设定无固定场所经营摊贩管理模式,推广城市管理"五允许一坚持"。① 这一做法受到广泛关注,并在多地得到推广。

(二)网格服务模式探索创新

网格是社会最基本的构成单位,是人们参与社会生活和政治生活的基本场所。随着基层社会结构的发展变化和城市化进程的加快,网格越来越成为社会建设着力点、社会生活支撑点、社会矛盾汇集点,实行网格化管理,构建新型管理服务体系,已成为当前加强和创新社会管理的迫切需要。推行网格化服务管理,是改进社会治理方式、推进国家治理体系和治理能力现代化的重要内容,是加强和创新基层社会管理的有效方法,是加强法治建设的有力抓手,是固本强基、便民利民的重要举措。网格化服务管理作为创新社会管理、做好群众工作、加快城市建设的有效途径,具有重大的社会意义和现实意义。2020年1月,地方性法规《衢州市城乡网格化服务管理条例》开始施行,开创了网格化服务法治化的先河,规定了城乡网格化服务管理工作的基本原则、职责分工、人员选任、保障措施等制度,并将组团联村、周二无会日、红色网格联队、红色物业联盟等行之有效的探索明确纳入管理条例。江苏省江阴市在网格化治理体系中融入公安警务力量,调整社区警务网格和巡防网格,实现警务专业网格与政府综治全要素网格无缝对接,让社区民警、属地交警、巡防辅警、户口协管员等警力资源向网格流动,要素在网格集中,服务在网格进行,问题在网格解决。

---

① 即,允许设置临时占道摊点摊区,允许临街店铺临时越门经营,允许大型商场开展占道促销,允许流动商贩贩卖经营,允许互联网租赁自行车企业扩大停放区域,坚持柔性执法并推行审慎包容监管。

（三）信用体系建设继续推进

社会信用体系是以相对完善的法律法规体系为基础、以建立和完善信用信息共享机制为核心、以信用服务市场的培育和形成为动力、以信用服务行业主体竞争力的不断提高为支撑、以政府强有力的监管体系作保障的国家社会治理机制。信用是市场经济的通行证，现代市场经济是建立在法治基础上的信用经济，没有信用，就没有秩序，市场经济就不能健康发展。加快推进社会信用体系建设，具有鲜明的时代特征和重大的现实意义。杭州市开展"信用杭州"标准化建设，在不动产登记方面，与省公共信用平台对接，全程调用公共信用信息，及时反馈应用结果。2019年8月，修订后的《杭州市生活垃圾管理条例》实施，违反该条例受到行政处罚构成不良信息的，将计入单位、个人的信用档案。上海市市场监督管理局出台《关于推进失信联合惩戒加强信用监管的实施意见》要求全面整合、制定市场监管领域联合惩戒事项目录，向社会公示并予以动态更新；明确重点监管领域联合惩戒对象，建立相对统一的认定标准、列入程序、惩戒措施、公示方式等，并探索试点信用等级评定和分类监管制度。

（四）公共法律服务质效提升

公共法律服务是政府公共职能的重要组成部分，是保障和改善民生的重要举措，是全面依法治国的基础性、服务性和保障性工作。推进公共法律服务体系建设，对于更好满足广大人民群众日益增长的美好生活需要，提高国家治理体系和治理能力现代化水平具有重要意义。党的十八大以来，以习近平同志为核心的党中央高度重视公共法律服务体系建设。近年来，我国公共法律服务建设投入稳步增长，覆盖城乡的公共法律服务网络初步建立，公共法律服务供给能力和水平不断提高，公共法律服务体系建设取得积极成效。目前，我国大约有各类法律服务人员

420万人，各类服务机构85.3万个；建成县级公共法律服务中心近3000个、乡镇（街道）公共法律服务工作站近4万个，覆盖率分别为99.97%和98.29%；为全国65万个村（居）配备法律顾问，覆盖率达到99.90%；中国法律服务网功能齐全，12348公共法律服务热线覆盖全国，并提供24小时服务。推进新时代公共法律服务各项工作，不断满足人民群众多层次、多领域的法律服务需求，成为各地共识。[①] 成都市重点推动全市66个产业功能区设立公共法律服务分中心，并探索设置"24小时"公共法律服务分中心，为企业和群众提供全时空、全周期、全业务的法律服务，为企业和群众提供免费的线上法律咨询，积极开展线上法治体检。针对疫情影响，协助企业获取"不可抗力"事实证明。为涉及对外贸易、国际商事纠纷解决、履行合同涉"情势变更"等难点问题的涉外企业提供优质高端服务。天津市司法局编制《新冠肺炎期间法律服务机构疫情防控措施指南》，为做好法律服务机构疫情防控，严格复工程序，确保场所安全提供实践指导。

（五）纠纷化解能力显著提升

一方面，公平高效地化解纠纷，对于法治建设和营商环境优化具有举足轻重的意义。另一方面，因疫情的全面影响，各类纠纷的高发性、多发性及特殊性正逐步浮上水面，给疫情防控带来了不利影响，给经济社会秩序带来了不稳定因素甚至严重隐患。对此，中央予以高度重视。司法部印发《关于加强疫情防控后期和疫情后社会矛盾纠纷化解工作的意见》，对于矛盾排查、纠纷化解提出一系列的要求和制度安排。对此，各地积极响应。安徽省亳州市组织各级司法行政工作人员及调解员参与网格化摸排，宣传疫情相关法规政策，加强心理疏导，从源头上减少纠纷发生。同时采取深入村组、逐个摸排、全面了解、突出重点的方式，

[①] 中国社会科学网，http://www.cssn.cn/zx/shwx/shhnew/201902/t20190226_4837497.shtml，2020年7月9日。

做好排查化解。浙江着力建设县级社会矛盾调处化解中心，作为省域治理现代化中具有开创意义的重大改革。浙江省平湖市组建法律服务团，推动人民调解全流程入驻社会治理综合指挥服务中心，应用"无讼五步工作法"，在各乡镇街道，行业性、专业性调解委员会第一时间受理并调处各类纠纷。由此，越级访、重复访和部门推诿扯皮等问题大幅减少。北京市推行"法官+司法助理员+人民调解员"三联动的调解新模式。广东省珠海市为向进城务工人员提供更便捷服务，在"珠海公共法律服务"小程序设置"农民工法律服务专区"，为农民工提供法律咨询、法律援助、政策案例解读、纠纷调解等服务。

2021年7月，《深圳经济特区矛盾纠纷多元化解条例（征求意见稿）》向社会公开征求意见。深圳拟规定倡导矛盾纠纷的当事人在平等自愿、互谅互让的基础上协商和解。未能协商和解但适宜调解的矛盾纠纷，应当优先适用调解方式化解；要求律师、基层法律工作者鼓励和引导当事人采取非诉方式化解纠纷；引入民商事纠纷中立评估机制[①]，当事人可以委托中立第三方就纠纷的事实认定、法律适用和处理结果进行中立评估，评估报告可作为当事人和解、调解的参考；人民法院可在诉讼相关费用杠杆机制中对中立评估的结果予以应用。

北京市高级人民法院制定了《北京法院民事案件"多元调解+速裁"机制工作规范》，打通分流、调解、速裁、精审的程序关口，实现各程序之间的有机衔接，推进"多元调解+速裁"向前端延伸，促进纠纷源头有效治理。各基层法院在推进过程中，以统一管理部门、统一调解员管理使用、统一工作流程、统一信息系统为抓手，形成诉讼前端快调速审、后端精审细判的前后端审判格局。2020年全市17家基层法院运用"多元调解+速裁"机制共结案324395件，以21.1%的民事员额法官化解了69.50%的民事纠纷。前端速裁案件平均审理天数为49天，

---

① 中立评估机制是指在特定规则约束下，由中立第三方根据案件情况为当事人提供专业评估意见，进而为纠纷化解提供指引和帮助。

比后端平均审理时间缩短29天。①

各地行政争议调解中心迈向实体化、标准化和智能化。为促进行政争议实质解决，上海积极探索法院院庭长直接办案协调、行政机关负责人出庭配合法院协调、律师参与协调化解，及司法、行政联动协同等多种形式。比如，在一起行政案件中，被告正职负责人应法院要求出庭应诉，对原告的诉求和异议，进行了细致的法律释明和疑问解答，既缓解了对立气氛，也促进了纠纷化解。②

《江苏省法治社会建设实施方案（2021—2025）》将构建多元高效的矛盾纠纷化解体系作为重要任务。江苏省司法厅出台《关于健全完善矛盾纠纷全周期管理的指导意见》。在事前防范方面，完善矛盾信息收集网络，强化对周期性、政策性、区域性矛盾的排查，为预测矛盾风险走势和强化源头预防提供技术支撑；健全纠纷研判预警及其发布制度，构建集常态分析、系统研判、动态发布于一体的矛盾纠纷预警体系；推进防范关口前移，落实部门依法决策、市场主体诚信经营、执法机关不缺位不错位。在事中控制方面，健全"一站式"化解服务，完善"网格+调解"模式，矛盾就地化解不上交；加强非诉方式应用，推进调解、公证、仲裁等组合应用，形成分层递进、衔接配套的化解体系；加强伴随式心理疏导服务，在公共法律服务中心广泛设立心理工作室，鼓励各类调解组织和心理服务机构开展合作。在事后治理方面，着力健全矛盾纠纷修复调节反馈机制，一方面健全补偿性措施，推动人际关系修复、信任关系修复和社会秩序修复；另一方面加强矛盾纠纷背后深层次的制度政策问题研究，建立纠纷化解专题报告制度，推动完善相关地方立法、政策和流程机制。

浙江形成"信访打头、调解为主、诉讼断后"的纠纷化解格局，建设县级社会矛盾纠纷调处化解中心，基层法院诉讼服务中心全部入驻，诉源治理效应凸显，实现收案数量下降、办案质量提升、人民群众获得

---

① 搜狐网，https://www.sohu.com/a/444199754_162758，2022年8月30日。
② 参见上海市高级人民法院《2020年度上海行政审判白皮书和典型案例》。

感增强的多赢效果。① 北京市朝阳区打造"无讼朝阳"矛盾纠纷源头治理平台，应用区块链技术强化在线平台功能，搭建人民调解、行政调解、司法调解的联动工作格局，人民群众使用该平台，即可获得在线法律咨询问答、风险评估、视频调解、一键司法确认等服务。

样本一　中小学依法治校的江阴尝试

依法治校由来已久，早在1999年教育部下发的《关于加强教育法制建设的意见》中就有强调，"积极推进依法治校""要把依法治校的情况作为考核教育行政部门工作人员、学校负责人工作实绩的重要内容"。2003年教育部出台《关于加强依法治校工作的若干意见》，要求切实采取有效措施，大力推进依法治校工作。2005年教育部根据《关于开展依法治校示范校创建活动的通知》，评选并公布了依法治校的示范校。2012年教育部印发了《全面推进依法治校实施纲要》的通知，强调了加强章程建设，健全科学决策、民主管理机制等内容。2015年，党的十八届四中全会《中共中央关于全面推进依法治国若干重大问题的决定》指出，"把法治教育纳入国民教育体系，从青少年抓起，在中小学设立法治知识课程"。2016年，教育部印发《依法治教实施纲要（2016—2020）》，为依法治教提供了总纲。地方在推动依法治校过程中严格按照上级的部署，充分结合自己的特点，将依法治校工作扎实推进。在此过程中，依法治校面临了如下的困境。

1. 全国依法治校面临的困境

（1）学校责任过度泛化

学生在校期间一旦发生意外事故，学生家长、社会舆论、教育主管部门和司法机关便会倾向于要求学校承担过于严格的责任。无论是因学生自身在校园发生意外伤害事故，如学生在课间、课后攀爬树

---

① 2020年度，浙江全省法院收案下降7.20%。数据参见《浙江省高级人民法院工作报告——2021年1月28日在浙江省第十三届人民代表大会第五次会议上》，浙江在线网站，https://zjnews.zjol.com.cn/zjnews/202102/t20210203_22063917.shtml，2021年8月10日。

木，偷偷翻越围墙或者违反学校规定使用体育活动器械不当等造成人身伤害；还是因学生在上学、放学途中或寒暑假期间校外发生意外伤害事故，如学生在上学途中被社会车辆撞伤、撞死，假期补课期间溜出去游泳溺水身亡等。抑或是因学生自身体质原因在正常的教学活动中发生意外，如在学校体育课上，某学生突发心脏病突然晕倒，抢救无效死亡。此时，家长不分青红皂白要求校方承担高额赔偿责任，如果索赔不成或无法满足其索赔金额，则采取围堵学校等方式聚众闹事。教育部门为了息事宁人，往往尽可能满足家长的赔偿要求，甚至会对学校领导及相关教师问责。学校责任泛化导致诸多不良后果。第一，影响教学秩序。面对发生在校园内的各种事故，无论学校是否有责任，一定会出现家长围观闹事，直接造成学校无法正常从事教育教学。第二，校园管理日趋保守。学校承担无限责任，面临着沉重的安全管理压力，导致学校安全管理工作渐趋保守，一味偏向于维护安全和秩序，很少组织或者不组织活动。第三，影响学生身心健康。有的学校对学生的安全问题过于紧张，将学生"圈养"在特定区域内，甚至出现禁止学生下课后、午休时间到操场玩耍的规定。这些所谓保护安全的措施抹杀了学生活泼好动的天性，扭曲了德智体美劳全面发展的教育理念，影响未成年人的身心健康。

（2）章程制度有待完善

校园规章制度是学校管理的依据和章程，拥有明确的校园规章制度，校园管理才能依章处理。从全国范围来看，校园章程仍然有值得完善的地方。第一，校园章程有遗漏。尽管很多学校制定了校园章程，但从部分学校章程来看，并未涵盖学校教学管理的各个方面。有的校园章程缺少应急管理规范，有的校园章程没有校园公开规定，等等。第二，章程并未受到足够重视。对于大部分学校来说，提高中考、高考成绩是学校的第一要务，学校章程制度建设仅是点缀，并不是学校工作的重点内容。因此这些学校并没有制定校园章程，即便制定了校园章程也不在学校网站中公开。例如，衡水中学在网站中公开了学校教学成绩、高考结果等信息，但并没有在网站中公开校园章程。第三，学校章程规定不合法。

很多学校章程、规范中规定了对于学生的惩戒,例如有的对扰乱课堂秩序的学生进行谈话、罚值日、警告开除等,有的则对考试作弊的学生张榜公布,全校通报批评。上述内容很多涉及未成年人的受教育权、隐私权等基本权利,在校园章程中规定上述内容涉嫌违反法律、行政法规以及地方性法规。第四,学校章程规定不合理。有的学校章程在制定过程中,没有征求教师代表、家长代表以及学校其他人员的意见,导致校园章程与实践工作存在"两张皮"现象,面对校园问题无章可循,制度与执行严重脱节。

(3) 校园普法任重道远

校园普法是"法律六进"的重要内容,经过多年的普法工作,全国依法治校水平有了较大的提高。但不可否认,学校内部无论是校长还是老师抑或是学生,普法方式仍然比较单一,普法效果仍然有待提升,教师和学生的法治思维尚未形成。第一,校园普法缺乏系统性。校园普法内容零散而又简单,总是今天学一点宪法及相关法,明天学一点未成年人保护法。这样学生既无法形成知识体系,又不能有深刻的记忆,更不能在关键时候应用。第二,普法内容存在问题。学校老师的法律素养决定了学生法治水平的上限,很多学校老师并没有系统学习过法律,仅是零零散散接受过一些培训教育,这样老师给学生教授的仅仅是冷冰冰的条文,并没有教授真正的知识;更有甚者,有些教师法律素养不高,对法治理念和法治文化一知半解,导致学生学习到了错误的内容。例如,很多学校在总结一年依法治校的报告中,混用"法治"与"法制",出现了加强"法制意识""法制思维"等表述,这些存在错误的普法材料造成老师和学生形成了错误的认识,对今后的成长学习造成了极其不利的影响。第三,法治思维方式尚未完全确立。尽管全国很多学校都建立了教师和学生维权申诉制度、安全管理及突发事件的应急处理机制,成立了学校调解工作小组,但学校管理者和教师运用法律手段保护自身权益的能力、意识还亟待提高。

(4) 多方关系尚未捋顺

学校管理涉及政府、学校、家长等多方面关系,目前政府、学校、家长等多方面关系尚未捋顺，经常出现政府干预学校管理、家长影响学校教学的情况。第一，政府对中小学教育的监管还存在缺位和错位现象。政府应当为学校提供便利的教学环境，尽量减少对正常教学秩序的干涉，同时应当加强对校园安全、校园环境、校园卫生等方面的监管。而在实践中，政府对学校的管理往往干涉了学校的自主管理权限，例如，学校招什么老师、招多少老师、招哪些老师都由政府划定范围，而学校自主权则很小。与此同时，学校食堂食物中毒屡有发生、学校"毒跑道"偶有出现、学生集体肺结核突然爆发等安全事故频发，表明政府在对学校实施监管的过程中存在漏洞。第二，学生家长过度关注学生，扰乱正常教学秩序。独生子女时代，每一个孩子都是家里的唯一，不容出现任何失误，因而家长格外关注。在学校教学管理过程中，大到学校任课老师的选聘，小到学生选班、班内选班干部、挑选座位等都会出现家长的身影。有些家长利用自身的影响力对学校施压，令学校不得不服从家长的意志，扰乱了正常的教学管理秩序。第三，家长、政府、学校相互交织，破坏了原有的校园环境。这三者相互影响、相互作用，导致教育偏离了原有的轨道，学校无法安心管理、教师无法认真教学、学生无法潜心学习。相对封闭的校园环境成为社会角力场的缩影，学生拼的不是成绩而是父母，教师不看教学质量而是关系，学校不看成绩而看是否存在突发事故。

（5）校园暴力偶有发生

随着社会的发展，学校管理中涉法事件频繁出现，尤其是全国很多学校爆出大量校园暴力和校园欺凌。之所以出现上述现象，源自以下因素。第一，校园法治意识淡薄。从学生角度来说，一方面很多校园欺凌者不知道自己的行为属于违法甚至犯罪，另一方面受欺凌者也不知道如何运用法律手段保护自己。从学校老师和管理人员来讲，很多涉法事件，学校为了顾及学校的声誉，往往大事化小、小事化了，对事件采取"按压堵"的方式。第二，校园规范制度缺失。根据《教育法》第28条第4款，学校可以在一定范围内处罚学生。但由于当前的义务教育仍然以升学为第一要务，大部分学校根本不重视校规校纪的贯彻执行，有的学校甚至没有校规校纪。这就导致越来越多的教师不敢批评学生，不想指出学生的错误，不能让部分学生改邪归正。面对校园欺凌，学校无法拿出适中的惩戒方案，畸轻则毫无效果，畸重则过犹不及，任由校园欺凌发展为校园暴力。第三，缺乏纠纷化解制度。校园暴力案例起因是小矛盾与小摩擦，如走路推搡、自习斗嘴等，但是学生为了解决这些矛盾和摩擦不是积极寻求教师的帮助，而是纠集同学或者朋友通过暴力手段令对方屈服。这不仅是学生法治观念缺失的表现，更反映了校园纠纷解决渠道匮乏。在传统的观念中，教师是解决校园纠纷的主体，当学生之间发生了矛盾纠纷，往往会寻求教师的帮助。但事实上，学校缺乏专门处理纠纷的教师，而普通教师的精力有限，无法全身心地应对学生之间的矛盾，故很多小矛盾、小纠纷逐渐发酵成为校园暴力。

2. 江阴依法治校的举措

截至2017年年底，江阴市现有各级各类学校183所，在校学生209596人。具体情况为，幼儿园70所，幼儿44357人；小学41所，学生93760人；初中35所，学生40377人；普通高中12所，学生17656人；中等职业学校7所（含一所行业办技工学校），学生13061人；高等学校1所，学生3369人；成人教育中心校15所；特殊教育中心校1所，学生241人；与体育局联办体育学校1所，学生117人。面对依法治校的各类难题，江阴市勇于创新，完善校园管理体制机制，创新管理手段，走出了一条别具一格的依法治校道路。

（1）法治副校长全覆盖

近些年来，学校教学管理中各类涉法事件频繁发生，学校内部的和谐、学校周边的安全都受到了极大的挑战。为了加强学校的安全防护意识、提高老师的法治意识和法治水平，降低学校的风险发生概率，2017年4月，国务院办公厅在印发的《关于加强中小学幼儿园安全风险防控体系建设的意见》中指出："探索建立由校园警务室民警或者担任法治副校长、辅导员的民警训诫的制度。"江阴非常重视法治副校长的作用，截至2017年年底，江阴所有中小学共配备了194名法治副校长，做到了全覆盖、无遗漏。在法治副校长的选任上，江阴市各中小学都会选择政治素质好、业务能力强、关心中小学学生成长、热心青少年法治宣传的派出所所长、司法所所长、法官、检察官、律师。在法治副校长的履职上，法治副校长不仅定期为学校教师和学生讲解法律知识，培养他们的法治意识，而且能够为学校开展预防青少年违法犯罪、防范涉法事件提供法律帮助。通过法治副校长的全覆盖，江阴中小学整体形成了全校学法、治校依法、遇事找法的良好氛围。

（2）校园章程有效制定

校园规章制度是管理学校的重要依据，若是没有明确的校园章程制度，那么教师教学管理、学生惩戒和奖励、绩效考核等都没有章法可依，校园管理便会陷入混乱。目前发生在中小学的各种涉法事件暴露了校园章程建设的短板，也凸显了校园章程建设的重要性。江阴市在试点的基础上大力推行"校校有章程，一校一章程"工作。各中小学以国家法律法规、规章为准则，结合现代教育理念，依据合法、科学、规范、特色的原则，建立并完善校园的各项章程制度。例如，江阴市华士实验中学制定了《江阴市华士实验中学章程》和《华士实验中学管理规程》，涵盖"校务管理""德育管理""教学管理""队伍管理""安全管理""总务管理"等一系列规章制度。此外，江阴非常重视中小学校园章程的合法性、合理性。每一部中小学校园章程都听取了律师、检察官、法官等专家的意见，保障了校园章程的合法性；每一部中小学校园章程都充分听取了教师、家长、学生等的意见，保障了章程的合理性。校园章程通过之后，学校通过校园网、校园通、召开会议和公开张贴等形式向师生广泛宣传学校各项管理制度。学校章程成为学校一切工作的指导文件，依据制度实施办学活动成为广大教师的共识，"遵纪守法，从我开始"成为学校师生的自觉行为准则。

（3）完善校园体制机制

完善的体制机制是校园正常运转的提前，也是校园日常管理的准则。江阴在推动依法治校过程中，狠抓体制机制建设，通过不断完善学校管理和运转的体制机制，保障依法治校平顺落地。第一，建立健全校长负责制。江阴市各中小学建立并完善了校长负责制，校长作为校园管理的第一责任人,既要保障党和国家的各项方针政策、法律法规落实,又要保证校园管理科学有序、政令畅通、令行禁止。第二,建立健全教职工代表大会制度。江阴各中小学学校平均每年召开一到两次教代会(含临时教代会),充分保障教师代表的民主权利。通过教代会对学校的办学方针、体制改革、年度考核、奖惩条例、津贴发放等重大问题充分听取教职员工的意见和建议,确保决策的科学性和权威性。校级领导和中层正职每年在教代会上进行年度述职,接受教师代表的民主评议;学校的财务会计在教代会上作财务预决算报告,汇报学校的财务状况,接受教代会审议;每年教代会上,学校行政充分听取教职员工的合理化意见和建议,并及时整理、汇总,提出学校的整改意见。第三,建立学校理事会、家长委员会机构。江阴建立学校理事会,每年召开理事会会议1—2次,主动接受社会监督,自觉规范办学行为,听取社会评价,学校的办学行为、办学绩效得到了理事会成员和社会的充分肯定。

(4) 公开民主调和关系

针对学校管理受到外界不必要的干预,江阴各中小学将公开作为重要抓手,将民主监督融入教学管理的关键环节,通过学校董事会、家长委员会、教师代表会以及其他组织捋顺政府、学校和家长之间的关系。第一,坚持校务公开。中小学的校领导是校务公开的第一责任人,每个学校都设置校务公开栏公布校园食堂采购、学校经费使用等相关内容,设置意见箱和校长信箱收集教师、学生以及家长的各方面意见建议,设置举报电话加强校园监督。此外,有的学校还充分利用校园网络平台,将教职员工的奖惩、职称评审及校园重大决策等内容在校园网络平台中公开。有的学校设立校园开放日,让家长委员会代表陪同学生共同起居、生活、学习,从而可以更好地了解学校的管理制度,尊重学校的各项规定。第二,坚持民主监督。江阴各中小学在校务公开的基础上,主动接受来自家长委员会、教师代表大会以及社会的监督。对于家长委员会而言,学校充分听取家长委员会的意见,改进学校管理模式;对于教师代表大会而言,学校教师可以通过教师代表大会向学校提交意见或者建议,极大地增强了教职工的民主参与度。第三,坚持沟通交流。江阴各中小学将积极沟通作为化解政府、学校、家长矛盾的重要利器。凡是涉及重大问题及师生重要权益事项，江阴市政府教育主管部门都会协同学校理事会、家长委员会、教代会共同协商解决，充分听取理事、家长、师生的意见，主动接受师生、家长和社会的监督，凡不涉及学生隐私的内容均公开处罚结果。第四，坚持依法处理。江阴教育主管部门和各中小学坚持依法处理，严格依据《教师法》《义务教育法》《未成年人保护法》《侵权责任法》等法律法规，确保师生权益得到落实和保障。同时，江阴各中小学建立和实行维权申诉制度，依法处理师生与学校之间的纠纷，依法维护教职工和学生的合法权益，无压制或者打击报复师生申诉的行为。

（5）校园普法深入推进

江阴市结合当地特色制定了《江阴市教育系统法制宣传教育和依法治校工作第六个五年规划》《江阴市教育系统七五普法工作方案》，明确了工作的总体目标、具体要求和主要措施。各中学在推动校园普法方面，从确定法治宣传教育的内容入手，结合各学校自身的特点，充分运用政府、法院、检察院以及社会力量，将校园法治宣传的任务落到实处。第一，明确学习载体。学法需要有明确的学习载体，不能今天学一点儿，明天学一点儿，缺乏系统性和完整性。江阴各中小学针对不同对象分别采取了不同的措施。对于学校领导和教师而言，学校把校领导学习有关法律法规安排到办公会议中，把教职工理论学习法治内容落实到政治学习之中。每年下发法律知识学习材料，或者动员和要求老师进行相关法律的网络学习，或聘请律师、法官、检察官前往学校开展法治讲座。对于学生而言，江阴各中小学设置了专门教学法治的课程，培训了主讲法治课程的老师。第二，巧用活动载体。江阴各中小学通过法治报告会、主题研讨会、教师例会等形式开展宣传教育活动。例如，有的中小学利用教师例会时间，多次邀请法官、检察官、民警来校为教师进行法治主题的教育。第三，活用宣传载体，各中小学充分利用校园宣传栏、布告栏、黑板报等载体，从预防青少年犯罪、校园暴力、食品安全、道路安全等多方面开展法治教育。第四，编纂使用普法教材。江阴市编纂了符合中小学使用的系列普法教材,解决了学法的系统问题,教材图文并茂,并配合以案例,让在校学生系统了解了与自身相关的法律知识,同时加深了学生的自制力。第五,旁听法院庭审。江阴法院选择适合的案件,协同地方教育主管部门组织各中小学老师和学生参加法院庭审和旁听,让老师和学生在旁听中直观地感受到公平正义等法治理念。

(6) 打造平安和谐校园

校园安全是开展教育的前提,是学校发展的基本保证,是学校管理的底线要求。江阴市坚持"以人为本、安全第一"的观念,把构建平安和谐校园作为安全教育的工作主旨。为了保障江阴各中小学的校园安全、校园和谐,采取了以下措施。第一,成立平安校园领导小组。该小组组长由各中小学校长担任,并吸收当地派出所、司法所、检察院、法院的干警担任小组成员,其中校长是校园安全的第一责任人,小组成员对相应的具体安全问题负直接责任。第二,制定平安校园规划和实施方案。江阴各中小学制定符合自身特点的平安校园规划、实施方案、年度计划,并与各级各类人员、家长签定安全目标责任书。此外,江阴部分学校将各类安全事件进行分类,制定了安全预案并定期组织学生进行应急演练。第三,妥善处理纠纷。对于矛盾纠纷的化解,一方面需要学校可以公正处理,以事实为依据,以规章制度为准绳;另一方面,很多青少年之间的矛盾与原生家庭、成长环境无法分离,此时简单地依靠学校老师调处矛盾并不能将矛盾消除。江阴充分利用社工的力量,通过一对一的家访、聊天、谈心,深层次了解问题学生的家庭背景,并制定专业方案,解决学生面临的真正困境,从根源上遏制问题学生、问题青年的产生。第四,清理周边环境。江阴市要求公安、工商、劳动、城建、文化等相关部门加强学校周边环境治理,消除校外安全隐患。有的学校主动与交管局、派出所联系,上下学时间段由交警、公安负责维持秩序。

3. 中小学依法治校的展望

江阴市在推动依法治校过程中发现存在一些困境暂时无法克服,这些问题的出现并非江阴独有,全国范围的中小学都面临着类似的难题。对于这些困境的深入探讨有助于依法治校工作深入推进。

(1) 校园普法实效有待提升

党的十八届四中全会指出"全民普法是依法治国的长期基础性工作",党的十九大报告指出"加大全民普法力度,建设社会主义法治文化,树立宪法法律至上、法律面前人人平等的法治理念"。从校园普法的现状来看,仍有提升空间。第一,学校轻视问题仍然存在。中国大部分中小学的教育教学都是以中考、高考作为最终的指挥棒,无论法治教材再如何编写,法治素材再怎么齐全,各中小学根本不会重视。有的地方甚至出现占课现象,严重挤压了学生学习法律知识的时间。第二,缺少监督考核机制。校园普法工作是否开展、成果好坏、有何问题等无法通过现有的评价体系得到回应。各地开展的法治示范校也是以填写表格、自报材料为主,根本无法真正掌握法治教育的真正情况。第三,缺少责任清单。《中央宣传部、司法部关于在公民中开展法治宣传教育的第七个五年规划(2016—2020)》中指出,建立普法责任清单制度。对于校园来说,很多学校虽然开展了普法工作,但是并未建立相应的普法责任清单,教育主管部门、校长、教导处主任、班主任、代课老师应当承担什么样的普法责任,应当如何承担责任,各地都缺少详细的规定,校园普法的制度建设仍存在空白。第四,媒体消减普法功效。当前网络媒体中充斥了大量宣扬暴力、血腥的电影、视频、小说,三观尚未形成的未成年人极容易受到这些不良信息的蛊惑和影响。即便在学校学习了大量的法治知识,也抵不过宣扬血腥暴力的网络媒体。中小学生接触上述不良信息之后,便会将结拜兄弟、混江湖、跑社会等理念深入内心,而将在学校学到的条条框框抛之脑后。

针对校园普法的困境,建议通过以下手段重视校园普法、加强监督考核、强化普法责任。第一,将宪法纳入中考和高考。宪法是国家的根本大法,也是中国特色社会主义法律体系的核心,更是历次普法的重点内容。将宪法纳入中考和高考,有助于扭转学校、学生以及家长对于法治课程的态度。基于升学的考虑,学校将会配备最好的法治老师,学生也会认真对待法治课程,家长亦会加强宪法学习以辅导准备参加中考和高考的子女。通过中考和高考的指挥棒,可以强化社会大部分群体学习法律知识的热情和动力。第二，完善校园普法的体制机制。对于政府主管部门来说，应当加强校园普法的考核机制建设；对于学校来说，应当建立健全校园普法的责任清单，明确校长、教师、家长的普法责任。第三，加强内容监管和分级。为了克服媒体消减校园普法效果，一方面，要加强媒体监管，对于过分血腥暴力的内容应当及时删除，对于宣扬错误思想的媒体应当予以警戒；另一方面，要引入内容分级制度，无论是电影、电视、图片以及文字，都应当注明分级，对于未成年人不宜接触的内容应当在明显位置进行标注。

（2）校园责任泛化有待攻克

依法治校要解决的不仅是校园内部的问题，有时要面对来自社会多方面的压力。尽管江阴通过加强校务公开、增强民主监督等多种方式部分捋顺了学校、政府、学校之间的关系。但学校责任泛化依然没有得到彻底的解决。一旦出现事故，家长、媒体、社会群众仍然会倾向于认为学校有责，有时通过家委会、教代会、学校董事会、教育主管部门的多方沟通，仍然无法得到有效解决。为了教育事业良好发展，也为了青少年健康成长，建议从以下几个方面着手，解决校园责任泛化的问题。

第一，坚守法律底线，严格依法办事。关于校园中发生事故如何归责，《侵权责任法》有详细的规定，在确定校园伤害事故时，应当由学校担责的，严格依照法律规定赔偿损害，对于法律之外的赔偿请求，校方应当守住底线，坚决不应赔偿，司法机关也应严格适用法律规定。第二，加强法治教育，重塑社会风气。在加强学校老师法治意识的同时，也应当强化家长的法治教育。作为学校，应当学会依靠法律武器，既不逃避责任也不无原则退让；作为家长，应当理性分清事故责任，防止出现一旦发生事故，就将责任推卸给学校的惯性思维。同时，教育主管部门应当发挥积极作用，引导社会舆论走向，转变公众对学校一味苛责的习惯，重塑社会风气。第三，聘请第三方介入事故处理与纠纷协商。建议由教育主管部门、医疗机构、法院、检察院、律所抽取专业人才组建家庭矛盾纠纷处理的第三方机构。当学生出现意外伤害事故，处理有异议时，由这个第三方机构来调查处理，使学校、教师能够把更多的心思和精力用于教育教学上，而不是疲于应对与家长的矛盾纠纷。第四，通过购买保险分担责任。面对校园伤害的赔偿纠纷，校园意外伤害保险是一项值得考虑的措施。一旦发生校园伤害事故，受伤学生能够及时得到保险机构的救济赔偿，也就能够及时得到抢救治疗，从而分散和减轻伤害后果，减轻学校的经济赔偿负担，也解除了学校和家庭的后顾之忧。

（3）校园治理能力仍需提高

江阴通过学校董事会、教代会、家委会实现了民主管理，通过布告栏、公开栏、网络平台等推动了校务公开，上述举措取得了良好的效果。但从江阴经验来看，目前校园治理能力和治理水平仍需提高。第一，民主参与沦为摆设。民主的前提是信息公开，一般行政主管部门掌握的信息往往多于学校领导，学校领导掌握的信息又多于普通教师，普通教师掌握的信息多于家长和学生。由于信息公开不到位，很多民主参与方很难提出针对性的意见，沦为民主参与旗号下的摆设。第二，民主监督很难落地。目前学校领导在校园管理中心普遍处于强势地位，而教代会则普遍处于弱势地位，二者无法平等对话，更不可能对学校管理层形成有效的监督。第三，校务公开尚未制度化、法治化。目前从中央到地方，尚无规定校务公开的法律法规，仅有部分地区印发了校务公开的规范性文件，例如，贵阳市教育局印发了《贵阳市教育系统校务公开规定（试行）》。缺少规范化的校务公开可能面临如下问题。首先，校务公开内容过于零碎。有的学校重点公开食堂餐饮，有的学校重点公开选班信息，哪些内容应该重点公开，哪些内容可以不予公开，目前仍没有统一标准。其次，公开程序尚不健全。目前学校哪些部门应当编辑或汇总信息不得而知，应当如何保存信息也没有明文规定，甚至没有为学生、家长提供相应的申请信息公开的渠道。最后，公开监督滞后。在缺少强制性规定约束的情况下，校方所公开的内容必然经过层层审核，教师、家长、学生通过公开所得到的信息价值必然大打折扣，对于学校的监督也会后知后觉。

为进一步提高校园治理能力，提升校园治理水平，建议加强校园民主制度建设，强化校务公开法治化水平。第一，强化民主与监督，改变学校管理中普遍存在的"校行政"强势而"教职工代表大会"等组织弱势的状况，建立与完善学校党组织、行政部门、学术机构以及教职工民主监督机构在学校工作中的运行规则，充分发挥师生在教育教学、学校治理中的主体作用。要深化理事会制度、家委会制度建设，完善社会利益相关者参与学校民主管理与监督的体制机制，为学校的改革发展获取外部支持。第二，制定校务公开管理规范。从全国层面推动校务公开，首先必须解决有法可依的问题，建议立法机关就校务公开进行立法，规范公开主体、公开程序、公开内容、公开保障和监督等方面内容。第三，强化校务公开监督。公开是提高学校管理水平的重要抓手，教育行政主管部门应当严格依照制度规范，对下辖的学校就公开情况进行定期督查，提高学校公开质量和公开水平。

样本二　接诉即办大数据托举首都智慧治理转型升级

政务大数据作为一项重要的国家战略资源，既是推动经济发展的重要驱动来源，为创新创业提供源源不断的源头活水，也是国家感知社会需求和城市运行的"传感器"、优化改进治理的重要依据。随着北京市接诉即办改革的深入推进，政务热线呈现集约化发展态势，形成了海量的分散、异质数据。当前，数据处理技术飞速发展，使得采集、汇总、存储和加工、分析、利用接诉即办大数据成为可能。面对日益增长的诉求量，如不借助大数据分析并引入数据治理，无论是接诉即办办理效率，还是群众满意度，都难以得到继续提升。如何利用接诉即办大数据推进治理范式的升级，从传统依托事例的治理模式迈向数据驱动主导的智慧治理，既有紧迫性，又有可行性。

1. 接诉即办大数据应用的做法与经验

在深入推进接诉即办改革过程中，针对12345热线形成的数据池，北京市已从数据采集、数据分析、数据开放、数据利用等方面，进行积极而主动的发掘，并反馈诉求办理单位、决策机关和立法机关，以便更有针对性地开展工作。《北京市接诉即办工作条例》明确指示了履行数据全口径汇总职责的部门，要求开展数据动态监测，为科学决策、精准施策提供数据支持。实践表明，北京市高度重视发掘应用接诉即办大数据，数据功能得到初步发挥。

搭建数据平台，实现信息全面覆盖。信息技术日新月异，为接诉即办大数据应用提供了近乎无限的操作空间。以北京为代表的国内部分城市已经汇聚了接诉即办全口径数据。在诉求接收渠道上，北京在2019年整合了"人民网"地方领导留言板、"国家政务服务投诉与建议"微信小程序、国办互联网+督查平台、政务微博、政务头条号、手机App、网站平台、短信、邮件等平台信息，2020年还整合了市场监管12315、医疗卫生12320等热线，将其纳入统一数据池。在涉及部门对象上，北京市将所有市级部门、区、街道乡镇和公共服务企业全部接入12345热线平台，形成全口径的数据池。从各自为政到统一入口，为接诉即办大数据的发掘、应用打下良好基础。

加强问题研判，提升感知能力。对数据库中的数据进行有效分析研判，是数据价值挖掘的第一步。城市治理难度和城市规模、城市人口等因素成正比，通过分析接诉即办大数据，能够发现一些周期性、趋势性、苗头性态势。北京市已建成大数据分析决策子平台，对近年来收集到的全部受理数据，从诉求量、类别、时空分布、变化趋势、周期规律、区域等方面，进行要素比对分析，进而梳理出高频问题、苗头性问题和重点区域。2020年度，北京12345热线共受理疫情防控和复工复产相关来电236.79万件，梳理出群众关心的疫情防控事项31类158个，成为调整防控政策、完善防控措施的重要参考。

发掘数据规律，提升治理预见性。随着接诉即办改革深入推进，北京建立起"日通报、周汇总、月分析"的常态化工作机制，整理诉求热力图、分布类型、高频事项，各职能部门据此了解每日、每周、每月群众关注的重点、难点，为科学决策提供支撑。在参考近年来市民来电诉求、社交媒体、天气变化等数据的基础上，北京市已经实现对12345热线诉求进行初步模拟研判，诉求总量、特定类型诉求的上下浮动情况、应重点关注的特定议题等,均能有所预测和提示,进而提出以数据分析为基础的研判和指引。针对矛盾诉求在特定领域、特定时段表现出的规律性问题,北京市积极采取应对措施。例如,春节前夕,火车站周边容易出现乱停车现象;进入供暖季,室温不达标问题、煤改气煤改电设备故障较为突出;共享单车快速发展的背景下,僵尸单车、乱停放等情况凸显。"上医治未病",通过统计分析历年大数据,北京针对这些周期性、季节性较强的诉求进行预警,打造与其相适应的事先治理体系。

发掘深层问题,着力攻坚克难。城市治理中有些问题是长期的、复杂的、隐秘的,并非某个单位浅层次回应就能处置,有待系统治理与根本解决。经过大数据分析能够将这些问题"抽丝剥茧"具象化,进而整理出根治的思路和策略。例如,多个月份的统计数据均表明,违法建设、拆迁腾退、物业管理等问题的解决率和满意率一直低位徘徊。为此,北京市于2019年形成违章建设、物业管理、群租房等11项专项治理问题清单,市分管领导领衔推动解决。再如,北京市将半年内3次进入接诉量月前十的街乡镇确定为"治理类",市区两级列出督导清单,加大重点领域问题的治理力度。北京市依据大数据分析,实施有针对性的治理措施,既增加了公共服务的有效供给,弥补了基层治理的短板,又加大了重点区域治理力度,破解了一批重点难题。

2. 数据支撑首都智慧治理之瓶颈障碍

目前,北京市闻风而动、接诉即办的工作格局已经形成。在此,既应看到个案办理取得巨大成效,化解了越来越多的个别诉求;同时也应看到,在浅层次问题诉求大量解决的背景下,深层次矛盾与结构性问题逐步凸显,问题复杂程度和解决难度空前加大。在立足个案诉求办理的基础上,接诉即办改革理应从数据采集、数据分析、数据开放、数据利用等方面,加大工作力度,发掘数据潜能,推进社会治理转型升级。在此,仍有理念、数据池、外部应用等方面,构成瓶颈障碍。

一是实施重心偏重个案而对数据重视不足。尽管接诉即办大数据应用已经发挥了明显作用,但总体上而言,接诉即办管理重心仍然停留在个案层面,一些地区、部门陷于个案办理,缺乏数据治理意识;一些地区、部门因接件量激增而忙于尽快处理，无暇重视大数据应用。此类问题在全国具有普遍性，北京有条件也有能力率先关注进而首先破题。12345热线作为北京接诉即办工作的"中枢"，在实际工作中发挥了重要作用，但其市一级平台仍为市政府部门下属的事业单位，实际承担工作以接单、派单、考评等微观层面为主，对复杂疑难问题的研究能力、新情况新形势的判断能力不够，基于数据深度统计分析的能力尚有待加强；且存在"名不正而言不顺"的问题，汇总数据、协调市级部门、各区政府时不无障碍。

二是数据核心较为清晰而边界不够明确。分析北京接诉即办相关数据可以看出，既有一些与政府公权力关联不大的个人诉求、经济纠纷和民事侵权等，仍需挤占较多资源予以处置；也有一些应纳入的事项诉求尚未完全纳入，导致接诉即办大数据还不够全面、完整。对此，接诉即办还应继续扩大适用范围，不断增强覆盖面，拓展到政务公开、政务服务、执法监管、营商环境优化、民生保障、应急管理等领域。此外，从表面看不属于接诉即办事项的，也应进行客观分析，并予以分流或其他合理处置。比如，对于信访问题，如最终决断在接诉即办体系之外办理，也可先行接收，通过内部分流转送方式，提升处置效率。由此，接诉即办的数据池将大为扩展，进而增强对社会情绪、民众诉求的感知力。

三是内部应用较多而对外开放有待加强。市民热线汇聚的大数据是一座富矿，加强数据分析是政府提高治理能力和治理水平的重要路径。目前，北京已经实施市民服务热线数据开放与共享计划，向有关政府部门开放了大数据及其应用，并取得了一定成效，部门之间数据共享工作也有所推进，而面向社会和市场的开放工作，仍处于起步阶段。实际工作中，大数据开放及应用仍然存在诸多观念、制度、机制等层面的制约和局限。如果大数据仅仅在政府内部流转，科研高校、社会组织、企事业单位无法有效参与进来，其各项独特优势也无法充分发挥作用。

3. 数据导向迈向智慧治理的理念路径

接诉即办作为推进首都基层治理体制机制创新的重要抓手，在个案办理、改善服务的基础上，更应将数据思维纳入社会治理，提升数据治理能力，促进治理范式升级，从而迈向智慧治理。

从直接诉求办理到更突出数据驱动。传统上，各地政务服务热线和接诉即办的制度设计、流程优化、考核评估均围绕"治已病"，以诉求满足为核心，这在特定阶段对于增强治理实效发挥了巨大作用。今后，随着关口前移凸显"治未病"，应当坚持个案办理与数据治理并重原则，将关注焦点、工作重心转向数据，这也呼应了未诉先办、主动治理的要求。为此，应充分挖掘数据内在价值，发挥大数据的导向作用。以大数据为支撑，通过解决直接问题、面上问题，逐步向治理深层次、体制性、根本性问题转变。特别是市级政府及主管部门，应将数据作为观测与预警、决策和治理、服务和监管的重点。

构建数据汇集管理应用全流程链条。智慧治理，数据先行。数据的监测、采集、汇总和挖掘分析，是智慧治理的信息基础设施所在。要通过完善数据收集整理机制，为大数据应用场景提供可能。应注意优化接诉即办内部机制，落实一网办理，统一考核，统一督办，将数据汇入一个池子，从而真正形成大数据。应注意推进数据归集统一编码，附着企业、户主、房产、通信、涉诉信访等社会治理要素信息，为数据打标签。应积极探索实施时间—空间的自动化统计分析方法，建构预测模型，不断增强智能化预警预测能力。

以大数据推进资源配置与机构改革。接诉即办大数据已反映出诸多现实问题，尤其是行政资源分配不均衡、不合理，及机构设置等问题。例如，北京市2019年的派单中，37.40%派给了区级部门，36.90%派给了街乡镇，两者合计接近总派单量的3/4。有必要将接诉即办总体数据和工作量，作为机构改革、编制配置、财政保障的重要考量因素，真正把社会治理、社会服务重心向基层下移，推进乡镇街道层面的新型综合执法改革，把更多资源下沉到基层，向社区、网格延伸，到一线去解决问题。

4. 转型升级构筑智慧治理的关键举措

接诉即办大数据的应用，可谓"小荷才露尖尖角"。如何依托数据进行社会治理，提升决策、监管、创新水平，还有很多路径需要探索。

要聚焦重点问题，定向精准发力，发挥接诉即办大数据对政府、对社会、对市场的积极作用，进而推进治理模式升级转型。涉及内容固然千头万绪，而领导协调机制、数据分层开放、深层次交互应用、政策知识库的改革推进完善，实为破题之关键。

构建领导协调机制明确各方权责。传统管理模式的弊端已受到足够关注，而接诉即办实施中也存在机构归口不一、责任层级不明确的缺漏，面对盘根错节的老大难问题、层出不穷的新问题，难免有心无力。对此，智慧治理离不开权威的领导协调机制。这就需要高效的统筹机制、强有力的领导机制和顺畅的协调机制，特别是加强市级层面的高位统筹，增强中央在京单位、国际组织等特殊群体的协调联动能力，这是实现数据支撑智慧治理的关键保障。

数据分层构建共建、共治、共享格局。智慧治理离不开社会各方参与，而有效参与需要获取相关数据。为此，向科研高校、社会组织、企事业单位及普通公众的分层开放，让这些机构利用其特长形成丰富多样的衍生产品，既可真正让数据"活"起来，也可极大增强公众参与的有效性。北京可选择部分地区、事项进行试点，探索诉求事项、办理过程、办理结果、典型案例、统计数据向全社会公开。人民群众直接查询即可获知相关信息，避免一些诉求重复出现。针对一些重点行业、热点和趋势性问题，通过多渠道披露和公示，发挥出大数据的教育功能、引导功能和预警功能。

深层次交互应用优化营商环境。政务热线服务大众创业、万众创新，是深圳等地的重要经验。接诉即办大数据不能仅仅局限于了解民之所系、洞察民之所想，还应在更广阔的空间发挥积极作用。未来应当进一步融合政府、企业、社会等各方面的数据，更好发挥接诉即办大数据服务优化营商环境的功能。从域外经验来看，在美国纽约、芝加哥，加拿大多伦多等地，市民热线开放数据（Open 311）已为第三方开放了应用程序接口（API），允许用户的应用程序与政府机构内部使用的同类数据进行交互，不仅可以查询实时数据，还可以提交新的信息。比如，针对符合特定优惠或支持政策的企业和个人，推送更加专业、更有针对性的信息。

围绕政策知识库打造智慧大脑。发展至今，无论是美国纽约 311 还是国内上海等地，均将政策知识库的建设、运维和更新作为关键抓手。上海市的知识库不仅统一建设、共同维护、共享使用，形成结构化、组织化的动态更新知识集群，还面向公众提供热点排行、关联查询等应用。未来，应将政策知识库作为接诉即办智慧治理的中枢大脑，成为政府信息公开、政务服务、数据交换共享与咨询解答智能交互有机融合的枢纽。

六 保障监督的法治逻辑

严密的法治监督体系和有力的法治保障体系是中国特色社会主义法治体系的重要组成部分，是依法治国的重要依托。地方法治的建设，必须完善权力运行的监督和制约机制，规范立法、决策、执法、司法等权力的行使。同时，必须切实加强高素质法治专门队伍和法律服务队伍建设，努力推动形成办事依法、遇事找法、解决问题用法、化解矛盾靠法的良好的守法社会氛围。各地在法治监督和法治保障方面，取得了广泛进展。

（一）备案审查监督显著健全

备案审查监督，对于确保规范性文件、决策从源头上合法合规，具有重要意义。2019年12月，十三届全国人大常委会第四十四次委员长会议通过的《法规、司法解释备案审查工作办法》第五十五条规定，地方各级人大常委会参照本办法对依法接受本级人大常委会监督的地方政府、监察委员会、人民法院、人民检察院等国家机关制定的有关规范性文件进行备案审查。2020年以来，各地关于规范性文件备案的地方立法迎来高潮。河北省、云南省、福建省、江苏省、新疆维吾尔自治区、天津市、辽宁省、湖北省、青海省、上海市、山西省、海南省等省级人大常委会或出台了新的规范性文件备案审查的地方性法规，或对已有地方性法规完成了修订工作。其典型如，《上海市人民代表大会常务委员会规范性文件备案审查条例》于2021年5

六　保障监督的法治逻辑

月通过,将市政府制定的规章、决定、命令、规定、办法等,上海市地方性法规要求将市人民政府及其相关工作部门制定的与实施该法规相配套的规范性文件,市监察委员会为执行国家法律法规或根据授权制定的规范性文件,市高级人民法院、市人民检察院制定的指导、规范审判、检察业务的规范性文件,区人民代表大会及其常务委员会作出的决议、决定,均纳入应当报送市人大常委会备案的范围。在审查标准上,既包括可能存在违背宪法规定、宪法原则或宪法精神的问题,与党中央的重大决策部署不相符或者与国家重大改革方向不一致的问题,也包括违背法律、法规的规定,以及明显违背社会主义核心价值观和公序良俗,对公民、法人或者其他组织的权利和义务的规定明显不合理,或者为实现立法目的所规定的手段与立法目的明显不匹配,因现实情况发生重大变化而不宜继续施行等明显不适当问题。上海市还要求法工委每年向市人大常委会报告开展规范性文件备案审查工作的情况,备案审查工作情况报告根据审议意见修改后应在市人大常委会公报和上海人大公众网刊载。湖北省荆州市、湖南省常德市等地出台专门文件,对村规民约、居民公约和自治章程加强法制审核,要求制定主体、制定程序、内容均应合法,规范法制审核程序,对审核中发现的典型问题进行剖析和举一反三,将基层自治更好地纳入法治轨道。安徽省出台《关于进一步加强合法性审查工作的意见》,要求严格执行合法性审查制度,优化工作流程,着力解决审查能力与工作任务不适应、审查走形式等问题,对重大行政决策和行政规范性文件加强审查,做到应审必审,明确审查标准和要点,完善审查事项的送审、审查、审签、意见反馈等环节,并引入提前介入机制,确保各项工作在法治轨道上运行。

规范性文件清理常态化。2020年下半年以来,不少地方对其行政规范性文件进行了新一轮全面清理。其典型如,青海省以2018年全面清理结果为基数,将2018年7月1日至2020年6月30日公布的规范性文件列入清理范围,共清理行政规范性文件3892件,决定继续保留2491件,拟修改281件,废止失效1120件。经过四轮清理,青海全省的行政规范性文件数量由最初的13681件精减至2491件。① 2020年7月，陕西省司法厅下发《关于开展全省政府规章和行政规范性文件清理工作的通知》，随后省政府各部门、各市县对规范性文件进行了全面清理，并发布了继续有效的规范性文件目录，并明确指出，已经废止和失效的规范性文件，不得作为行政执法和管理的依据。

（二）执法监督更加系统完善

执法监督是法治监督的主体内容，执法监督可以倒逼行政执法严格规范、公正文明，克服执法不作为、乱作为、选择性执法和逐利执法。

2021年初，《四川省人民政府办公厅关于印发〈四川省行政执法公示办法〉〈四川省行政执法全过程记录办法〉〈四川省重大行政执法决定法制审核办法〉的通知》出台，对之前的制度规定进行修订；2021年5月，《四川省行政执法监督条例》第二次修订通过。由此，行政执法决定信息公开、撤销和更新的时限更短，可操作性更强，行政执法各环节全过程记录的内容、各种执法文书的具体要求、中断音像记录的处理更明确，重大执法决定法制审核的范围、人员配备标准、处理程序和追责情形得以细化，加大了对执法不作为、乱作为、选择性执法、逐利执法的追责力度。

各地加强和改进行政复议监督，推行行政复议规范化建设。浙江省市县三级全面形成"行政复议局+行政复议咨询委员会"的办案模式，2020年度案件调测率达40.70%，纠错效果威力显现。② 义乌市行政复议局自2015年成立后，围绕便民、规范两大关键议题，就基础保障、工作流程、制度建设、指导监督、听证调解、文书档案六大方面加强行政复议规范化建设，并试点开展行政复议办案辅助人员机制，开发行政复

---

① 中国政府网，www.gov.cn/xinwen/2021-01/03/comtent_5576326.htm，2022年8月31日。

② 光明财政网，https://politics.gmw.cn/2021-08/06/content_35057977.htm，2022年1月5日。

议云平台推进智慧复议，实现大部分行政争议化解在基层，化解在行政机关内部，化解在行政程序中，极大增强了人民群众法治监督的获得感。

2021年6月，宁夏回族自治区党委全面依法治区委员会印发《宁夏回族自治区行政复议体制改革实施方案》，除实行垂直领导的行政机关之外，县级以上一级地方政府只保留一个行政复议机关，行政复议职能统一由一级地方政府集中行使。2021年4月，广东省中山市委全面依法治市委员会办公室印发《中山市行政复议体制改革实施方案》，从整合复议资格、配备编制资源、建立专业化工作队伍、优化复议委员会等方面进行纵深改革。中山市在24个镇街司法所公共法律服务工作站挂牌成立"行政复议与调解对接工作站"，对行政争议进行调解；上线"中山掌上复议"小程序，以做到在线认证、上传和审核资料、手机信息同步提示等功能，行政复议申请人及其代理人可查询复议申请办理进度和复议结果。

（三）司法监督制度更加完备

对司法权运行与法官、检察官办案的监督，对于促进司法公正具有重要意义。

安徽省芜湖市中级人民法院着力加强审判制约监督体系建设，将院庭长分案比例提高10.00%至20.00%，促使院庭长及时把握审判一线动态。抓好关键案件，完善审判管理平台，利用院庭长监督管理模块对案件进行线上标记、跟踪、审核、监督，实现关键案件自动标志、重点案件自动追踪、监管全程留痕；抓好关键环节，立案环节随机分案，审判环节促进合议实质化，结案环节抓均衡结案；抓好关键问题，紧盯质效短板促提升，紧盯裁判尺度促统一，紧盯意见建议促公正，等等。

正卷、副卷的一并调阅，有利于加强检察监督的广度、深度和精准度，但实践中存在较大障碍。黑龙江省人民检察院与省高级人民法院会签《关于调阅民事诉讼卷宗有关事项的规定（试行）》，实行三级院跨级别、跨地域的民事审判卷宗的正卷、副卷一并调阅制度，明确一并调阅正卷、副卷的范围、条件和程序、期限，严格使用保管，落实保密责任，确保被调阅卷宗和内容的安全。以往，检察官办理民事诉讼监督案件调卷，先要获取案号，然后办理调卷审批手续，再将调卷函交给法院相关部门办理借卷，线索匮乏、被动受案、耗时长久、碎片化监督等构成民事诉讼检察监督的瓶颈。当地人民检察院利用正卷、副卷一并调阅制度，大量监督线索浮出水面，监督效率大幅提升。

河南省人民检察院与河南省河长办合作，全面推行"河长＋检察长"改革。2018年年底以来，河南省人民检察院与水利部黄河水利委员会、河南省河长办倡议发起、统筹协调、组织开展黄河流域九省区"携手清四乱、保护母亲河"专项行动，探索检察机关与行政机关河湖治理协作联动，形成合力效果。"河长＋检察长"的模式，在甘肃、江苏、江西等多地得到推广。

浙江省海盐县人民检察院研发"案件码"刑事案件质效管控系统，引入分级管控思维，通过红黄绿三色二维码直观反映在案证据质量。对提前介入及审查逮捕案件实行源头控制、动态跟踪、全程监督，从犯罪构成、量刑情节对案件进行整体打分和反向扣分。出具问题清单精确引导公安机关完善补充侦查，公安机关根据问题清单指引补强完善证据后，承办检察官更新案件评分，"案件码"颜色随之动态更新。"案件码"的应用不仅降低了检察机关"案件比"，也倒逼公安机关提升办案水平，在提升司法效能的同时也节约了司法资源。

（四）法治保障体系更为有力

科技和信息化保障，迈向智慧法治。通过科技与法治的更好结合，推进信息化与现代技术的引入与深度应用，是法治创新发展的重要支撑。湖南省加快建设"数字政府"，在省政府规章《湖南省政务信息资源共享管理办法》基础上，进一步打破信息壁垒，48个省级自建系统与省"互联网＋政务服务"一体化平台完成对接。

无人机等先进设备设施助力执法。比如，江苏省淮安市水政执法支队广泛应用无人机开展执法，发挥其距离远、速度快、视野开阔等优势，让执法队伍更精准掌握各河道情况，构建起空中、水上、岸上相结合的立体式、动态化的执法监管格局。番禺区公安局成立无人机交通执法专门机构，将无人机与警务实战更好结合，在多个重点路段启动无人机交通执法应用，并将信息录入公安部交通管理综合应用平台，有效提升了违法行为的发现和查处效率。

信息系统平台深度应用。各地执法监督智慧监控平台迈向完善，非现场的远程执法、信息化执法日渐普及，有利于统筹推进依法执法、科学执法和精准执法。比如，山东省生态环境保护综合执法智慧监管系统建成并投入运行，引入 AI、物联网、大数据挖掘分析等技术，整合原先的移动执法、随机抽查、信用评价等系统，依托政务云资源，实现与各相关业务系统的互联互通和资源共享，在执法信息融合、执法监管联动、执法队伍管理方面效果突出，由此，"摸清底数、规范执法、智能预警、指挥调度、成效评估"的信息化闭环式执法体系初步形成。再如，宁波卫生监督部门利用安装在医疗废物暂存点、放射诊疗场所、预检分诊处、餐饮具消毒企业及住宿场所洗消间等监管场所的设施设备，自动拍摄、记录、抓取图像、音视频、温度、湿度等信息，应用人工智能分析人体点位、肢体动作并进行姿态检测、物品识别，综合研判违法行为并作出预警提示，推送给执法机关及相对人，不再需要人员实时查看监控音视频，为行政执法监管插上了人工智能的翅膀。

智慧司法方面，贵州开发线上政法机关跨部门大数据办案平台。通过省级数据交换平台，实现了全省政法机关的刑事案件办理跨网协同，在不改变各部门、机关办案系统功能的前提下，通过统一数据标准和接口方式实现业务协调及信息共享和部门间的数据交换，依托一体化办案系统实现案例办理网上流转，办理情况全流程在线，案例办理全程留痕可回溯，现已涵盖二十多个业务流程。由此，贵州检察机关实现检察统一业务应用系统 2.0 版与省政法协同平台的无缝对接。

广州市中级人民法院印发《广州市法院信息化建设（2021—2023年）三年发展规划》，就 5G 智慧法院进行了一系列探索，开发了 5G + 庭审系统、5G + 司法区块链、5G + 智慧法院体验区、5G + E 法亭、

◆◆◆ 从地方实践看依法治国走向的法治逻辑

5G+AOL 授权见证系统、5G+云办案办公体系等多个 5G 司法应用场景，不断提升法院审判执行工作效能。①

样本一　基层微腐败治理的探索与实践

党的十八届六中全会提出，"建设廉洁政治，坚决反对腐败，是加强和规范党内政治生活的重要任务"。在持续高压的反腐态势下，反腐工作取得了突破性进展，但在基层部分地区微腐败仍然严峻，这些微腐败在情节上并不严重，有些甚至不算违法，但背后埋下的是直接腐败的跟进、是欲壑难填的开端、是腐化堕落的温床。腐败虽小，关系人心向背；基层虽低，事关执政之基。党的十八大以来，从中央和地方各省市查处的微腐败案件来看，基层微腐败呈现出"小""多""近""深"四个显著特征。小，就是违纪主体的职务层次低、涉及金额小，甚至小得微不足道，有的基层干部利用给老百姓办社保盖章的机会，都要一次收 5 元钱。多，就是次数多、人数多，形式、名义花样百出。近，就是离群众近、离生活近，就在老百姓的身边，比如请客送礼、吃拿卡要、优亲厚友、损公肥私等，群众样样看在眼里、记在心里。深，就是根深蒂固、治理困难，有的帮老百姓办理低保、五保户证明，收取群众的好处费、感谢费、油费，这些夹着世俗人情的腐败问题，群众不反映，组织难发现。然而，再微小的细节，也能折射出一个人的作风；再轻微的苗头，也会危害一个政党的根基。党员干部的微腐败行为，损害的是老百姓的切身利益，啃食的是群众的获得感，挥霍的是基层群众对党的信任，从根本上动摇了党的执政基础，必须严肃查处，让群众更多感受到正风反腐的实际成效。

1. 基层微腐败的表现

从中央纪律检查委员会以及各地纪检网站曝光台的案件分析，不难

---

① 也应看到，个别地方的政府、司法机关门户网站建设质量低劣，基本功能、信息尚得不到保障，遑论智慧与信息化？舍本逐末，一味追求最先进技术导向，恐怕也会导致新的问题。

发现基层微腐败问题涉及领域广、表现形式各异。

（1）刁难群众，吃拿卡要

有的基层干部在为群众办事时，开口谈好处，闭口要回报，以各种借口向群众索要财物，甚至明目张胆到不给好处不办事。例如，西宁湟源县一名交警董某某在事故处理完一月之后迟迟不肯归还扣留的驾照，只有当事人缴纳二百元好处费之后才能赎回自己的驾照。有的违规接受管理服务对象宴请，要求管理服务对象接受有偿服务、购买指定商品等。例如，2013年至2016年，浙江省安吉县城管执法局夜巡中队队长黄成利用职务之便，违规向管理对象借钱、接受对方宴请、收受婚庆礼金以及礼品，造成不良社会影响，最终受到开除处分。有的以资料费、赞助费、补办费、跑路费等各种名义违规向贫困户、低保户、五保户等管理服务对象收取费用。例如，昭觉县洒拉地坡乡跃进村党支部书记和村文书以争取彝家新寨建设项目的名义，违规收取农户资金共计10万元。

（2）弄虚作假，虚报冒领

有的采取虚增数量、虚报人数、不清退不核减人员、冒充领导签字等各种手段，套取、骗取国家民生民利项目资金。例如，株洲县林业局办公室主任马宏伟利用经手报账的职务便利，采取涂改经领导签字同意报销的金额、添加票据的方式进行虚报，从该局财务套取公款137192元。有的伪造合同、编造到户补贴发放表、重复申报子虚乌有的扶贫项目、假发票入账。例如，济南南部山区柳埠街道大会村党支部原委员、村委会原主任刘友贵利用负责扶贫项目便利，采用虚假票据入账的方式将扶贫项目余款7.94万元据为己有。有的利用负责登记、审核、发放国家专项扶贫惠民资金的便利，与申请人、不法商人相互勾结、共同骗取国家资金。例如，眉山市彭山区城市行政执法局在采购垃圾桶的过程中，采取虚报出入库单、验收单、发票等方式，套取财政资金13.6354万元。

（3）截留挪用，优亲厚友

有的以交税、罚款等名义或通过直接领取、扣除等方式，截留惠农补助、危房改造、退耕还林补助等专项资金。例如，2012年至2014年，黄冈市红安县七里坪镇熊家咀村截留退耕还林、农村危房改造资金共计

15740元，用于发放村组干部工资；2013年至2014年，村党支部书记、村委会主任程儒金冒领退耕还林补助3750元；2012年，村财经委副主任程建生冒领危房改造资金5000元。有的利用职务之便，采取资金不入账、伪造凭证等方式贪污挪用项目资金归个人使用。例如，2013年5月至2015年4月，广东省佛山市顺德区环境运输和城市管理局科员欧阳德汉被单位外派开展扶贫开发工作，利用负责处理租地过程中青苗补偿等事务的便利，挪用扶贫资金122.35万元归个人使用。有的在低保户评定、贫困户精准识别、公益性岗位安排、危房改造等中，利用职务便利把不合符条件的亲友违规纳入其中。例如，铜川市印台区王石凹街道办事处余胜军在担任苟村一组组长期间，优亲厚友、把关不严，分别将不符合低保要求的岳母、父母纳入了低保。

2. 基层微腐败的成因

（1）制度建设不健全

在治理基层微腐败过程中，地方普遍反映制度建设跟不上，无法有效地预防、根治微腐败现象的发生。第一，制度规范缺少系统性。目前针对微腐败的预防和整治缺少一套完整且有效的制度。各地整治微腐败的制度建设过于碎片化，散见于各类规范之中，不少规定属于应急或者应景式立规，缺乏系统性、科学性。尤其是那些不涉及犯罪、违法、违纪，但又影响党风政风的各种行为缺乏系统有效的制度规范，无法立即发现，无法有效查处，无法彻底根治。第二，制度规范缺少可操作性。即便各地建立了预防微腐败的各项制度，但由于制度本身提倡性多于实效性，制度规范缺少量化标准，很多规范无法真正操作。例如，江苏宿迁规定公职人员婚丧嫁娶酒席不得超过8桌，但是并没有规定具体的时间、地点和批次，很多干部利用制度漏洞，分批次、分场合、分时间宴请，将制度规定束之高阁。第三，制度规范缺少强制性。有的制度提倡性、号召性规定多，义务性、强制性要求少，导致制度规范没有刚性，遵守制度的人得不到褒奖，破坏制度的人得不到惩戒，久而久之制度本身也被废弃。

(2) 督查教育未落实

督查教育是基层发现和预防微腐败的重要手段，但在实践过程中监督、检查以及教育的落实效果有待提升。第一，基层监督缺少抓手。一方面，上级对基层的监督往往是看看文件、翻翻总结、谈谈想法，缺少有力的工作抓手；另一方面，基层各部门自成系统、相对封闭，外部阳光很难照入。第二，检查出现漏斗效应。越往基层，党委（党组）履行责任"宽、松、软"的问题越突出，"一把手"只"挂帅"不"出征"或少"出征"，习惯当"背手领导""甩手掌柜"。基层职能部门监管责任落实不到位，"只管本级不管下级、只管拨款不管监管、只管行业不管行风"的现象仍然存在，对职责范围内的政策问题不研究、不答复、不解决，向纪委一推了之，造成纪委单打独斗的局面。第三，警示教育隔靴搔痒。个别基层单位警示教育停留在开会提一提、文件念一念、警示片看一看，对问题剖析浮在表面、浅尝辄止，不去深挖思想根源，不以案说纪、举一反三，不组织党员干部开展有针对性的讨论、对照和自查，用身边的事教育身边的人的作用未得到充分发挥。个别党员干部抱着看戏的心态，把警示当故事讲，当绯闻传，当电影看，当笑料听，津津乐道贪腐细节，却没有把自己摆进去，入耳不入脑，走样不走心，看完就了事。

(3) 群众监督未落地

群众监督的缺位是基层微腐败长期存在的重要原因，从现有情况来看，群众监督之所以未能落地源自以下原因。第一，部分监督主体能力受限。在中国广大农村地区，青壮年多外出务工，不了解家乡的基本情况，不能对基层干部开展有效监督。而留下的老人、妇女和儿童维权意识淡薄，监督能力不强，无法对基层干部进行个别监督。第二，基层干部不愿接受监督。个别基层党员干部不愿让群众监督，将群众监督看作同自己"过不去"，认为"丢了面子""失了威信"，政策宣讲不及时，公开信息不到位，致使群众监督乏力。第三，黑恶势力影响监督效果。个别农村村霸、宗族恶势力以宗族、金钱利益为纽带，组成犯罪团伙，采取威逼利诱或欺骗村民等手段，倚财仗势、操纵选举、暴力抗法、煽动滋事、强拿强要、霸占资源、横行乡里、违法犯罪,这些基层的宗族势力和村霸恶霸严重影响监督效果。而有的基层干部不但不予以干涉,反而利用职务之便,为村霸、宗族恶势力充当保护伞,致使村霸肆无忌惮、横行乡里、称霸一方。

3. 整治基层微腐败的探索

(1) 整治基层微腐败的江北经验

近年来,宁波市江北区以数字化改革为抓手,注重借鉴互联网用户思维、平台思维和迭代思维,充分发挥数字化平台监督实时、高效、覆盖面广等特点,聚焦村级小微权力监督,积极打造"看得见、管得住、防得牢"的"三得利"工程,实现"人在干、数在记、云在算",不断提升监督的科学性、精准性和协同性,让村民切实感受到纪检监察就在身边,2020年涉农信访数量比2019年下降45.70%。

首先,注重用户思维,构建村级小微权力智慧监督网络,实现监督"看得见"。坚持以人民为中心,围绕村民认可的村级小微权力清单、集中反映的问题线索以及关心的民生领域,融合纪检监察监督和"大数据"监督,推动村级小微权力精准化监督。一是小微权力清单简化优化。以村民关注的农村"三资"管理、村级工程建设、社会保障救助、涉农资金使用等内容为重点,紧扣村级小微权力事项、运行、监督、问责等关键环节,深化完善权力清单内容、简化流程,制定"两张清单"、深化"四项改革"、建立"五项制度",实现编制权力清单简单明晰、制定规章制度实际管用、权力监督高效快捷。二是问题线索数据化可读化。融合村级基层信访举报和问题线索数据,通过大数据分析,形成换届选举、村社"一把手"依法履职、财务管理、征地拆迁、工作作风等方面问题的特征规律,找准监督着力点,实现"哪里问题多就重点监督哪里"。三是社情民意量化可视化。依托村智慧监督平台,通过对群众诉求反馈问题进行数据分析,及时掌握群众关心、社会关切的热点难点问题,数据化村级社情民意,形成养老、医疗保障、村居管理、卫生、道路修筑、集体资产分配等民生领域问题热力图,实现"群众的关注点在哪里,监督触角就延伸到哪里"。

其次，注重平台思维，打造村级小微权力智慧监督平台，实现权力"管得住"。坚持开放、共享、共赢的理念，整合低收入农户帮促数字化应用系统和基层社会服务管理综合信息系统等，重点围绕农村"三资"打造智慧监督平台，实现村级小微权力立体化监督。一是权力行使监督全覆盖。开发村级小微权力智慧监督平台"一村一图、分析云图、'三资'监管、阳光公开"的应用板块，分门别类地将全区110个村社19404条资产信息标记在数字地图上，形成全面直观的村级"三资"的"家底图""效益图""权力图"，实现"登记、管理、监督、公开、交易"各个环节信息"一图明了"。二是权力行使监督全天候。重点围绕村级工程、劳务用工、集体资产资源、困难群体救助以及村级采购等小微权力运行重点领域，梳理监督业务流程，抓取监督关键数据，建立大数据监督模型，优化算法，对于长期闲置、租金收缴不及时、合同到期、租金价格异常等村级"三资"管理使用中的问题，建立"红、橙、黄"三色预警机制，实时提醒监督人员，实现小微权力全过程监督、嵌入式监督。三是权力行使监督全民化。建立健全"资金码""资产码""人员码""公开码""交易码"等"码上督"通道，强化线上村务公开，让村民随时能够掌握农村资金资产流动背后的权力运行情况。打印出近期全国首张村级机打"二维码收据"，扫码便知交易情况，进一步激发村民参与村务的热情，让群众从见证村级事务的"旁观者"回归到"参与者""监督者"。

最后，注重迭代思维，完善村级小微权力智慧监督机制，实现风险"防得牢"。坚持不断自我革新完善，变监督力量"单打独斗"为"联合作战"，变权力"纸上画像"为"数字画像"，变问题线索"人工处置"为"智能判处"，实现村级小微权力风险防范常治长效。一是联动"三级"监督力量。构建"区、街、村"三级监督协同作战格局，依托智慧监管平台实现问题信息高效互通，利用"数据弧"充分发挥区纪委区监委机关"中枢"统筹、街道（镇）纪检监察机构"主力"护航以及村监会、监察工作联络站的"前哨"探头作用，及时发现问题、处置问题，推动主体责任落实和存在问题整改。二是画像"一肩挑"权力运行。依托智慧监督平台,建立村级"一把手"权力画像库,从"干部队伍清正、小微权力清源、执纪问责清障、文化育人清新"等4个方面入手,细化政治建设、组织建设、作风建设、"三资"管理、工程管理、民主管理、信访化解、强化监督、善治文明、清廉文化等10项指标和27项具体考评内容,对书记履职情况进行动态监督评价,通过梯度评价分值计算总分,让"一肩挑"权力运行情况"一数明了"。三是智慧处置问题线索。通过数据清洗、碰撞、比对、研判,筛选村民反映多、情况复杂、问题突出的村级权力组织,纳入"提级监督"范围,强化问题整改,提升监督质效;构建"三交底"廉政谈话业务模型,通过智慧监督平台职能抓取关键数据,自动生成廉政谈话"三清单"基本数据,实现村级"一把手""三交底"廉政谈话更加精准高效。截至目前,该区依托智慧监管平台开展监督检查435次,发现并纠正权力行使不规范、履职尽责不到位、损害群众利益等问题65个,约谈35人。

(2)整治基层微腐败的四川经验

四川认真落实全面从严治党向基层延伸的要求,提高政治站位、加强分析研判,部署推动整治基层"微腐败"工作,压实责任、动真碰硬,多措并举、统筹联动,厚植党的执政根基,增强群众获得感。

首先,实施积极预防,筑牢防腐堤坝。紧盯"治腐关键在治权"总体目标,以行政权力依法规范公开运行为切入点,在省市县三级建立行权平台和监察平台,重点针对涉及群众切身利益事项,健全清权确权、固化流程、预警督办等工作机制,推动行政审批、行政处罚等10大类权力运行全流程接受网上监督。成都郫都区探索建立村公资金大数据监管平台;洪雅县推行惠民政策微信一键查询、举报,用科技手段预防"微腐败"。以惩治和预防腐败体系为框架,大力推进重点领域、关键环节防腐治腐制度建设与执行,全面深化廉政风险防控机制建设,省市县三级联动开展一级廉政风险岗位抽查审计,着重检查与群众利益密切相关的岗位,分级开展预防腐败创新项目。以"积极预防、系统治理"工作模式为指引,在省属高校、国企、卫生计生系统开展系统防治腐败工作,推动相关单位找准诱发"微腐败"的深层次根源并切实加以解决。

其次，把握政策策略，注重社会效果。积极运用监督执纪"四种形态"，切实把惩前毖后、治病救人、宽严相济、严管厚爱等要求贯穿监督执纪问责全过程，对主动交代的逐一甄别，依纪依法从宽处理；对避重就轻、欺骗组织、妄图金蝉脱壳的，依纪依法从严处理，实现惩处极少数、教育大多数的政治、纪律和社会效果。严格落实《关于充分调动干部积极性激励改革创新干事创业的意见（试行）》，切实做到"三个区分开来"，对干部在改革创新、破解难题、先行先试中出于公心出现的问题予以免责、容错。乐山市开展"护根"行动，要求所有违纪人员主动向纪检监察机关交代违纪问题，主动退缴违纪所得。

最后，坚持常态督查，保持高压态势。采取明察暗访、专项抽查等方式，紧盯重点环节、重点区域，坚持见人、见项目、见资金，保持督查常态化、长效化。省纪委班子成员牵头组成55个督查组，集中督查21个市（州）、173个县（市、区）和80个省级单位；市（州）纪委坚持"自查自纠+定期督查"，每季度至少开展一次专项督查；县（市、区）坚持每两个月至少开展1次专项督查，四川省"点对点"督查2898次，涉及近两万个村级组织。选取群众反映强烈的问题，开展滚动式、多轮次重点问题督办，确定21个问题反映相对集中的县（市、区）作为重点县，采取发函督办、当面交办等方式，直接督查督办典型问题82件。通过提级办案、交叉办案、片区协作办案、乡案县审等方式，加大"拍蝇"力度。各地积极开展常态督查，如泸定县采取每周一访、每月一查、半年一巡、一年一审的方式开展扶贫等重点领域督查。

4. 整治基层微腐败的展望

（1）完善法规制度，建立长效机制

针对微腐败缺少系统完善的制度，建议坚持问题导向，深入分析、研判微腐败形成土壤，从制度层面构建整治基层微腐败的长效机制，通过立改废释并举，补齐法规制度短板，不断织密整治基层微腐败制度笼子，有效压缩权力寻租空间。此外，还需强化法规制度执行，对执行情况进行监督检查，抓住容易滋生微腐败的重点领域和关键环节，零容忍惩治基层微腐败，真正做到让铁规发力，让禁令生威，让法规制度成为带电的高压线。

(2) 严查快办重处，形成强大威慑

针对督查教育的宽、松、软，建议严查、快办、重处，形成强大威慑，严厉惩治基层微腐败。第一，打通信息平台。针对基层微腐败隐匿性较强的特点，建议打通各部门的信息平台，实现多方面共享，有效拓展微腐败问题线索渠道。第二，突出整治重点。从各地曝光的微腐败案件来看，工程建设、扶贫攻坚、资金监管等是微腐败的高发区，建议针对上述问题，将专项整治作为一项制度性和经常性手段，每年选择一项专门部署，一旦发现具体可查、性质严重的问题线索，应当专项督办、实地督导、重点审查、限时办结。第三，公开查处结果。及时公开微腐败查处结果，一方面可以实现公众对纪检监察工作的监督；另一方面可以对基层干部形成强大的威慑，让一些思想不坚定者不敢腐，让一些内心动摇者不想腐。

(3) 强化公开公示，引入社会监督

阳光是最好的防腐剂，凡是微腐败高发的领域，公开工作一般比较滞后。建议基层强化公开公示，将公开作为预防基层微腐败的重要抓手。第一，加强基层公示公开。部分地区通过强化基层公开工作，激发了社会参与活力，提高了监督质效。例如，六安金寨县将每个村的村务信息在网站中公开，离村打工的青壮年可以通过网络了解村内的变化，加强了对村干部工作的监督。第二，充分运用多元平台。建议各地充分运用网络、微信、微博、客户端及基层公开综合服务监管平台等途径，及时公开公示群众关心关注的党务、村（社）事务、财务、公共项目等热点问题和工作情况，主动接受干部群众、社会各界和新闻媒体的监督。明确要求各地充分运用多元平台的同时，对各地各部门公开公示情况定期不定期开展监督检查，确保应公开尽公开。第一，梳理基层微权力清单。有的地区针对微腐败制定并公开了微权力清单，例如成都双流区街道（社区）全面梳理公示"微权力"清单；万源市开展"清源行动"，厘清基层小微权力。通过微权力清单的梳理能够让基层了解权力的边界，令公众了解基层权力的范围，压缩权力寻租空间。

六 保障监督的法治逻辑

样本二 金寨惠民资金公开监管的探索和实践

国家的各项基层惠民资金落实的程度直接关系基层群众的生产生活、关系政府公信力。近年来,安徽省六安市金寨县积极探索,坚持把"公开透明"作为落实好惠民政策、提升政府公信力、促进党风廉政建设、加强基层民主的工作方法。其将"要我做"转变为"我要做",敢于公开,勇于接受监督,充分发挥"公开透明"在保障科学决策、公平公正、服务高效、廉政建设、维护稳定等方面的有效作用。

1. 金寨县基层公开的背景

金寨县位于安徽西部、大别山腹地,鄂豫皖三省七县两区结合部,总面积3814平方公里,总人口68万,其中农业人口57万,辖23个乡镇、1个现代产业园区、226个行政村,是全国著名的将军县、全国扶贫开发工作重点县,是安徽省面积最大、山库区人口最多的县,是安徽省农村综合改革试点县。

随着2003年国家逐步取消"三提五统"(即村级三项提留和五项乡统筹)和农业"两税"(即农业税和农业特产税)征收等农村税费改革,党中央、国务院高度重视"三农"工作,连续多年出台1号文件,加大"三农"方面的投入,惠民政策逐年加强,惠民资金逐年增加,补贴领域逐年拓宽。近年来,接上级规定,金寨县每年发放各级各类政策性惠民补贴资金均在5亿元以上。2013年,惠民补贴资金金额达58687万元,人均受益近1000元;2014年金额达70033万元,人均受益近1220元。①

随着各类惠民资金规模的不断增加,普通群众对惠民资金的流向分配关注程度越来越高。"好事没办好"的现象应运而生,甚至滋生新的弊病,突出表现在以下三个方面。

一是一些惠民资金的使用效率不高。之前由于经手人多、审批环节

---

① 以下若无特别说明,数据来源皆为金寨县自有数据。

多，各层级的贪污、挪用、截留、代领、优亲厚友等现象并非罕见，导致惠民资金的投放精准度不高。

二是基层干部违法犯罪并非少见。随着惠民资金项目、规模的不断增加，加上相关制度机制不够健全，乡镇、村干部相关的违法违规现象一度有上升趋势。首先是侵害群众切身权益的现象时有发生，这表现为截留、冒领、贪污、挪用、克扣城乡低保、救灾救济、医疗救助及各项涉农补贴等惠民资金，侵吞土地征收、房屋拆迁、危房改造等补偿金，处理救助、补贴等事务时吃拿卡要或者收受、索取财物及私自收费等。其次是骗取国家惠民资金的现象时有发生。这主要是利用职权骗取移民后期资金，违反城乡低保法规文件办理"人情保、关系保"，贪污、克扣、截留、挪用、弄虚作假套取征地拆迁补偿资金。最后是程序违法的现象较为普遍，这包括村财务制度不健全、管理混乱等。事实上，"乡村级腐败"主要就发生在惠民资金方面，金寨当地村委会干部因为骗取国家库区移民补助款、危房改造项目资金、改水改厕项目资金等国家惠民资金，而被追究刑事责任的情况也时有报道。而截至2015年7月15日，全县已有370名村干部（其中党员360名）主动上缴违纪款200.02万元。[①]

三是群众相关信访投诉压力巨大。群众对惠民资金关注程度、参与意识越来越强，越来越关注惠民资金发放的公平、公正，相关投诉信访压力巨大。比如，南溪镇2014年低保户2800余户，一些不符合条件的家庭也享受了资的分配，群众意见大，认为"优亲厚友"，上访、投诉不断，全年因保障资金分配上访51人次。

2. 金寨基层公开的做法

惠民资金发放、使用中暴露出的问题影响到群众切身利益，防海盗国家资金的依法使用，也损害了政府公信力，这些倒逼金寨县规范惠民资金的使用。为此，金寨县把"基层惠民资金公开"纳入政务、村务公

[①] 参见《金寨县开展村干部违纪违法问题专项整治活动》，六安市监察局网站，http://www.lajjjc.gov.cn/article.php?MsgId=159255，2015年12月12日。

开的重点领域,把"公开"作为政府工作的基本方法。为了使大量惠民资金落到实处、发挥作用,金寨县积极转变工作方法,创新惠民资金管理机制,完善为民服务方式。2004年起,金寨县在落实惠民政策上开全国之先河,成功实施了惠民资金"一卡通"改革,把由部门分散管理、发放的各项惠民资金改由财政部门集中管理、统一打卡发放。2007年起,金寨县为进一步规范惠民补助对象管理,防止暗箱操作,确保基础数据和补助对象的真实性,实行惠民资金管理六个"一线实"试点,即责任明确一线实、规范操作一线实、动态管理一线实、政策衔接一线实、监督检查一线实、考核奖惩一线实,保证了惠民政策效益的最大化,维护了人民群众利益。

(1) 明确公开范围

金寨县规定,凡是按照党和国家的有关政策规定由各级财政安排并直接发放给农民的各类补贴资金,均要纳入公开范围。主要包括四类。一是农业生产类,主要是为进一步促进农业生产,调动农民种粮积极性,增加农民收入,包括粮食直接补贴、农资综合直补、水稻等良种补贴、农机具购置补贴等;二是生活保障类,主要是为建立社会保障体系奠定基础,解决老有所养的问题,保障城乡困难群众的生存权益,维护社会稳定,包括"五保户"补助、农村居民最低生活保障、抚恤(优抚)资金等;三是社会救助类,主要是面向社会,解决因灾、学、病、残等致基本生活困难而给予的救助和补助,包括灾民救灾补助、农村计划生育家庭奖励、农村贫困学生"两免一补"等;四是具有特定用途的补偿和其他补贴类,主要指执行国家宏观政策、促进生态建设、促进社会就业等方面而进行的补贴性政策,包括森林生态效益补偿、成品油价格改革补贴、大中型水库移民后期扶持等。

(2) 实行全程公开

为让群众更全面地了解、参与惠民资金监督管理,金寨县改变过去由仅偏重"结果公开"向注重过程公开与结果公开并重转变,实行政策宣传公开、信息采集公开、对象评议公开、审核审批公开、资金发放公开"五公开"。政策宣传重点公开惠民补助资金类型、数额、补助对象和条件限制等政策信息；信息采集主要公开拟采集补助对象地区、范围、内容等基本信息，印制《金寨县惠民资金补助对象信息管理办法》；对象评议方面主要公开经村民代表大会或理事会民主评议后初拟补助对象和数额；审核审批方面主要公开惠民资金审核审批程序和县乡村三级审批单位；资金发放主要公开经各级审批后的补助对象及数额，全年惠民资金发放结束后，金寨县年终及时向补贴对象发放补贴资金"明白卡"，让群众全面了解全年补贴资金项目和数额，利于群众监督举报。例如，白塔畈镇在确定农村低保户时，除政策宣传公开外，执行三榜公示制度。一是将村民代表大会民主评议符合低保户的人员在镇村公开栏公示7天，二是将经镇政府审核评定结果再在镇村公开栏公示7天，三是经县主管部门审批后将结果在镇村公开栏长期公示。通过全程公开，大大增强了工作透明度。

（3）丰富公开载体渠道

为确保群众对涉及切身利益的相关信息能"看得到、读得懂、信得过、能监督"，金寨县将现代技术与传统方法相结合，拓展公开载体。在传统方式上，主要依托为民服务中心、为民服务代理点、政务公开栏、村务公开栏（橱窗）、明白纸、广播、电视等传统方式进行公开，开通举报投诉电话，受理群众举报投诉，接受群众的监督。每年初由县财政部门牵头，会同县直有关单位编制惠民资金政策手册，发放惠民资金明白纸，让群众全面了解各项惠民资金政策。现代技术主要发挥政府网站在政府信息公开中的第一平台作用，建立以县政府门户网站、政府信息公开网、先锋网为主要载体，各乡镇政府网站为支撑，村级政务公开网为补充的三级政务信息公开平台。县财政和各惠民资金主管部门分别依托自己的网站，同步进行公开，农户可通过安徽省财政厅网站《服务直通车》栏目中的"惠农补贴查询"系统，在线查询惠农补贴资金发放相关信息。

（4）将公开制度化

一是制定惠民资金信息主动公开、责任追究等12项监督制度。规范公开程序和时限要求，按照"谁职责、谁公开""谁公开、谁审查""谁审查、谁负责"的原则，资金打卡发放公示时间不少于7天。二是实行"县、乡、村"三级公开责任制度，落实公开责任主体，明确县级政府及组成部门、乡镇政府及直属单位、村两委是政府信息产生的主体，也是政务公开的责任主体，县政务公开办主要承担组织协调、日常监测、督查指导、考评考核等工作，并负责组织开展业务培训，每年举办信息员培训两次以上。三是建立惠民资金公开工作调度和督查考评机制，由县纪委牵头，将惠民资金公开工作与效能建设、督查督办相结合，实行"一周一更新、一月一调度、一季一监测、半年一督查、一年一考评"长效工作机制，每季度对网站信息发布情况进行监测并下发整改通报，将日常督查监测考核结果纳入效能考评，纳入目标管理责任制考评，确保惠民资金公开工作有序推进。

3. 取得的成效

近年来，金寨县通过推行"基层惠民资金公开"制度，倒逼政府工作依法行政，大大提升了政府公信力，增强了工作透明度，促进了党风廉政建设，维护了社会稳定，取得了明显成效，得到了群众的拥护和上级认可。

（1）政府公信力得到提升

"基层惠民资金公开"增强了政府决策的公众认同度，维护了群众的民主权利，提升了政府公信力。基层惠民资金的公平分配，直接关系党和国家"温暖工程"的实施效果。金寨县委、县政府把公开作为与基层沟通意见、增进理解、提高认同、完善方案的有效渠道，要求资金发放阳光操作、全程公开、透明运行、征求群众意见、取信于民。所有涉及需要评议确定的惠民资金项目，均要通过召开村委与村民代表会议或村民理事会，让群众参与评议，然后层层审核，确定补助对象，并通过乡镇政务公开栏、村务公开栏、政府信息公开网页、村务公开网页向社会多批次公示，接受群众监督举报。全过程实行民主决策、民主评议，保证了补贴对象的准确性，提升了政府为民服务的公信力。

（2）基层矛盾得到化解

"基层惠民资金公开"消除了群众误解隔阂，化解了基层矛盾，维护了社会稳定。通过基层惠民资金公开、阳光操作、透明运行，虚报冒领、优亲厚友、多吃多占的现象得到克服，提高了群众知晓率，消除了群众误解，给群众一个明白，还干部一个清白，确保了各项政策公平、公开、公正落实，群众来信来访件（次）数大幅降低，促进了社会稳定。如南溪镇2014年低保户2800余户，一些不符合条件的家庭也享受了资金的分配，群众意见大，认为是"优亲厚友"，上访、投诉不断，全年因保障资金分配上访51人次。2015年，镇党委政府改变方法，将享受低保的家庭名单及原因全面公开，接受群众监督，低保户由2800余户下降至1300余户。低保数量减少了，上访、投诉的人也大大减少，促进了社会稳定，镇村干部更能将精力集中到中心工作上。2015年金寨县级共受理来访611批2750人次，同比分别下降了50.10%和53.10%。①

（3）便民服务效果显著

"基层惠民资金公开"倒逼行政效能提高，加强了依法行政，提高了服务效果。乡镇政府信息公开网、村务公开网、为民服务中心和村级代理点建设公开栏，公开了为民服务项目、服务流程、办事条件、服务时限、监督方式、投诉电话和查询方式，建立了为民服务登记台账。每一环节群众均能实时查询、有效监督，有了公开与监督，"门难进、脸难看、事难办"的"衙门"作风得到了根本改变，办事拖拉、敷衍塞责、推诿扯皮的不良风气得到了扭转，增强了干部依法行政的自觉性。2015年1—8月，23个乡镇为民服务中心共办理代理事项11000余件，村代理点办理事项3000余项，为民服务事项办理周期平均为11个工作日，较以往缩短了9个工作日，效率提升了45%。为民服务项目件件有着落、事事有回音、项项有结果，群众满意度达99.50%。

（4）腐败增量得到遏制

"基层惠民资金公开"完善了有关制度，加强了廉洁自律，促进了党风廉政建设在源头落实。基层惠民资金公开，让权力在阳光下运行，

---

① 《关于报送全县"十二五"期间暨2015年信访工作总结的报告》（金信〔2015〕号），内部材料。

是从源头上加强党风廉政建设的治本之策，是从源头上遏制"四风"、遏制"腐败增量"的关键环节。实施惠民资金公开，乡镇村将农村低保、农资补贴、危房改造等惠民资金全面公开，到村到户，接受群众监督，"暗箱操作"空间得到最大化压缩，从源头上遏制了"腐败增量"。过去金寨县乡镇村干部因落实惠民资金不到位，导致民怨较大，受到查处较多，近年来，由于实施政务公开并提高了村干部待遇，群众检举、投诉、上访明显减少了。据统计，2015年1—8月，县纪委接受群众来信来访来电167件，其中检举控告114件，较2014年同期263件、191件，分别减少36.50%、40.30%。

当然，仅仅反腐还不够，还要让村干部不想腐，为此县委县政府出台提高村干部待遇的规定，促进村干部强化岗位责任意识、风险防控意识、廉洁自律意识，形成不想腐、不能腐、不敢腐的有效机制。一是建立村干部报酬和养老保险逐年增长的机制。规定村干部报酬由"基本报酬＋业绩考核奖励报酬"组成，基本报酬标准按照不低于上年度农村常住居民人均可支配收入的两倍确定，由县财政全额承担，业绩考核奖励报酬按照不低于报酬总额的30%确定，由乡镇人民政府负责；村干部养老保险年缴费金额不低于上年度农村常住居民人均可支配收入的35%，其中村干部个人缴费额不超过缴费总额的30%。2015年，全县村干部每人每月一次性增加基本报酬100元，村干部养老保险缴费金额为2716元，县财政承担1901元，村干部个人承担815元。二是设置工龄补贴。从2015年起，按照5元/年的标准累加计算工龄补贴，与基本报酬一起，每月打卡发放，由县财政承担。三是设立村干部廉政风险保证金。从2015年起，按照每人每月300元的标准设立廉政风险保证金。在每年初列入县财政预算，由县财政全额承担，设立财政专户，实行统一管理。在村干部正常离任后，本人提出书面申请，经乡镇党委、纪委审核，县纪委、县委组织部审批后，由财政部门负责打卡发放。

4. 经验总结

金寨县基层惠民资金公开为政务公开、村务公开树立了榜样，开辟了道路。其经验总结有以下几点。

（1）牢固树立公开意识

在金寨推进政府信息公开工作的过程中，逐渐形成了"公开为常态，不公开为例外"的意识，将公开作为日常工作的常态和共识，将公开的各项规定变为工作的习惯，变被动公开为主动公开，变"要我公开"为"我要公开"。

（2）将公开嵌入相关工作机制

公开已成为金寨县政府推进工作的基本方法，把公开作为落实政策、加强沟通、增强透明、促进公平公正的主要工作方法，贯穿整个工作的全过程。随着金寨县加快推进依法行政，政务公开制度建设已基本完善，正走向规范化轨道。

（3）灵活采用多种形式公开信息

金寨县针对地处山区、居住分散的现状，采取简单实用、方便可行的公开方式，力求公开的内容群众看得到、看得懂。在乡镇、村的政务（村务）公开栏、信息查阅点按时公开群众关注的事项信息，白纸黑字张榜公布，会识字的基本都能看明白。同时在县和乡镇政府门户网站公开各类信息，大大方便了在外务工人员上网查看本镇、本村、本户各项补贴资金的发放情况以及各项政策的落实情况。

（4）落实责任与绩效考评相结合

权责清晰是考评的前提和抓手，在实践中部门与部门之间相互推诿，究其根源就是权责不清，因此破解公开难题一定要明晰责任。金寨县逐级落实公开责任，明确县级政府及组成部门、乡镇政府及直属单位是政府信息产生的主体，也是政务公开的责任主体，形成层层抓落实的工作机制。县政务公开办承担组织协调、日常监测、督查指导、考评考核等工作，并负责组织开展业务培训，每年举办业务培训，每季度对网站信息发布情况进行监测并下发整改通报。县政府将政务公开的督查、监测、考评结果纳入县直部门效能考评和乡镇目标管理责任制考评，以考评促公开。

5. 存在的问题与不足

金寨县在推进基层政府信息公开和政务公开方面取得了积极成效，

但也存在有待改进和完善之处。

第一，对政务公开工作重视程度不一。虽然中央层面对政务公开工作要求严格，各级政府领导也非常重视，省、市、县三级单位通过各种手段督促各个部门公开。但对具体部门和有关人员来讲，许多还没有引起足够重视，把政务公开只是当作一种要求，而不是完全当作自觉行动。因而，公开仍然停留在被动层面，认为公开是工作完成后的一种宣传，而没有将公开认定为政府工作的必经程序。

第二，政务公开工作推进深度和广度不够。信息公开之后，会将之前工作的漏洞和疏忽完全暴露给群众。群众会以此来质疑政府，从而对基层政府的工作带来不利影响，因此基层公开的广度和深度越是不足，越是会出现恶性循环——工作存在纰漏越是不愿意公开，存在历史问题的单位公开信息也就越少，公开的信息越少工作纰漏也将会越大。

第三，公开制度性规定仍然存在不足。虽然《政府信息公开条例》和国办下发的政府信息公开要点说明了政务公开的范围和重点，但是对于某些重大项目、重要资金、重大工程的实施安排，没有做硬性规定要求。省、市、县针对本区域的实际情况公布了公开的文件要求，但这些文件规定可操作性差，最终导致公开效果不佳。

第四，公开载体有待进一步丰富。当前政务公开选择的传播媒体主要是网络、报纸、公开栏等，但对于农村的村民而言，网络并不是他们获取信息的最主要渠道，虽然有村镇信息公开栏公开信息，但仍然不能做到全覆盖。电视作为村民获取信息的最主要渠道，基本可以覆盖大部分农村，但是目前在电视栏目中尚未开辟政务公开专题。

第五，公开信息不准确。信息公开的基本要求之一便是所公开的信息准确无误，但是在实践过程中，由于信息量巨大，造成信息审阅和公布存在难免的瑕疵和错误。例如，有的乡镇、村居在网上公开资金发放结果时出现了身份证号码错误、身份证号码与本人不匹配等现象。如何在推进政务公开的过程中准确录入和公开信息已经成为亟待解决的难题。

6. 展望与建议

金寨县基层惠民资金公开只是基层公开的一个缩影，其在推动基层政务公开方面的努力、创新以及经验值得在全国推广，但是其所反映的问题也值得深刻反思。这对于化解金寨县在信息公开中面临的问题，乃至推动全国的信息公开工作都有着重要意义。

第一，出台细化可操作的公开标准。虽然基层信息公开有《政府信息公开条例》《社会保险法》《社会救助暂行办法》等上位法依据，但是应当怎么公开、公开的标准等具体问题上位法则还缺乏具体规定。为此，建议国家、省级层面出台政务公开标准化、规范化的专门政策文件，推动基层公开工作有序进行。

第二，完善公开体制机制。《政府信息公开条例》的一些规定已难以适应复杂多变的信息公开需求。因此建议修订完善政务公开有关制度规定，做到有章可循，有力推进政务公开工作。同时，在制度设计时，应当将公开工作放置在政府管理的事中，作为政府工作的必经程序，而非作为事后的宣传和公示，只有这样才能够转变政务公开的工作思路，真正从"要我公开"转变为"我要公开"。

第三，行政推动与群众需求相结合。当下，公众的信息公开需求与传统行政思维惯性在一些地方和部门仍存在矛盾。在主动公开尚未成为自觉行动的情况下，公开工作需要行政强力推动。比如，金寨县涉及资金发放、项目建设、行政审批等事项，群众希望公开透明、规范运作，了解、参与并予以监督。但部分乡镇和村，受传统的行政思维影响，尚不习惯群众评议、张榜公示等现代管理方式。有的注重结果公开而不注重过程公开，一定程度上影响了民生工程的公信力。有的公开底气不足，资金发放结果公开不充分，群众有怨言，好事往往得不到好评。有的地方、部门把政务公开、政府信息公开视为额外任务，而不是当作"吸纳意见、完善方案、统一思想"的机制创新。因而，传统的"急事急办"工作思维往往导致重大事项决策的过程公开不充分，决策的社会认同度不高，影响决策效果。因此，在群众需求受到传统行政思维制约的情况下，没有外力的"破茧"，很难取得成功。因而，需要行政强力推动，把自上而下传导的压力与群众需求的"动力"有效融合，从而推动传统治理向现代治理的转变。

第四，配备与工作相适应的人员编制。信息公开工作的推进离不开具体工作人员的付出。相比省级和市级单位，县级单位专职从事信息公开的人员数量较少，人员变动大，常常是从事其他工作的人员兼职来落实信息公开政策。由于兼职人员较多，其专业水平较低，遇到依申请公开，难以判断是否符合国家规定，大大降低了服务的效果。因此，增加基层从事信息公开工作的人员编制是关键，今后国家层面应当着重研究解决基层工作机构和编制问题，加强政务公开队伍和能力建设。专岗专职从事信息公开工作，既能够提升信息公开的服务质量，又能大幅提高信息的准确性，避免公开错误信息。

第五，强化公开的考核机制。政府信息公开若仅仅停留在文件宣传层面，政府信息公开工作不会有任何进展，没有监督和考评就不会有工作实效。因此，建议国家、省级层面将政务公开政务服务工作纳入对各级政府工作目标考评的内容。只有纳入考核才能够引起各级各部门的高度重视，使政务公开政务服务工作成为政府工作的主要方法和自觉行动。

七　地方竞争的法治逻辑

地方法治竞争作为制度竞争的一个重要表现形式，主要是指通过立法、司法、执法和社会治理活动，实现以产权切实保障、市场监管规范、司法独立公正和执法高效文明为基本特征的地方制度供给机制和制度环境的改善，实现地方与地方之间以比较制度优势而胜出的竞争范式。这种竞争显著区别于政策性让利竞争、税收补贴竞争、低环境评估标准的竞争等，是地方竞争范式的高级阶段。[①] 本书选择了两个改革开放的前沿阵地——珠海和前海，总结其推动法治建设过程中的经验、做法、亮点、不足以及建议。

（一）法治竞争坚持党的领导

尽管地方法治之间存在竞争关系，但从头到尾，所有的地方均坚持党的领导。只有坚持党的领导，才能保障社会主义法治体系和谐统一，才能避免地方改革创新、法治竞争制造分裂和割据。党的领导不仅是中国特色社会主义法治之魂，而且是我国法治同西方资本主义国家法治最大的区别。坚持党的领导是加速法治建设的推进器，可以有效克服狭隘思维的局限，突出政治统合效果。一方面，党的十八大以来，尤其是十八届三中、四中全会以来，中国特色社会主义法治建设明显上了快车道，法治国家、法治政府、法治社会一体化得到推进。从理论来看，竞争势

---

① 周尚君：《地方法治竞争范式及其制度约束》，《中国法学》2017 年第 3 期。

必会造成隔膜和分裂，只有坚持党的领导，才能最大范围内避免因过度竞争产生负面影响，尤其避免地方保护主义泛滥横行。

（二）法治创新坚持制度先行

中国的法治内容从来不是静态的，而是随着改革发展的变化而变化。其本身蕴含改革性、变革性。法治保障改革，法治驱动改革，改革取得成效后上升为法治的重要内容。地方在推动法治建设过程中，不仅要考虑法治一般原理，而且要和地方改革相兼容。尤其是地方重大改革，均应当于法有据。从现有的各地改革举措来看，涉及可能违反法律的，均需要得到全国人大或常委会的授权，暂停某法在某区域内的适用，为地方改革创造较为宽松的法治环境。多年来，地方通过改革创新不断为中央制度完善提供经验和借鉴，不仅降低了制度出台的试错成本，而且成为地方与地方之间竞争衡量的重要标准。一方面，得到地方试验的制度，已经经历过了改革的阵痛，其可操作性已经得到了实践的检验；另一方面，地方制度创新一旦获得中央肯定，并在全国范围内推广，这无疑是对地方政绩的重要肯定。从这个角度来看，地方法治之间的竞争背后，实质是制度创新的竞争、制度认可的竞争、制度推广的竞争。

（三）法治竞争依托地方特色

真正有生命力的制度创新往往来源于地方迫切的需求，地方在推动法治建设过程中，遇到的障碍、问题、困境往往是中央层面难以预料的，其解决方案并不在现有的法律、行政法规之中。这就需要地方依托自身特色，克服遭遇的问题，为制度多样性贡献自身力量。无论是哪种创新，都属于中国特色制度体系的一部分；无论是何种经验，都有可能在某些层面被其他地方学习借鉴。中国地域之间的法治竞争不存在单一甚至唯一的标准，例如，面对案多人少的问题，东部沿海地区可能会采用数字化、信息化、智能化的方案；西部地区可能会采取溯源治理，加强调解介入的方式。无论哪一种方案，均是依托地方特色，结合实际情况，出发点和落脚点均是地方法治建设。

样本一　2021年珠海法治发展与2022年展望

2021年是开启全面建设社会主义现代化国家的第一年，是"十四五"规划开局之年，也是珠海开启新篇章、迈向新征程的关键之年。《中共广东省委广东省人民政府关于支持珠海建设新时代中国特色社会主义现代化国际化经济特区的意见》（以下简称《支持意见》）、《横琴粤澳深度合作区建设总体方案》（以下简称《横琴方案》）相继正式发布。珠海也迎来粤港澳大湾区、横琴粤澳深度合作区（以下简称"横琴深合区"）、新时代中国特色社会主义现代化国际化经济特区和自由贸易片区"四区"叠加的重大历史发展机遇。

2021年，珠海在习近平总书记法治思想的引领下，全面贯彻新的发展理念，以改革推动，以法治护航，全市各区各级各部门紧紧抓住战略机遇，立足粤港澳大湾区，促进区域协同共融发展，以良法善治助力横琴深合区建设。不断激发数字赋能和创新运用，建立数据海关，探索云端政务，优化港澳政务跨境通办，建设信用风险智能监管，助推政府治理体系现代化。开展对标评价、互促共建，建立健全知识产权协同保护，建设标准国际化创新型城市格局，以法治化营商环境保障经济高质量发展。司法机关积极构建权责统一的司法权运行机制，服务常态化疫情防控和经济社会发展。人民法院深化和发展"枫桥经验"，以"分调裁审"司法改革加强诉源治理、多元解纷。市检察机关充分发挥检察公益诉讼职能，践行"穿透式监督"理念，落实少捕慎诉慎押政策，守护百姓美好生活。珠海以构建最优质的公共法律服务体系为目标，打造涉外公共法律服务中心，建设珠澳跨境仲裁合作平台和跨境金融纠纷调解室，涉外法治体系得到进一步完善。

珠海继续强化市域统筹，加强系统治理，坚持理论指导实践、创新与发展并重，推进社会治理体系和治理能力现代化。从顶层设计到民生微实事，从人口运营数据体系到城乡社区治理标准，打造社会治理创新优秀品牌，探索珠澳融合，形成自上而下和自下而上相结合的基层社会制度供给，努力构建具有珠海特色、时代特征的社会治理"珠海模式"，为珠海建设新时代中国特色社会主义现代化国际化经济特区，为横琴深合区建设各项任务全面落实、顺利推进保驾护航，并提供了坚实的法治保障，携手澳门提升了粤港澳大湾区澳珠极点的能级量级。

1. 凝聚共识，担当作为，支持配合服务好横琴深合区建设

横琴深合区是在"一国两制"架构下凝聚粤澳双方深度共识、由粤澳双方合作共同开发的区域示范，既是国家赋予粤澳两地的重要责任，也是两地民众的热切期盼。2021年9月17日，横琴深合区管理机构挂牌并进入全面实施、加快推进新阶段，成为粤澳两地不断深化合作的主阵地，也是推动粤港澳大湾区建设的新引擎。为更有力地配合粤港澳大湾区建设的各项长远规划，珠海全市各级各部门进一步增强政治自觉和使命担当，为横琴深合区建设各项任务全面落实、顺利推进保驾护航。

（1）充分发挥各区优势，形成区域协同共融发展

2021年7月，中共珠海市委第八届委员会第十二次全体会议指出，要推进横琴深合区建设，推动粤港澳大湾区建设取得新的重大进展。在《横琴方案》发布之后，同年9月7日，时任珠海市委书记主持召开市委常委会会议，专题学习贯彻习近平总书记关于粤澳合作开发横琴的重要指示精神，落实党中央、国务院决策部署及省、市工作要求，提出要准确把握推进横琴深合区建设的战略意图、把握建设目标和任务，按照"四新"战略定位，将三个阶段性目标和"四新"重点任务逐项落实，举全市之力，全力支持配合服务好横琴深合区建设。

珠海市各行政区在粤澳深度合作的大格局中深入思考、系统谋划，迅速展开行动。香洲区明确提出，要发挥主城区的综合配套优势，主动承接横琴深合区创新资源溢出，支持企业与港澳高校、科研机构开展协同创新，大力引进高层次人才和创新团队，为横琴深合区创新企业提供成果转化基地，推出更多与澳门深度衔接的便民利民公共服务，在民生保障、港澳籍人员子女教育、医疗卫生、养老合作、疫情防控和社会治

理等方面，打造珠澳共融新典范。金湾区提出，充分发挥空港、海港"双港"优势，发挥珠江口西岸综合交通枢纽节点功能，打造粤港澳大湾区航运、空运国际物流枢纽中心，做好与横琴深合区项目的产业链配套衔接，为横琴深合区产业发展提供实体支撑。斗门区也将充分利用空间、生态和产业优势，加快建设珠江西岸智能制造示范区，将斗门的"一中心两带四园五集群六板块"布局与横琴深合区建设全面衔接，把横琴周边一体化区域、鹤洲南区域以及珠海西部地区作为支持澳门经济适度多元发展的拓展区。

珠海市各职能部门聚焦"五大方向"，主动助力横琴深合区建设。市司法局组织开展对澳门法律体系的研究梳理，在全省首次形成第一批澳门法律制度参考资料汇编，包括《澳门民法典》《澳门商法典》以及澳门商事和经济领域的43项法律制度，合计110多万字，便于社会各界了解、查询澳门法律制度。市财政局加大横琴与周边地区的重大交通基础设施、市政基础设施、公共服务设施等一体化配套建设项目的资金投入，为横琴深合区建设提供资金保障。市民政局研究制定《贯彻落实〈横琴粤澳深度合作区建设总体方案〉行动方案》和职责清单，主动对接横琴深合区执委会民生事务局，在兜底基本民生保障、社会福利政策和资金延续方面，全力保障对澳门居民的政策覆盖；并与市财政局、市金融工作局联合发布《珠澳社会救助改革创新试点工作方案》，探索珠澳社会救助信息互联互通和跨境社会救助政策的统筹衔接。横琴税务部门也进一步落实深化税收征管和金税四期在横琴的改革试点，推动《横琴方案》的财税政策实施落地，与粤澳工商联合会继续加强跨境智能联动办税，探索琴澳一体化税收服务新模式，提升跨境办税的便利度。珠海海事局通过建立珠澳海事协作工作机制，在水上交通安全、联动执法、联合巡航等方面共治共管，深化琴澳水域安全管理，优化环澳水域通航环境，构建横琴深合区应急保障体系，护航水上交通安全。

（2）用足用好经济特区立法权，为粤澳深度合作提供法治保障

拓宽经济特区立法空间。广东省委、省政府的《支持意见》赋予了珠海在特区立法领域更加广阔的空间和更大的自主权，珠海市人大常委

会继续承担改革"先行军"的角色，加强立法，在推动粤港澳三地规则衔接和体制机制"软联通"上为全国提供更多的制度创新经验。2021年3月，市人大常委会审议通过了《珠海国际仲裁院条例》，该条例总结珠海仲裁改革实践，建立以理事会为核心，决策权、执行权、监督权分立协调的新治理模式，成为全国第一家实行决策、执行和监督机构相互制衡又相互衔接的常设仲裁机构；珠海仲裁委员会同时使用珠海国际仲裁院的名称，专设"国际化仲裁机制"一章，在国内法律体系中首次引入友好仲裁、临时措施、紧急仲裁员以及临时仲裁制度等国际通行的仲裁机制，通过接轨国际、趋同港澳的制度建设更好地回应横琴深合区建设的需要，便于当事人在涉外以及国际商事活动中选择珠海国际仲裁院解决纠纷。为给粤港澳大湾区科技创新合作发展提供法治新动力，2021年5月，珠海再次修订通过《珠海经济特区科技创新促进条例》，提出加强与港澳科技创新政策的衔接，推进科技基础设施建设和开放共享，在跨境产学研合作、科技人才跨境流动、科研资金跨境使用、创新成果跨境转化等方面进行体系化的创新规定。条例鼓励推动港澳地区国家重点实验室在珠海设立分支机构，支持港澳高等院校、科研机构承接珠海财政资金设立的科技创新项目，为促进珠港澳科技创新合作提供法律和制度支持。2021年11月，为进一步健全珠海公共卫生应急管理法治体系，珠海市人大常委会还通过了《珠海经济特区突发公共卫生事件应急条例》，该条例立足于大湾区发展战略，为珠港澳联防联控、突发公共卫生事件应急区域合作机制的建立提供法律依据，有效推动了珠港澳建立疫情研判、会商协商、信息共享的工作机制，在重大公共卫生问题和重大新发传染病方面开展科研创新合作及成果转换。珠海立法工作在粤港澳大湾区和横琴深合区建设中，为服务重大发展战略和社会治理，以创新性立法展现特区使命与担当。

加强珠澳立法协同机制。《横琴方案》明确要求珠海"用足用好珠海经济特区立法权"，立足改革创新实践需要，根据授权，可以对法律、行政法规、地方性法规作变通规定。为此，珠海专门成立"珠海经济特区立法研究中心"，选配高素质法律专才，有效连接内地及港澳法治领域的智库资源，围绕粤港澳规则衔接、珠澳合作体制机制创新、特区立法创新等开展立法研究，全力推进市场经济、城市治理、民生等重点领域巩固改革创新成果，为立法决策提供参考。珠海也与澳门立法会、法务局等建立沟通联系机制，聘请港澳地区有关法律机构作为人大常委会立法顾问单位，搭建学习港澳及国际先进立法经验的桥梁。珠海在法治轨道上进一步推进全面深化改革、扩大开放、积极推动粤港澳大湾区建设的一系列创举，为新时代中国特色社会主义法治建设贡献了更多珠海经验。

（3）便利港澳居民发展，助力粤港澳建设宜居宜业优质生活圈

截至2021年11月，办理珠海市居住证的澳门居民超过12万人，占澳门居民总数的17.60%。澳门居民参加珠海城乡居民和企业职工养老保险人数、参加珠海基本医疗保险人数以及在珠海购房置业人数三项指标都超过了4万人。内地、澳门与香港三地的金融管理部门共同推出"跨境理财通"试点业务，是首个为个人投资者专设的跨境资产配置通道，横琴深合区及港澳居民可以通过该通道跨境投资对方银行销售的合格投资产品或理财产品，为横琴深合区金融改革创新提供新的实践及发展机遇。"跨境消费通"也开启线上运营，作为一个专门的跨境法律服务渠道，及时帮助跨境消费者解答疑难，有效地把矛盾纠纷尽量解决在消费前端，为澳门居民在珠海（横琴）置业生活衍生的跨境消费提供释法咨询和维权指引，促进横琴与港澳跨境生活要素的高效便捷流动。为给港澳居民来珠海发展提供一套覆盖全面、针对性强、实用性强、可操作性强的办事指引，2021年11月12日，珠海发布了《便利港澳居民在珠海发展60项措施》及其实施细则，体系化梳理了港澳居民在珠海居住生活、就学就业创业、科技创新合作、经贸交流合作、社会文化教育交流等五方面60项具体的政策措施，展示了港澳居民在珠海发展的全面立体图景，珠海以打造港澳居民宜居宜业之城的力度和诚意增强了港澳居民来珠海发展的信心和意愿。

2. 数字赋能，技术创新，助推政府治理体系现代化科学化

《支持意见》提出，支持珠海建设"城市大脑"，助力珠海加快建成

现代化国际化、未来型生态型智慧型城市。为进一步加大数字技术在政务服务领域的应用力度，深入推进政务数据跨地区、跨系统、跨部门共享，珠海市印发《珠海市新型智慧城市"十四五"规划》（珠智办〔2021〕3号），为新型智慧城市发展明确了总体思路，提出打造"1+1+4+N"的智慧城市总体架构①，全面推进新型智慧城市建设与城市发展战略深度融合，打造全国领先的新型智慧城市。

（1）建立"数据海关"，创新全国数据要素市场化配置标杆

珠海市大力推进数据治理工作，积极响应广东省数据要素市场化配置改革要求，加快激活数字经济巨大动能，探索构建跨境数据高效有序的流通机制。2021年9月，中共珠海市委全面深化改革委员会第七次会议审议通过《珠海市数据要素市场化配置改革行动方案》，作为全省首份市级行动方案，珠海以"三一、三百"的架构开展珠海特色数据要素市场化配置改革。"三一"即一套科学完备的制度框架、一个珠澳融合的跨境体系和一个活力效能的特色市场；"三百"即围绕智慧化政务服务、智能化城市治理、精准化科学决策，打造三百个城市数字化转型的示范性、引领性创新应用。珠海不断完善公共数据和社会数据开发利用的制度框架，创新跨境数据服务能力体系，培育特色数据产业和市场，在公共数据资源治理方面实现了三个首创性能级飞跃，包括规范引入和使用社会数据的生命周期管理，将社会数据管理与信息化项目管理相结合，开展社会数据引入使用和集约化管理。通过多源数据有机融合，充分激发数据赋能和创新效用，助力数字经济高质量发展。截至2021年10月，珠海累计归集各行业共70多个部门12亿多条数据，已建数据资源目录5000多个；开放全市40多个部门的500多个数据集；推出了涉

---

① "1"体化智能设施筑基，集约部署融合感知基础设施、高速通信网络设施及协同存算设施，构建新型数字基础设施体系，支撑泛在、高速、协同的信息化发展需求。"1"个大脑赋智，打造城市数据枢纽、共性赋能平台及智慧管理中心，聚数赋智，为珠海市新型智慧城市注入大数据、人工智能、区块链等新一代信息技术发展动力。"4"类场景牵引，围绕城市治理、民生服务、数字经济、数字合作四类智慧应用场景。"N"个智慧应用，围绕珠海市经济社会各领域信息化发展需求，聚焦人民群众重点关切的问题和政府部门的业务需求，推出N个智慧应用，全面支撑经济社会数字化转型。

及交通、医疗、教育、政务等50多个领域的创新应用。①

（2）探索"云端政务"，建设一体化在线政务服务平台

珠海积极探索、全力推进数字政府各领域深度协同发展，让智慧城市变成触手可及。税务部门创新开设税务集约处理中心，对全市纳税人通过线上办税渠道提交的16类215项业务事项进行"云上办"集中处理，线上业务的平均响应时间由原来的两天减至半小时以内，实现了"服务不见面，时刻都在线"。截至2021年7月底，全市集约处理中心共受理业务85.3万笔。税务部门还联合市社保局成立社保便民服务中心，在全省率先推行社会保险全链条业务"一窗通办"模式。业务数量已达20项，占总社保业务量的43.48%。截至2021年10月17日，共办理跨部门通办业务2268单，接待缴费人6000余人，节省8688小时办理时间。② 审计部门上线运行数字化在线审计系统，推出审计项目在线实施和日常监督、区域经济体检"一体两翼"的大数据审计工作新模式，打造在全省乃至全国具有创新示范意义的审计交互平台，实现审计全流程数字化。市公安部门更是积极打破各警种间的业务壁垒，推出多功能警务自助服务一体机，14项业务24小时随到随办警务服务，为群众带来优质、高效的服务体验。市司法局积极打造一体化智能化公共法律服务应用平台，对接广东省统一身份认证和珠海市政务服务数据接口，建成"云端司法"大数据中心，收集全市6000多名法律人才"智库"，实时对接12348法律咨询专线、广东法律服务网等的业务数据"智享"，成为全省首家对司法行政开展数据建模的地级市司法局，在"2021·全国政法智能化建设技术装备及成果展"上，被评为"智慧司法创新案例"。云端政务不仅提升了政务的协同便捷性和安全性，也推动了政府决策的科学化以及公共服务的高效化。

---

① 《率先破题应用社会数据，珠海打造数据要素资源高地和国际化数据融合支点》，https://www.aisoutu.com/a/856367，2022年6月20日。

② 《珠海：社保"一窗通办"真便民，20分钟可办妥》，https://guangdong.chinatax.gov.cn/gdsw/bmbscfxd_mtsd/2021-12/07/content_56a8b5a13258457e8908b76fb523c9c2.shtml，2022年6月22日。

（3）优化"跨境通办"，开创琴港澳行政服务事项

① 打造跨境政务服务平台

为深入推进"互联网+政务服务"改革，横琴与港澳联手打造"横琴粤澳深度合作区跨境政务服务平台"（以下简称"跨境政务平台"）建设项目，运用区块链、大数据、人工智能等先进技术，整合多部门政务服务系统，打通数据壁垒，集成跨境办公申请、商事登记、横琴出入境线上申报等337项政务服务。① 该平台设"粤澳特色服务"专区，推行集约化的便民利企服务，澳门居民可通过横琴政务服务网点击进入"粤港澳大湾区粤澳（横琴）特色服务专区"，开创琴港澳行政审批服务事项"跨境通办""一网通办"新模式，并且还可以通过电子印章赋能在线申请和在线取证，全流程电子化服务有效节约了企业的办事时间和成本。该平台的"政策解读"模块更是汇集了横琴深合区发展的交通、教育、医保及投资创业优惠等政策，增进港澳居民在大湾区和横琴的工作生活福祉。

② 探索琴澳跨境数据安全互通

跨境政务平台通过跨部门联合琴澳两地海关、交警、澳门车检厂等部门，澳门车主通过澳门机动车辆出入横琴综合管理系统，在网页申请后只需当面审核一次后即可办结澳门机动车出入横琴业务；港澳建筑企业及专业人士开启"互联网+备案"新模式，在网页的备案申请模块填写基本信息即可完成资格备案申请；港澳居民可以与内地居民一样通过扫脸即完成身份核验的认证服务，真正实现了内地与港澳三地的个人身份识别与互认。自平台上线以来，共计助力7744辆澳门单牌车完成出入横琴申请，完成网办服务超过12000件，减少澳门企业跑动近19.4万人次②，跨境数据高效有序流通提升了澳门企业及群众来横琴投资创业、生活的便利性，获得了港澳企业和群众的一致好评。

---

① 该数据统计于2021年11月。
② 该数据统计于2021年11月。

③ 组建珠澳跨境数字服务联盟

为深化珠澳合作，协同推进跨境数字服务体系，进一步探索开展跨境开放型、合作型、示范型数字服务融合的创新实践，2021年9月，由珠海、澳门的43家政府机构以及两地跨境服务相关的企事业机构、社团组织、高校、科研院所等结成珠澳跨境数字服务联盟，这是一个跨行业、开放性、非营利性的社会组织，在珠澳跨境进行新技术应用、数字服务领域探索创新、资源共享和专业合作。为此，由广东省政务服务数据管理局创新打造，珠海和澳门协同推出的一站式、移动式跨境数字服务新平台的"珠澳通"App上线，涵盖珠澳经商合作、旅游出行、求职就业、医疗健康等八大板块内容，以及100多项珠澳两地高频公共服务事项，共有超过200篇办事指南，为"在内地的澳门居民"以及"在澳门的内地居民"提供精准的双向多场景服务，推动珠澳加快打造跨境融通数字服务能力体系，共同促进两地公共服务向前发展。

（4）实施"智能监管"，建设信用风险分类管理体系

① 建设智慧市场监管综合服务平台

珠海一直重视信用体系建设，加强监管资源和力量的科学合理配置，积极探索具有珠海特色的市场监管模式。2021年，珠海市继续推进商事主体年报公示服务、经营异常名录管理和严重违法失信企业管理，开展对市场主体"死户"清理的各项工作，加强涉企数据归集共享，按照国家标准改造升级"国家企业信用信息公示系统（珠海）"，完成建设投资近2000万元的智慧市场监管综合服务平台，涵盖应用支撑、市场监管大数据中心、信用综合监管以及风险监测预警系统等12大模块，深度挖掘数据共享与更新，打破各业务条线之间的信息壁垒，对网络主体、电商平台、在线云搜索、存证取证执法4个系统功能启动网络交易监管，实现线上线下一体化专业监管目标，促进市场监管数据整合和智能监管一体化。

② 形成全方位市场信用监管体系

珠海市不断加强以信用为基础的新型监管机制建设，在重点领域大力推进信用建设，根据国家"互联网＋监管"系统企业信用风险分类评

价规范，立足于市场监管职能，启用企业信用风险分类管理系统。从企业的基本信息、经营行为、履约历史、监管信息、成长潜力等维度收集并细化指标项，初步建立包含20个一级指标、50个二级指标、107个三级指标的风险指标体系，便于对企业信用风险进行科学的分类评定；还可以搭建信用风险监测预警系统，建立企业风险发现、识别模型，开展对重点行业、重点区域整体信用风险状况的数据挖掘和化解；同时，通过信用风险分类结果的强化应用，实现差异监管和精准监管，提升监管的针对性、均衡性和科学性，夯实法治诚信社会环境根基。

3. 对标评价、互促共建，持续优化市场化法治化国际化营商环境

珠海作为第一批全国法治政府建设示范城市，在经济社会快速发展的同时，应积极处理好改革、发展与稳定的关系，提高用法治思维、法治方式解决问题的能力。营商环境是市场经济的培育之土，也是城市竞争力的提升之本，珠海一直致力于优化营商环境，将其视为实现地区发展的关键要素，以衔接港澳为牵引，以法治珠海建设推动营商环境整体优化，培育和激发市场主体活力，保障和促进现代化国际化经济特区的发展。

（1）对标评价体系，增强营商环境制度竞争力

2021年，珠海围绕全国营商环境评价体系，加强实践导向和问题导向，抓好营商环境法规制度的实施，健全市级国家营商环境评价组织机制，常态化开展"以评促改、以评促优"工作。连续出台《珠海市以评促改优化营商环境工作方案》（珠府办〔2021〕7号）、《珠海市"一照通行、联动激励"涉企审批服务改革试点实施方案》（珠府办〔2021〕9号），持续深化"放管服"改革，再造涉企审批按需组合"一次申办"、智能导引"一表申请"、并联审批"一键分办"、证照信息"一码展示"等四种服务模式。优化工程建设审批流程，简化审批手续，推进办理建筑许可效率和质量双提升。深入推进"证照分离"改革，深化告知承诺制改革，提高政务服务标准化水平，为企业全生命周期提供服务。对接省企业开办"一网通办"系统，使珠海商事登记、涉企经营许可事项"湾区通办""跨境通办""一照通行"，实现港澳资企业登记注册离岸

办理，粤港澳三地企业登记实现信息共享和资质互认，力争在营商环境方面实现与澳门高度趋同，与澳门实现跨境资本自由流动，切实降低制度性交易成本，营造公平、透明、可预期的营商环境。

（2）优化通关协作，促进跨境贸易便利化

珠海作为全国重点口岸城市，自2019年始不断加强与海关、边检、海事等部门协调合作，连续三年出台专门措施，优化通关流程、降低通关成本，通关效率位居全国、全省前列。2021年4月，拱北海关再次聚焦市场主体关切，对标国际先进水平，推出促进跨境贸易2.0版便利化措施，进一步简化随附单证措施，推进入境货物检验检疫证明电子化，开展与境外检验检疫证书联网核查，推出在进出口环节可以通过国际贸易"单一窗口"一口受理和自主打印监管证件。结合市场主体需求，深化"提前申报""两步申报""两段准入"等改革措施，为企业提供便捷的通关选择。拱北海关立足联通港澳的区位特点，扎实推进澳门制造食品输入内地的安全监管合作和区域性通关便利化协作，探索开展大湾区组合港、"湾区一港通"模式试点，压缩进出口环节边境合规时间，提升大湾区物流效率。2021年10月，珠海市政府通过《珠海市优化口岸营商环境促进跨境贸易便利化工作方案（2021—2023）》，在促进通关作业无纸化电子化、推进智慧口岸及智慧港口建设方面，加快打造市场化、法治化、国际化口岸营商环境。

（3）高标准工作引领，促进城市高水平开放

珠海自2017年以来，全面推进"标准国际化创新型城市"示范创建。作为最早设立市级标准化战略工作联席会议制度的城市之一，珠海率先出台地级市地方标准管理办法，为城市治理现代化探索标准支撑路径，形成市、区两级横向协调、纵向联动的标准化工作机制，实现全省国际标准化组织主席职位由零到一的突破，全国增材制造标准化技术委员会秘书处落户珠海。在家用电器、智慧城市、电子信息等领域，探索"标准+认证+品牌"发展模式，由珠海市龙头企业参与制定国际标准11项、国家标准26项，在跨境管理、分线监管、注册审批等方面率先推进团体标准，对跨域机动车服务管理研制湾区标准等，初步构建起标

准国际化发展新格局，助力千亿级产业提质升级。目前，珠海已构建起了"全社会、全领域、全过程"的城市标准化工作新模式，在城市可持续发展中，标准化的经济效益、社会效益、生态效益显著，是全省唯一在历届省政府质量工作考核中均获评优秀等次的地级市。2021年12月，珠海顺利通过示范创建评估验收，获评"标准国际化创新型城市"。

（4）共建服务平台，推进知识产权协同保护

知识产权保护制度是衡量法治化营商环境的重要指标。2021年，珠海市继续推进国家知识产权示范城市建设，把"知识产权的保护"列入智慧城市"十四五"规划发展目标之一[1]，全力构建知识产权保护平台，深化促进珠澳合作交流，持续加强知识产权管理、保护、运用、服务，为珠海打造粤港澳大湾区知识产权保护高地提供有力保障。在全国营商环境评价中，知识产权创造、运用和保护作为18个一级指标之一，珠海该项指标评价结果在全国地级市中排名第三，珠海成为该领域的标杆城市。

① 共建琴澳知识产权公共服务平台

科技创新是粤港澳大湾区建设的重要驱动力量。自2016年以来，横琴通过"横琴国际知识产权保护联盟"平台，构建知识产权"五环节一平台"工作机制，形成知识产权全链条培育和保护监管体系，并联手港澳共建港—琴—澳跨境知识产权保护与服务合作机制。2021年4月26日，珠海再次联合澳门大学、澳门科技大学、澳门知识产权服务中心等单位签约共建"琴澳知识产权公共服务平台"合作协议，在门户框架、大数据检索、知识产权运营、活动管理、维权援助、产业联盟及专利池、培训和专利数据库等方面加强合作，帮助和引导企业通过知识产权在市场竞争中获得优势地位。横琴新区知识产权培育建设项目同时启动，成立横琴新区商标品牌培育工作站和七弦琴国家知识产权运营平台、知识产权工作服务站，为琴澳企业的知识产权注册、管理、保护和品牌运用等提供全方位、深层次、一体化的知识产权综合服务，推进琴澳知识产

---

[1] 《关于印发〈珠海市新型智慧城市"十四五"规划〉的通知》（珠智办〔2021〕3号）。

权保护规则"软联通",为科技创新和经济高质量发展提供有力的服务支撑。

② 强化知识产权全链条保护

知识产权保护是一个系统工程。珠海针对知识产权保护的痛点难点,不断加强知识产权行政和司法的协同保护,推进知识产权保护规范化、法治化。公安部署对重点行业、重点企业开展预警防控、普法宣讲,严厉打击知识产权违法犯罪,与相关职能部门在涉案线索收集、移送、调查取证、行政刑事联合打击等环节初步形成快速联动的执法合作机制。两级法院知识产权审判庭"三审合一",秉持保护知识产权就是保护创新的理念,严厉打击侵权行为,加强知名品牌保护,全面构建知识产权侵权联合惩罚机制,积极探索知识产权立体司法保护;检察机关出台《关于进一步强化知识产权保护工作保障和促进高质量发展的实施意见》,在四个方面提出12条举措,率先在全国检察机关探索知识产权检察职能统一集中行使的新模式,大力建设全市检察机关知识产权专业化办案机构和团队,积极参与打击侵犯知识产权专项行动,开展涉及知识产权的民事、行政、公益诉讼案件的立案监督,市检察院还设立惩治和预防侵犯知识产权犯罪教育基地,帮助企业建立侵权风险快速反应机制,使知识产权检察保护更加高效和有针对性;司法部门与多家行政部门共同签订《珠海市知识产权司法与行政协同保护框架协议》,促进知识产权行政执法标准和司法裁判标准的统一,并完善知识产权行政执法和刑事司法衔接机制,共同打造粤港澳大湾区知识产权保护高地,为珠海创新驱动发展和法治化营商环境建设作出更大的贡献。

③ 完善知识产权纠纷化解机制

知识产权纠纷的多元化化解是实现国家知识产权治理现代化的重要举措。珠海不断加强知识产权全链条保护的统筹协调与综合施策,印发《珠海市市场监督管理局专利侵权纠纷行政裁决试点建设工作方案》,健全知识产权行政裁决与调解制度,加强社会监督共治。依托中国(珠海)知识产权保护中心,成立珠海市知识产权人民调解委员会和珠港澳知识产权人民调解委员会,整合珠港澳三地调解资源,搭建知识产权调解联动工作平台，统一受理并调解有关部门委托的知识产权纠纷，为创新市场主体提供快速、灵活、便捷的知识产权纠纷调解途径。中国（珠海）知识产权保护中心分别与珠海市国际仲裁院、珠海市香洲区人民法院签署《关于建立仲调对接机制的合作协议》《关于建立诉讼与调解相衔接的多元化纠纷解决机制合作协议》，实现知识产权系统和仲裁机构、司法机构调解机制的高效衔接和优势互补，减少企业维权的时间成本和诉讼成本，推动构建珠港澳三地共商、共建、共享的多元化知识产权纠纷化解，加速释放知识产权的经济社会效益。

4. 诉源治理、多元解纷，全面贯彻新发展理念

法治社会不仅需要一整套多元化、立体式的纠纷化解途径和体系，更应关注纠纷的源头治理，将矛盾消解于未然、将风险化解于无形。珠海法院将化解矛盾、定分止争职能嵌入诉源治理大格局，实现案件"分流、调解、速裁、快审"多流程有效衔接，通过办案效率"快"和办案流程"简"提升审判质效。珠海检察系统以全新理念、更高要求推进检察工作，切实履行好"公共利益代表"的职责使命，聚焦国家利益和社会公共利益，规范推进公益诉讼检察工作向高质量、高品质发展。

（1）全面推进一站式诉讼服务体系和一站式多元解纷

① 加强信息化建设，创新跨境司法服务机制

珠海法院充分运用以信息化为核心的智慧法院建设成果，推出从立案到审理全过程的"线上+线下"诉讼信息化司法服务，为境内外当事人提供更优质的司法公共服务，努力构筑现代化、国际化法治服务新高地。

线上跨境立案。横琴法院[①]升级"广东微法院"小程序功能，全面推行跨域立案，稳步开展当场立案、自助立案、网上立案，形成线上线下相结合的便民立案新格局。通过人脸识别、电子签名等技术手段，完善案件查询、诉讼风险评估、智能咨询、线上预约等多项诉讼服务"一站通办"，整个过程以视频方式存证留痕，确保信息真实有效。横琴法

---

① 横琴法院，即珠海横琴新区人民法院，2021年12月更名为横琴粤澳深度合作区人民法院。

院还以视频在线的方式推出"授权见证通"小程序，跨境诉讼当事人和受委托律师可以通过视频在线顺利自助跨境签署授权委托书、授权委托承诺书等，实现自助授权委托见证"在线云面签"。截至2021年11月20日，横琴法院诉讼服务中心已完成在线授权委托见证174次，全流程最快仅需5分钟。①

网上远程阅卷。横琴法院深入推进电子卷宗随案同步生成和深度应用，充分利用司法数据资源，在"广东法院诉讼服务网""粤公正"小程序平台开通网上阅卷功能，并逐步对已经归档的纸质卷宗开展档案电子化工作，当事人、代理人登录平台即可打破时间、地域限制，实现远程阅卷。截至2021年，为当事人提供28次网上阅卷服务，有效提升了司法为民水平。

跨境特色联合调解。为提高调解工作质效，横琴法院紧跟粤港澳融合发展趋势，探索实践"内地调解员+港澳调解员"联合调解工作模式，创新推出跨境纠纷联合调解机制，由内地调解员与港澳调解员分别对接境内外当事人，以线上或线下方式同时开展调解工作，携手助推纠纷化解。在一起因借贷关系引发的跨境纠纷中，横琴法院常驻调解员在多元解纷中心发起网上调解，邀请香港调解员事先通过微信、电话方式与香港当事人联系，在境外现场协助香港当事人加入网上调解，通过公平、贴心的调解氛围促成纠纷高效化解。该跨境特色调解机制入选在全市复制推广的横琴自贸试验片区第五批改革创新举措。

智慧法庭建设。横琴法院不断强化法院信息化技术保障，积极加强智慧法庭的数字化、信息化建设，加快推进审判体系和审判能力现代化。目前，11个审判法庭均建设了庭审录音录像系统、庭审直播系统，促进了庭审活动和法官行为更加规范有序，保证了庭审活动的权威性。针对不同业务应用场景，建设具备远程提审系统的刑事审判庭、具备网上开庭系统的民事审判庭等，实现远程传召当事人和远程视频开庭，为当事

---

① 资料来源：http://www.hqcourt.gov.cn/list/info/1182.html#anchor，2022年7月1日。

人提供最优司法服务，既方便当事人诉讼、方便法官办案，也方便群众参与旁听庭审，有效拓展了司法公开的深度和广度。

② 深化和发展"枫桥经验"，促进矛盾纠纷源头化解

诉源治理是社会治理的重要组成部分，是对"枫桥经验"和多元解纷的深化与发展。珠海法院确立调解等非诉机制先行前置的原则，联动政府部门、群团组织、行业协会广泛参与社会综合治理，将诉讼作为纠纷化解的最后一道防线。市中级人民法院根据案件类型，发挥行业调解的专业优势，实行"对口分案"，借助"法院＋工会""法院＋行业协会""法院＋知识产权中心"等诉调对接模式，有效契合矛盾多元化解的现实需求；横琴法院与入驻的11家调解机构组建多元解纷中心，使诉前多元解纷联动衔接，推动跨境纠纷集约高效化解；斗门区人民法院设立调解协议司法确认专窗，依托广东省道路交通事故纠纷一体化处理网上平台，创新完善"诉前调解＋诉后司法确认"线上解纷模式，并主动延伸审判职能，联合司法所和社区设立首个"法庭＋司法所＋社区"调解工作室；香洲区人民法院在前山街道凤祥社区设立全市首个"驻社区诉讼服务站"，依托"特邀调解员和人民调解员"为基层群众提供家门口的纠纷化解服务。诉源治理以高质量和低成本的方式实现了社会矛盾纠纷的源头预防、前端化解，是新时代对"枫桥经验"的坚持和传承。

③ 推进分调裁审机制改革，优化司法资源配置

准确把握繁简分流标准。珠海严格遵循司法规律，推进案件繁简分流机制建设，各级法院在诉讼服务中心均设立了专门的诉调对接窗口，由专人负责委托或委派调解案件的分配以及案卷材料的流转登记，开展案件的繁简识别与分流。市中级人民法院通过清单管理建立标准化的案件识别分流体系，根据案件所涉类型、调解员专业特长，实行"对口分案"；金湾区人民法院建立"案由＋标的额＋诉讼程序"等复合识别标准，实现案件快慢分道；斗门区人民法院则结合分案系统识别与人工识别的方式，促使案件快速分轨办理；香洲区人民法院建立两次分流制度，通过立案前诉前调解案件分流与立案后小额诉讼及普通案由分流，司法

资源的分配更加合理。

灵活运用速裁快审机制。珠海法院以简案快审提高审判效率、繁案精审保证审判质量为目标,灵活运用速裁快审机制办理案件。市中级人民法院建立由诉前调解员记录的无争议事实记载机制和无异议方案认可机制,为速裁审理提供参考,以诉前专业调解对接诉讼,辅之以类案集中办理和示范诉讼等方式,推动简案速裁快审;香洲区人民法院从专业类案件(如金融)审判的规范化和专业化着手,制订专业类案件审判操作流程,采取同审同判方式建立类案固定审理机制,并引进金融智审平台,实现电子数据共享、文书自动生成、电子送达等功能的审判管理模式;横琴法院专设两个速裁团队,对涉外涉港澳台案件,构建"集中证据交换、集中排期开庭、当庭调解宣判"的速裁结案模式,维护跨境当事人合法权益。速裁快审让公平正义提速增效,不仅优化了司法资源配置,也大幅提升了审判质效。

(2)服务民生关切,促进国家治理,推动科技赋能检察监督

① 发挥检察公益诉讼职能,守护百姓美好生活

检察机关公益诉讼是检察机关充分发挥法律监督作用、运用司法手段保护公共利益的重要职责,也是推进依法治国、建设法治政府的重要举措。为进一步推进检察机关公益诉讼工作,珠海市人民代表大会常务委员会通过《珠海市人民代表大会常务委员会关于加强检察公益诉讼工作的决定》,从五个方面为加强检察公益诉讼工作提供了强有力的制度保障。珠海检察机关积极探索创新"检察一体化"机制,在全省率先成立"珠海市公益诉讼检察指挥中心",充分利用以"智慧珠海综合服务平台"为基础的"绿水青山一张图系统",结合大数据、卫星遥感等进行数据采集、处理和服务,切实发挥新科技在办案中的数据赋能作用,实时监测掌握包括自然资源、海事、生态环境、水务、交通运输、农业农村、城市管理等7个职能部门资源环境的情况和变化趋势,开展分析与统计,提升公益诉讼线索发现、调查取证能力,为全市范围内公益诉讼案件开展"统一组织、指挥、协调",实现"一体化"办案,为人与自然和谐共生的美好生活贡献更多的公

益检察力量。

② 落实少捕慎诉慎押政策，推动审前羁押率降低

作为广东省检察院确定的降低审前羁押率工作试点单位，珠海市检察院统一思想认识，强化人权司法保障，充分发挥检察主导作用，与市公安局联合成立"非羁押保障措施专责小组"，采取双组长模式，共同推动降低审前羁押率工作，对轻微刑事案件提前介入，繁简分流，引导侦查机关降低呈捕率；在审查逮捕环节，严格把握逮捕条件，牵头制定社会危险性评估机制，注重社会危险性的证据审查，严把逮捕批准关；加强对羁押必要性的审查，充分借力认罪认罚、公开听证等多种方式，结合绩效考核导向，严格控制逮捕羁押措施的适用，体现司法宽和与谦抑。2021年1月至5月，珠海市检察院审前羁押率为51.03%，与上年同期的72.86%相比，下降了21.83个百分点，真正发挥了少捕慎诉慎押刑事司法政策在深化诉源治理、释放司法善意、修复社会关系、促进社会治理方面的作用。

③ 践行"穿透式监督"理念，开展行政非诉执行类案监督

珠海市检察机关对交通运输、自然资源、人力和社会保障、食品药品以及住房和城乡建设五大领域典型行政违法行为，坚持全面审查原则，大胆探索行政非诉执行类案件监督工作，发挥"一手托两家"职能，既监督人民法院公正司法，又促进行政机关依法行政，创造性地构建"三+"办案模式。一是"强领导+重整合"，即强化组织领导，组建由分管院领导任组长的办案小组，选任具有丰富办案经验的检察官充实行政检察办案队伍，以专业化为导向，通过市区一体化办案机制，提升行政检察类案件监督质效；二是"强摸排+重审查"，通过积极开展专项活动、联系市民热线、查询裁判文书网等手段开拓案源，获取线索，通过多次、逐项分类梳理摸排，对线索进行调查核实，研判发现深层次、具有共性的司法执法和行政管理问题，提高类案监督的精准度；三是"强统筹+重跟进"，运用"分阶段法"从线索摸排到立案办理，再到制发检察建议，由市检察院分阶段对各区检察院的工作进行统筹和跟进监督。行政非诉执行类案监督办案模式有效形成检察机关与审判机关、行

政机关的共识，达到"办理一批案件，治理一个领域"的效果，对于维护社会公共利益、促进依法行政、规范非诉执行活动具有重要意义。

（3）加强涉外法治体系建设，共建跨境法律服务合作平台

① 推进大湾区优质公共法律服务建设

珠海将建设优质公共法律服务体系写进全市经济社会发展"十四五"规划，宽视野、高标准统筹谋划公共法律服务体系，建设粤港澳大湾区公共法律服务最优质城市。不断完善涉港澳公共法律服务的规则制定、政策衔接和资源配置，在劳动争议、知识产权、金融等领域创新公共法律服务的内容、形式和供给模式。积极构建珠海特色公共法律服务信息化体系，通过移动端"珠海智慧司法"微信小程序，为港澳居民企业提供行政复议、法律援助、公证业务等申办指引。远程视频公证服务为居住在国外的中国公民，以及我国港澳地区的同胞快速便捷办理公证事项。2021年，全市公证机构共办理涉港澳公证事项9804件，约占全市公证业务量的27.70%。充分发挥法律援助服务民生的作用，深化珠澳法律援助合作，建立涉军维权法律援助联络点、残疾人法律援助工作站，在全省率先将港澳人士纳入法律援助范围，让优质的法律援助服务给予更多的人文关怀。市司法局、市总工会与澳门工会联合总会共同签订《珠澳劳动者法律服务中心框架协议》，探索跨境法律服务融合与衔接，建立两地劳动者法律援助案件转办、沟通联络等双向协作机制。2021年共为港澳居民提供法律援助案件29件，2021年珠海市法律援助处荣获广东省五一劳动奖状。

② 打造涉外公共法律服务中心

为加快涉外法治工作战略布局，珠海市立足于粤港澳大湾区和横琴深合区公共法律服务的实际需求，集聚粤港澳大湾区涉外法律服务要素资源和法治力量，成立涉外公共法律服务中心，组建了由131名珠澳律师、32名涉外公证员、233名珠澳调解员组成的法律服务团，为在大湾区工作生活的港澳居民及企业提供调解、公证、法律援助、法治宣传、法律服务交流与研究等12项法律服务。中心突出涉外差异化法律服务功能和线上服务功能，搭建粤港澳和横琴深合区法律服务合作交流的桥梁，

加强与高校、境内外高端研究机构培训合作，建设"珠澳律师训练营"等培训载体，开展高层次涉外法律服务人才整合与培养。利用现代科技手段开展涉港澳（涉外）全景式、融入式法律服务体验。依托入驻中心的各类研究机构，为港澳学者与内地研究人员共同探索粤港澳及横琴深合区法治理论融合研究提供条件，实现公共法律服务触角最大化延伸，为推动粤港澳大湾区高质量发展和高水平开放提供更为坚实的法治保障。

③ 建设珠澳跨境仲裁合作平台

早在2019年，珠海仲裁委员会就提出"横琴澳珠跨境仲裁合作平台"建设方案的基本思路。在横琴深合区建设背景下，为进一步整合珠海、澳门两地仲裁资源，在横琴共同打造国际化的仲裁知名品牌和跨境争议解决新高地，2021年4月，珠海仲裁委员会分别与澳门律师公会仲裁中心、澳门世界贸易中心仲裁中心、澳门仲裁协会签订合作协议，在粤澳两地仲裁机构间搭建共建、共治和共享合作的"横琴澳珠跨境仲裁平台"。该平台充分对接国际贸易纠纷解决规则体系，使用中文、葡文、英文多语种，由合作各方共管平台，充分运用互联网系统进行身份验证、立案受理、开庭审理和宣传咨询等，双方共享办案秘书、场地设施、取证送达、证据核对、财务管理等服务。各机构以自身名义受理、办理仲裁案件，按各自规则出具裁决书，可实现澳门仲裁机构在横琴运用澳门法律，通过仲裁解决涉澳经贸纠纷。平台体现了独立、智能、便利、协作的特色，对横琴深合区商事纠纷的处理以及粤港澳大湾区仲裁机构的深度合作极具示范意义。2021年11月23日，珠海国际仲裁院发布《珠海国际仲裁院服务横琴粤港深度合作区建设实施方案》，致力于在仲裁领域率先推动珠澳两地规则衔接和机制对接，构建横琴深合区公共法律服务体系，打造国际化区域仲裁中心，为中国与葡语系国家经贸往来、中拉经贸往来和"一带一路"经贸往来提供新的争议解决平台。

④ 共建跨境金融纠纷调解室

随着粤港澳大湾区金融开放的不断推进，为营造平安金融氛围，着力化解金融纠纷，2021年，珠海市金融纠纷人民调解委员会充分发挥调解在建立共商共建共享多元化纠纷解决机制中的基础性作用，不断深化金融纠纷调解合作模式，在加快横琴深合区建设的背景下，进一步推动《粤澳地区金融纠纷调解合作框架协议》的落地实施。珠澳两地金融行业组织借鉴港澳及其他发达经济体先进的金融纠纷解决制度，充分发挥各自优势，共同签署了"3+4"《战略合作框架协议》[①]，并成立了横琴（珠澳）金融纠纷调解室，为琴澳两地金融消费者提供了线上或线下金融纠纷调解"一站式"快速便捷服务，有效避免了传统的跨境诉讼解决金融纠纷存在的程序烦琐、耗时长、成本高等问题，粤澳金融纠纷调处联合工作机制建设将进一步提升金融服务便利化水平，保障金融消费者的合法权益。

5. 市域统筹、系统治理，推进市域社会治理创新发展

珠海市把加强和创新社会治理纳入全市经济社会发展"十四五"规划，成立了由市委书记任组长的平安建设和市域社会治理"双合一"领导小组，高规格建立社会治理领导体制。2021年，珠海市相继实施《珠海市文明行为条例》《珠海经济特区出租屋管理条例》《珠海经济特区物业管理条例》，在市域社会治理方面着力顶层设计，加强实践创新，规范推进镇街综合行政执法改革，完善基层治理框架，从试点开展到全面推进，高质量推动市域社会治理创新发展。

（1）整合运营商大数据，促进精细化城市治理

珠海市政务服务数据管理局联合中国电信珠海分公司、中国移动珠海分公司、中国联通珠海分公司三家通信运营商共同编制了《珠海市运营商人口指标分析规范》，这是国内第一份明确运营商人口指标的地方规范性文件。该规范定义了包括稳定活动人口、日间稳定活动人口、夜间稳定活动人口、潜在流入人口、潜在流出人口、访客人口、过客人口7类16种人口指标，统一了运营商人口指标标准，实现了三家运营商大数据深度融合。政府部门可以有效利用运营商人口大数据开展融合创新应用，为政府部门个性化人口服务管理提供数据支撑，让政府决策更加精准、科学。在此基础上，珠海发布了国内首份市运营商人口指标分析

---

① "3"包括珠海市金融消费权益保护联合会、横琴新区金融行业协会、珠海国际仲裁院，"4"是指澳门世界贸易中心仲裁中心、澳门银行公会、澳门保险公会、澳门保险中介行业协会。

报告，在国内率先实现了基于手机信令人口数据的标准化、规范化，实现了人口治理数据在职住平衡布局、公共设施承载、假日人流监测、公共资源分配等方面的最大化赋能，该实践做法也荣获2021年珠海市"社会治理创新优秀案例"。

（2）加强顶层设计，完善城乡社区治理标准化框架

珠海在顺利完成4个镇街、46个城乡社区治理示范点建设的基础上，不断加强借鉴、复制和推广社区治理和服务创新经验。2021年，珠海继续坚持党建引领，强化基层党的建设和基层组织建设，使每个村（社区）至少配备2名村级后备干部和1名党建指导员，推进社区党委领导下的民主协商机制，建立社区工作者"3岗32级"岗位等级序列和薪酬体系，让基层治理更加规范有序。通过打造品牌调解工作室，全市建成"粤心安"社会心理服务站（室）354个[1]，进一步扩大社会心理服务的影响面，营造积极向上的社会心理氛围。

珠海把标准化的原理和方法融入社会治理和社会服务，将标准化建设与珠海特色的基层社会治理实践紧密结合，出台《珠海市基层自治标准》，形成一整套涵盖基层民主选举、民主决策、民主管理、民主监督及社区协商的"4+1"基层自治标准化体系框架。标准化为基层治理确立规范，通过标准化的手段和工具，形成一个闭环式工作指引，固化基层自治的具体要求和操作流程，指导镇（街道）、城乡社区基层工作人员熟悉基层治理业务知识，规范基层工作实践，做到有标可循、有规可依，提升基层自治的规范化水平。

（3）启动民生微实事，推动治理方式手段升级

2021年2月4日，珠海市委、市政府出台《关于全面实施"民生微实事"的指导意见》（珠委办字〔2021〕6号），全面启动"民生微实事"工作，印发《珠海市实施"民生微实事"工作指引（第一版）》（珠民生微实事领导小组办〔2021〕6号），研究制定《珠海市"民生微

---

[1] 资料来源：联盟中国—中国网，http://union.china.com.cn/zhuanti/txt/2021-10/25/content_41712438.html，2022年7月1日。

实事"项目资金管理办法》《珠海市"民生微实事服务类项目库"管理办法》等，全年共安排专项经费3亿元，通过甄选"代表性强、受益面广、资金量少"的优质服务类项目，在全市复制推广。

"民生微实事"项目把更多资源、服务、管理放到社区，所有辖区居民均可作为项目申报主体，以不同群体的居民需求为导向，社区服务由政府"配菜"向百姓"点菜"转变，快速解决群众身边的"急难愁盼"问题，各级镇街和村（社区）充分发挥紧密联系群众的直接优势，加强群众议事协商，将"民生微实事"与"我为群众办实事"、基层矛盾纠纷排查化解相结合。例如，新竹社区探索嵌入式医养结合创新型服务，以"医护+社工"模式为长者提供居家养老和上门医疗保健服务；凤山街道新溪社区通过"聚爱助残蒲公英计划"，为辖区残障人士开展日常照料、心理疏导的家庭支持服务等。这些项目聚焦微观层面社区治理，通过精准对接服务供给，有效促进了"社区、社会工作者、社会组织、社区志愿者、社区公益资源"的"五社联动"。截至2021年11月月底，全市"民生微实事"项目确定6662个，已完成5479个，涉及服务困难群众、老年人、未成年人等特殊群体的项目达2106个[①]，切实提升了群众的获得感、幸福感、安全感。

（4）开展理论研究，培育社会治理创新优秀品牌

市域社会治理是国家治理在市域范围的具体实施，是国家治理的重要基石。市域社会治理现代化是国家治理体系和治理能力现代化的题中应有之义，也是国家治理效能得到全面提升的重要基础。2021年，珠海市法学会先后成立基层社会治理研究会、珠澳社会治理研究会，聚焦基层社会治理的新机制、新挑战，团结与组织珠澳社会治理领域的专家，倡导、引领基层社会治理、珠澳社会治理研究，完善市域治理制度体系，通过学术交流和人才培养，挖掘基层首创经验，突出市域特色，积极推动研究成果转化，为珠海市域社会治理创新发展提供理论支撑。

---

① 资料来源：珠海市政府官网，http://www.zhuhai.gov.cn/sjb/xw/yw/content/post_3036566.html，2022年7月3日。

珠海连续开展三届社会治理创新培育行动，由市委政法委通过征集、培育、评选等形式，培育走在全国前列的社会治理"一枝独秀"样板创新项目。其中"平安+"市域社会治理指数、"物业城市模式"等优秀项目品牌受到中央政法委和省委政法委的充分肯定，香洲区翠香街道康宁社区、金湾区三灶镇海澄村等基层治理亮点成为珠海社会治理的亮丽名片。2021年9月，珠海开启市域（基层）社会治理项目库建设，该项目库聚焦市域和基层，按政府治理、基层治理、社会协同治理、珠澳合作治理四大板块，精选近百个知名的市域社会治理优秀项目，在自治、法治、智治等方面进行全过程精心培育，不断打造创新亮点，该项目库也成为交流珠海社会治理先进经验和做法、讲好珠海社会治理创新故事的重要平台。2021年12月16日，珠海市评选出平安建设（市域社会治理）"十佳"典范案例。

（5）构建社区联动，打造珠澳社会治理共同体

珠海在跨境医保、执业、办公、纳税和跨境通勤方面推动粤港澳三地规则衔接和联通、贯通、融通，珠海也借助社区服务和社区营造，不断加强珠海与澳门的社会融合、社区融合以及社区治理合作。茂盛社区把握珠澳合作机会，与珠海市社工协会、澳门街坊总会签署《茂盛美好社区发展战略合作框架协议》，三方建立有效联动合作机制，引入珠澳专业资源，成立珠澳社会工作服务联盟，围绕珠澳社工人才培养、社会组织发展等推动珠澳社会治理领域深度合作，利用澳门社会服务的先进理念和经验为生活在珠海的澳门居民提供各类社区服务，搭建邻里社交平台，构筑互助互信网络，努力打造"澳门新街坊""港澳义工站"等品牌项目。在社区党群服务中心专门设立为港澳居民提供咨询的服务平台，让澳门市民真真切切地感受到内地生活的温暖与便利，打造具有大湾区特色的社区治理共同体。

市民政局积极对接澳门养老服务体系，探索珠澳养老新模式，主动服务横琴深合区基层政权建设，提炼优秀社区协商经验，协助横琴深合区探索澳门居民深度参与的议事协调机制，促进澳门居民融入本土社区生活和国家发展大局。在省、市妇联和司法业务部门指导下，珠澳妇联

合作成立珠澳家事调解服务中心，携手探索珠澳家事调解服务联动机制，为跨境涉澳家庭解决矛盾纠纷提供服务新平台。

6. 展望：法治融合背景下，珠海法治建设新思路

新时代，新作为。珠海站在了新时代对外开放的前沿阵地，粤澳两地的经贸合作推动了更深层次的人才、产业、资源要素的融通与交流，珠海与澳门联动的社会治理随着横琴深合区的建设也将深入推进，更多的港澳居民、国际人士将在珠海生活，形成一个国际化社区。《支持意见》要把珠海打造成粤港澳大湾区高质量发展新引擎，建成民生幸福样板城市、知名生态文明城市和社会主义现代化国际化经济特区。《横琴方案》明确指出，横琴要通过粤澳深度合作推进新一轮开发建设和对外开放，将横琴深合区打造成为面向全球、高度开放的新的投资兴业高地，成为壮大提升实体经济的新载体，增强澳门—珠海极点发展的新势能，为粤港澳大湾区率先融入新发展格局提供战略节点支撑。

"十四五"是珠海跨越发展的关键期和破局突围的攻坚期，珠海经济特区要再度升级，迫切需要解决法治政府、营商环境、社会治理、珠澳协同等诸多建设中发展不平衡不充分的问题，解决基础设施、信息资源中的互联互通问题，解决重点领域关键环节问题，解决改革的系统性、整体性和协同性不足问题，解决教育、医疗、住房、社会保障、社会福利等最受关注的民生问题，建成更加现代化、国际化和更高水平的经济特区，要全力支持服务好横琴深合区建设。

珠海将继续发扬敢闯敢试、敢为人先、埋头苦干的特区精神，深入学习贯彻习近平法治思想，按照《支持意见》和《横琴方案》的精神，厉兵秣马、砥砺奋进。在中央和广东省的指导下，紧紧围绕横琴深合区和现代化国际化经济特区建设，在法治领域开创新思路、新技术、新制度，探索珠澳法治融合新路径。统筹发展和安全，深入推进法治政府、法治社会建设，聚焦法治化营商环境优化、科技创新合作、金融市场互联互通、民生事业合作、基层社会治理以及港澳居民在珠海就业生活便利化等领域的重点工作，积极探索和创新政府治理、社会协同治理、珠澳合作治理的新格局，为公共服务及社会福利延伸提供充分的制度供给

和优质的法律服务,促进澳门经济适度多元发展,为在珠海居住的澳门居民提供更加便利、优质的生活空间和生活条件,为建设新时代中国特色社会主义现代化国际化经济特区、横琴深合区提供更有力的法治保障。

(1) 加强立法探索,以法治引领改革创新实践

法律是治国之重器,良法是善治之前提。珠海面临"四区"叠加的重大历史发展机遇,要在习近平法治思想的指导下,坚持"一国"之本,善用"两制"之利,不断完善法律制度体系,用足用好珠海经济特区立法权,立足改革创新实践需要,以推进与港澳规则衔接为重点,从立法层面促进人员、物资、资金、信息便捷有序流动,以法治保障全面深化改革、扩大开放。

① 用足用好经济特区立法权

横琴深合区上升为广东省管理,但并没有涉及行政区划的调整,仍属于珠海经济特区的范围,也适用珠海市地方性立法和经济特区立法。因此,珠海要充分发挥经济特区立法在推进粤港澳大湾区建设以及横琴深合区建设中的重要作用,高度重视立法的引领、规范和保障作用,充分挖掘经济特区立法权的使用空间,最大限度争取全国人大授权、省人大支持,根据授权对法律、行政法规和地方性法规按程序作变通规定,围绕机制对接和规则衔接开展制度创新。

进一步健全地方立法工作机制。推动立法决策与改革创新实践相衔接,使法律法规、政策制定与政府决策相协调,充分发挥"珠海经济特区立法研究中心"的智库作用和研究力量,加强对现行法规的梳理,对涉粤港澳大湾区、横琴深合区建设迫切需要解决的问题开展立法必要性和可行性研究,明确需要调整的有关法律、行政法规目录清单以及相关专项立法需求,增强法律法规的连贯性和可操作性。

加强立法调研与论证。提高立法的透明度与参与度,重视来自基层的现实需求和建议,推进立法协商,注重与港澳规则相衔接,充分发挥港澳法律专业人士与机构的立法顾问作用,为立法服务保障提供智力支持,提高立法质量和效率,兼顾立法目标与社会效益,为促进澳门经济适度多元发展和支持配合服务好横琴深合区建设营造良法善治氛围。

② 推动横琴深合区的制度衔接和政策配套

密切关注国家关于横琴深合区建设的政策方针，聚焦珠海经济社会发展重点任务，推动谋划横琴深合区建设的配套制度与政策，重点推进对横琴新区条例的修订。在推动高质量发展体制机制、要素市场化配置、营商环境、城市治理、生态文明等重点领域和关键环节，拟定全力支持配合服务好横琴深合区建设的包容性地方法规，在粤港澳三地规则衔接和体制机制"软联通"上开展创新性立法；在跨境公共服务和社会保障衔接方面，促进横琴深合区对接澳门的养老、居住、教育、医疗及社会保险，推出更多造福两地居民的务实举措；扩大跨境工作许可及执业资格互认，推动拥有港澳专业技术执业资格的港澳籍专业人士在珠海执业。

③ 加强预防与化解纠纷的制度供给

完善矛盾纠纷多元化解机制是中央提出的重大决策部署，也是深化平安珠海建设、维护社会稳定、服务保障民生的现实需要。珠海应在多元化纠纷解决机制及诉源治理方面先行先试，总结概括珠海乃至广东省或全国其他地区推进预防和多元化解矛盾纠纷机制建设的实践经验，借鉴吸收已有的地方立法成果，突出民本思想和社会自治精神，对预防和多元化解纠纷工作进行系统的制度设计和程序安排，优化配置各类预防和化解资源，健全和完善社会矛盾纠纷多元调处综合机制，使纠纷解决有路径可依、有规则可循，并提高社会治理能力和水平。

（2）促进法治政府建设，打造最优营商环境

① 继续打造法治政府建设示范城市

坚持党对法治政府建设的领导，党政主要负责人切实履行推动法治建设第一责任人职责，进一步对标法治政府建设实施纲要，聚焦法治政府建设目标，加强对珠海依法治市的统筹谋划、整体推动和协同发展，为构建发展新格局、优化营商环境、促进高质量发展提供有力的法治服务和保障。

推动法治政府建设均衡发展。作为全省最早出台的行政复议体制改革实施方案《珠海市行政复议体制改革实施方案》，提出要进一步完善行政复议工作机制，充分发挥行政复议监督功能，加强专业化规范化建

设；总结镇街综合行政执法改革一年来的工作，提升镇街行政执法人员的专业水平和履职能力，规范执法程序；完善智慧执法系统建设，破解综合执法工作中存在的突出问题，弥补短板，提高基层执法能力和水平。

建设数字法治政府。运用互联网、大数据、人工智能等技术手段，深度融合政府治理信息化与法治化，推动政务数据归集共享和业务协同，推动对政府机构、职能、流程等数字再造的法治化进程。

完善法治政府建设的专业化、常态化督查工作。提供法治领域问题导向，加大督查力度，有效发挥督查工作对法治政府建设与责任落实的督促推动作用。

② 持续对标建设最优营商环境

进一步完善营商环境法规制度体系。紧紧围绕贯彻新发展理念、构建新发展格局，坚持系统思维，加强统筹协调，强化基础设计，建立基于新时代社会主义市场经济体制特点并兼顾新产业、新业态、新模式的营商环境法规体系，将珠海营商环境的优化经验和实践举措整合到总体法规层面。在深化行政审批制度改革、完善涉企服务体系、加强法治保障等方面推动市场化、法治化、国际化一流营商环境建设迈上新台阶。

激发市场主体投资信心。优质营商环境建设是政府与市场协同共治的综合治理过程，要以保障市场主体合法权利和高效化解商事纠纷为导向，着眼市场主体全生命周期，平等保护各种所有制经济主体，包括提供平等的准入条件，维护公平的监管环境并提供高效的司法服务，保障规则公平、机会公平和权利公平。

对标最高、最好、最优、最强的营商环境评价。增强营商环境评价的引导和督促作用，推动政府加快转变治理理念和治理方式，在法治框架内积极探索原创性、差异化的优化营商环境的具体方法和措施，针对性解决优化营商环境工作中的各种实际问题。

加强与港澳营商规则的衔接与协调。建立健全粤港澳大湾区一体化营商环境，提升粤港澳大湾区生产要素流动和人员往来的便利性，降低资源跨境流动的制度成本和政策成本，加强科技创新和民生领域的合作，推动知识产权保护规则衔接。

③ 拓展琴澳跨境政务服务的数字创新与应用

在横琴深合区背景下，提出符合横琴实际和特色的"数字政府"规划，搭建一批琴澳数字政府基础平台，推动公共数据普查、对接、资源开发利用，促进并健全琴澳政务数据有序跨境流动；继续深化政务服务"跨境通办"，探索琴澳跨境政务平台、横琴企业专属网页、政务服务一体机、5G政务小屋等创新模式，促进更多涉港澳企业享受线上跨境政务服务。

（3）推进跨境诉讼智能服务，增强大湾区司法互助互信

① 继续推进司法服务智能化发展

继续深化司法改革和智慧法院建设，推动大数据、人工智能、区块链等前沿技术在涉外审判领域与诉讼制度的深度融合，创新司法服务方式和载体，实现人民法院全业务网上办理、全流程依法公开，面向法官、诉讼参与人、社会公众和政务部门提供全方位的智能化服务；以在线诉讼为核心，进一步规范、完善涉外案件在线立案、调解以及在线庭审等机制，完善在线诉讼程序规则和证据规则，保障诉讼参与人诉讼权利；推进审判工作信息化智能化，以互联网为基础，构建集在线咨询、调解、仲裁、诉讼等服务于一体，线上线下相融合的多元解纷平台，便于当事人足不出户参与纠纷解决，提升解纷效率，为粤港澳大湾区和横琴深合区建设提供有力的司法保障和服务。

② 加强粤港澳司法交流与协作

立足粤港澳大湾区"一国两制三法域"的特征，进一步完善民商事纠纷化解和法律冲突解决机制，加强内地法院与港澳法院的沟通合作，定期开展参观访问、专题研讨和业务交流；探索建立司法信息共享网络平台，加强对港澳法律制度的比较研究，拓宽粤港澳大湾区司法案例研究和专项统计分析制度，定期发布大湾区审判情况通报，有效促进司法信息往来；加强粤港澳民商事在司法管辖、送达取证、判决和仲裁裁决的相互认可与执行等方面的司法协作；完善域外法查明和适用体系，丰富涉港澳法律查明资源库和法律数据库，探索允许涉港澳案件当事人协商选择适用港澳法律处理大湾区内民商事纠纷；引入港澳高端法律专业

人才参与珠海法治建设,继续选任港澳人士担任人民陪审员,港澳籍调解员参与涉外、涉港澳台纠纷化解和案件办理,促进涉港澳纠纷平稳顺利解决。

③ 加强重点领域跨境执法合作

在"一国两制三法域"背景下,加强与港澳地区就刑事司法协作等问题进行积极磋商与研究,推动内地与港澳刑事司法协作在国家层面形成制度化的协助安排。在治安、刑侦、边防等领域加强警务合作,推动粤港澳三地犯罪信息交流与反馈,分享、交换和传递犯罪情报和资料,携手共同做好重大活动期间和特殊时期的安全保卫工作,严厉打击电信网络诈骗、赌博、走私、偷渡、贩卖毒品、地下钱庄等跨境犯罪,提高粤港澳三地的联合打击效率。

建立粤港澳三地金融信息交流和共享机制,建立健全跨境金融监管协作机制,健全资金融通保障与金融风险管控机制。贯彻知识产权最严保护要求,加强知识产权跨境保护与执法,加强电子商务、进出口等重点领域和环节知识产权跨部门、跨地区执法协作机制建设。

(4) 实施最优公共法律服务,建立域内外解纷资源协同共享机制

珠海将立足粤港澳大湾区和横琴深合区法律服务实际需求,加强涉外法治理论融合研究,加快推进现代化国际化法律服务业的发展,建设最优质公共法律服务体系,提升涉港澳公共法律服务供给水平,加强人才培养和法治宣传。

① 继续推进涉外公共法律服务中心建设

珠海市涉外法律服务中心已揭牌成立,内设各项机构机制也正在逐步完善。首先,该中心要进一步加强粤澳法律服务机构之间的双向衔接,积极统筹整合粤港澳大湾区涉外法律专业人才和资源的互通与共享,吸引更多的涉外公共法律服务专业团队和法律服务机构,加强培育与合作交流,整合涉外法律服务资源清单,助力粤澳两地公共服务汇集对接。其次,中心要突出涉外差异化法律服务,聚焦港澳居民的实际需求,对于跨境劳资纠纷、物业小区、婚姻家庭等纠纷化解以及港澳青年来珠海创业、就业,提供一站式多元化的公共法律服务,细化政策落实。再次,

要加快构建珠海特色公共法律服务信息化体系,拓展线上服务功能,开发"远程"公共法律服务视频服务系统,探索推动各类公共法律服务的跨境办理,让专业便捷的公共法律服务触角最大化延伸,为在珠海的港澳居民、港澳企业解决问题、协调纠纷、反映诉求提供差异化、一门式、精准式的优质公共法律服务。最后,要借助中心平台,吸引境内外高校、高端研究机构的学术资源和研究团队,共同开展涉外法律、民商事规则衔接的理论研究与法律服务合作,深化珠澳公共法律服务沟通协调机制。

② 努力打造国际化区域仲裁中心

珠海国际仲裁院作为横琴唯一的商事仲裁机构,有责任以横琴深合区建设为契机,充分发挥仲裁制度融合中的独特优势,深入推进珠海国际仲裁院差异化、特色化、国际化改革,创新仲裁机制体制,围绕四大产业对标建立与国际经贸往来接轨的国际化仲裁规则和商事惯例,对接内地与澳门两套民商事规则和制度体系,在仲裁领域率先推动珠澳两地规则衔接。进一步深化珠澳跨境仲裁平台的组织功能、共建功能和治理机制,探索准法人型合作平台模式的发展路径,有效整合珠澳跨境仲裁优势资源,珠澳双方通过依法互聘仲裁员、建立"双涉"案件(同时涉澳涉珠的案件)共同研讨机制等形式的多元化合作,在珠澳跨境纠纷解决和珠澳仲裁制度融合方面推动实现共建,让横琴深合区来自不同法律文化背景的商事主体能更好地利用仲裁解决民商事争议,提升珠海国际仲裁院的仲裁公信力和国际影响力。

③ 深化珠港澳三地联动调解合作

继续推进民商事调解纳入粤港澳大湾区和"一带一路"建设工作体系,形成优势互补、有机衔接、协调联动的大调解工作格局;以建立调解协会为抓手,切实加强全市及粤澳调解资源的统筹协调,规范不同类型的调解制度,推动调解服务领域与国际及港澳规则的衔接,完善双方在调解协议互认、港澳籍调解员资源共享、调解员互聘以及建立调解员专家库等方面的政策依据,促进调解领域工作规则的"软联通";深化珠澳两地特定领域、行业调解合作机制,探索引导珠澳两地社团组织在珠海发起成立商事调解组织,向两地的调解机构推广跨境争议调解相关规则，完善珠澳两地家事纠纷、医疗纠纷、建筑工程纠纷、劳动争议、知识产权纠纷和金融纠纷调解合作与对接机制；在澳门企业、居民聚集区设立涉澳公共法律服务站或涉澳品牌调解室，延伸服务触角，探索更多的跨境纠纷线上解决方案等，为粤澳深度合作提供优质、高效的调解服务。

④加强涉外法治人才培养

加强涉外法治人才培养的整体布局和制度设计。涉外法治人才是涉外法治建设的重要基础和保障，培养涉外法治人才对服务"一带一路"建设、参与全球治理具有重要意义。珠海要扩大涉外法治人才培养规模，将国际化思维融入人才培养全过程，提升人才培养质量。鼓励珠海本土高校与港澳高校以及法律实务部门、法律服务机构开展多种形式的"院所合作"，创新涉外法治人才培养机制，充分调动在珠高校对公共法律服务的参与积极性，吸引高校科研人才与法律专业在读学生参与法治实践，提高其涉外法律事务应用能力。

构建跨境法律职业对接机制。探索粤港澳三地执业范围的跨境法律职业对接，司法行政部门发挥对律师行业的引导和规管作用，拓展粤港澳大湾区法律人才交流与合作，支持粤港澳联营律师事务所的发展，支持境外律所来珠设立代表机构，鼓励更多的港澳律师通过粤港澳大湾区律师执业考试，来珠海从事一定范围内的内地法律事务，或鼓励本市律所在境外设立分支机构，支持本市律所聘请港澳律师担任法律顾问，为律师事务所"走出去"提供更为优质的服务。

（5）建设现代化市域治理体系，共建珠澳优质生活圈

珠海要继续强化共建意识，把社会治理纳入经济社会发展全局谋划，将市域社会治理工作融入粤港澳大湾区建设以及横琴深合区框架考量，放到国家治理体系和治理能力现代化整体进程中推进，在营造共建共治共享的社会治理格局上率先探索，坚持珠海市域社会治理创新路径。

①提高社会治理数字化智能化水平

科学技术是社会发展的强大动力，提高社会治理数字化、智能化水平已成为政府应对社会治理的最佳方案。珠海必须充分运用现代科技手

段，建立健全智能治理体制机制，推动市域社会治理体系架构、运行机制和工作流程智能化再造，实现全要素智慧治理。提升基层智慧治理能力，推动政务服务平台向镇（街道）延伸，统筹推进社区智能基础设施、系统平台和应用终端建设，促进基层治理数据资源共享和向基层开放使用；建设开发智慧社区信息系统和简便应用软件，提升基层政策宣传、民情沟通和便民服务效能，依托平台大数据构建"幸福＋"民生评价指数，量化反映城乡社区治理成效和群众幸福感、满意度，形成智慧互联、一体协作的基层现代化治理体系。

② 继续完善基层社会治理标准化体系

标准化是国家治理现代化的基础。珠海要继续发挥标准化在推进国家治理体系和治理能力现代化中的基础性、战略性作用，充分借力专家智库、加强调查研究、推动成果转化，进一步完善社会治理"标准化＋"体系，推动标准嵌入社会治理的各个领域和各个环节，形成城乡社区治理与可持续发展的标准体系，推动基层治理资源的优化配置，以标准化覆盖城乡社区治理全过程，强化基层治理的规范化、制度化，在市域层面统筹推进新时代社会治理和平安法治建设的科学性和协同性。

③ 建设便利澳门居民生活就业的新家园

以改善民生为重点，打造珠澳国际化教育高地，完善珠澳青年创业就业服务体系，促进珠澳文化交流，共建健康湾区。推进珠澳协同治理，加强珠澳在民生服务、社区治理、社会组织建设、社工人才职业资格互认等方面的优势互补，与澳门街坊会联合总会横琴综合服务中心等澳门社会组织共同开展社会服务、社会保障、社会治理等领域的合作。引领港澳籍居民参与社区治理，在港澳籍居民人数较多的社区，充分借鉴拱北茂盛社区社工服务项目的经验，以党建为引领，以社区社会工作站为依托，引入珠澳专业社会服务资源，推动珠澳社会服务专业建设与合作，打造具有大湾区特色的社区治理共同体，促进珠澳共融。

（6）开启新时代全民普法，培养港澳居民的法治认同

全民普法是全面依法治国的长期基础性工作。珠海要大力开展新时代全民普法，落实公民终身法治教育制度，学习宣传习近平法治思想，

推动宪法、法律融入日常生活。完善国家机关"谁执法谁普法"责任，全面落实普法责任清单制度，在立法、执法、司法过程中开展实时普法，运用社会力量开展公益普法，借助新技术新媒体开展精准普法，推动普法可持续发展，推动普法与依法治理有机融合。

加强社会主义法治文化建设。培育全社会法治信仰，将我国优秀的传统法律文化与社会主义现代法治理念相结合，坚持开放包容，厚植有利于创新的法治文化土壤。推动法治文化与特区文化、红色文化、岭南文化、海洋文化融合发展。提升人们内心深处对于法治的认同、信守与遵从，促进人们更加积极地参与法治实践，形成依法行为的自治与自觉，让公民的法治信仰内化于心、外化于行。发挥毗邻港澳的地缘优势，加强与澳门在法治文化产业方面的交流合作，不断增强澳门同胞对祖国的向心力。

探索涉港澳法治宣传教育新模式。继续打造"服务港澳普法行"品牌项目，依托珠海市涉外公共法律服务中心"涉外法治宣传教育大讲堂"等平台，将普法资源精准对接港澳居民的普法需求，开展现代化、国际化经济特区建设和横琴深合区建设的精准和特色普法，促进粤港澳三地法治认知水平、文化观念的交流与融合，增强港澳居民对宪法及国家惠民政策的认识，以法治精神凝聚粤港澳大湾区的价值共识、法治共识和行为共识，以法治为核心价值观推动粤港澳大湾区和横琴深合区的创新发展。

样本二　法治前海的发展与展望（2021）

1. 基本情况

《中共中央、国务院关于支持深圳建设中国特色社会主义先行示范区的意见》要求："高标准高质量建设自由贸易试验区，加快构建与国际接轨的开放型经济新体制。""进一步深化前海深港现代服务业合作区改革开放，以制度创新为核心，不断提升对港澳开放水平。"中共中央办公厅、国务院办公厅印发《深圳建设中国特色社会主义先行示范区综合改革试点实施方案（2020—2025年）》指出："充分发挥中国（广东）自由贸易试验区深圳前海蛇口片区全面深化改革和扩大开放试验田作用，形成更多可复制可推广的制度创新成果。"创新是自由贸易试验区创制和改革的灵魂。前海秉持"依托香港、服务内地、面向世界"的使命，在法治支撑、引领和保障下，已成为国内发展速度最快、质量最高、效益最好的区域之一，也成为全国制度创新数量最多、复制推广最好的自贸片区之一。截至2021年7月，前海已累计推出645项制度创新成果，在全国复制推广58项，全省复制推广82项，全市复制推广165项，按工作日计算，前海平均3天推出一项制度创新，充分展现了前海全面深化改革开放试验田的功能。上述制度创新与法治的引领和保障功能之间存在密切关联。

2. 前海的做法与经验

2021年9月，中共中央、国务院印发了《全面深化前海深港现代服务业合作区改革开放方案》，前海合作区新增会展新城及海洋新城片区、机场及周边片区、宝安中心区及大铲湾片区、蛇口及大小南山片区四个区域，面积扩展到120.56平方公里，以进一步推动前海全面深化改革开放，在粤港澳大湾区建设中更好发挥示范引领作用。

（1）党建新模式引领牵头抓总统筹各方

前海探索形成拓展融合型基层党建新模式，党建已成为前海开发建设的强大动力，以及社会治理共建、共治、共享的枢纽力量。2018年前海合作区党工委正式挂牌成立后，发展形成前海管理局机关党委、驻区单位党组织、局属公司和合资公司党组织、非公有制经济组织和社会组织党组织四大类型。截至2021年5月31日，前海共有基层党组织137个（党委13个、党支部124个），党员1957名；其中"两新"党组织55个，党员977名。2018年，深圳市委批准设立前海党工委、纪工委，推动前海党的领导由"管自身"向"管全域"转型，形成了"纵到底、横到边"的区域化党建格局。随后，前海先后发布《前海党的建设三年规划（2019—2021）》《关于加强自贸片区党的建设的指导意见》《推进党支部建设三年行动计划（2020—2022）》《前海"两新"组织"两个覆盖"提质行动方案》,党建整体布局蔚为大观。为构建全能型党建阵地,前海党群服务中心启用,开展各类党群活动,广泛开展公益便民活动和企业赋能活动。

(2) 积极推动法规政策出台引领创新

2020年8月,深圳市人大常委会审议通过《深圳经济特区前海深港现代服务业合作区条例》的修订,同时还通过了《深圳经济特区前海蛇口自由贸易试验片区条例》《深圳国际仲裁院条例》。前海管理局作为法定机构的自主权得到进一步落实,可根据确定的限额或标准,自主决定机构设置、人员聘用和内部薪酬制度,可以自行依法组织政府采购,可以依法设立企业,负责前海合作区的土地一级开发,及基础设施和公共服务设施的建设、运营等。

在基础性立法打造格局的基础之上,前海立足金融、现代物流、信息服务、科技服务等领域的特色政策创新,累积出台现代服务业综合试点、外商投资管理、金融业扶持、境外高端人才扶持等方面的50余项产业扶持政策和规范指引。前海还出台系列政策,协助企业群众平稳渡过疫情"寒冬"。《前海防控疫情支持企业共渡难关若干措施》涉及扶持资金1.1亿元,惠及企业数千家,单个企业最高可获扶持资金超500万元。由此,"基础立法+产业性规定+配套性制度规则"的规则体系初步形成。

(3) 公权力服务高效便民

前海围绕打造公平公开、便利高效、持续优化的法治化营商环境,在(政务、司法等方面)公权力服务的高效率、便利企业群众方面,取得广泛成效。

政务服务水平显著提升。2020年度,前海着力开展"照后减证",全年取消审批事项11项,审批改备案事项5项,落实告知承诺及容缺受理事项24项,优化准营管理98项。

构建高标准接轨国际的投资监管体系,企业投资便利化红利持续释放。2021年3月,前海税务局设立港澳涉税专业人士政务服务中心,作为服务保障港澳涉税专业人士在深圳执业的窗口,通过定期开展税务知识培训辅导、业务交流等方式,为多方合作提供孵化支持;打破建设领域深港合作的隐形壁垒,面向港企港人开放建设市场。对香港企业投资或控股开发的项目试行"建筑师负责制",允许符合条件的海外及香港建筑师团队全过程参与。

前海对小型低风险社会投资工程实行"清单制+告知承诺制",办事材料进一步简化,办理时限进一步压缩。截至2020年年底,前海对外发布184项依申请事项和38项公共服务事项,所有事项均可实现网上申办,其中138项许可事项办理时限总体压缩比例达82.90%,即办事项占比达34.80%。企业开办"一窗通"升级到3.0版本,商事登记、税务发票、刻制印章、社保公积金开户、银行预约开户均整合到同一平台,一次填报即可,当天办结完成。

企业用电便利化方面,前海实施用电报装"一网通办",低压接电申请材料缩减为2项,1天内完成用电申请受理签约,外线施工时限压缩到5天,接入用户配电房零收费,电表安装及通电为2天;并实现水电气红线外管线连接工程"零成本",高压接电成本也不断降低。

税务服务方面,前海实施清单式分类化管理。在汇算清缴期即对企业进行分类管理,通过前海区块链+税务服务管理服务云平台,已实现收件、受理和评审的网上办理,认定效率也由此大幅提高,企业成本显著降低。据测算,仅现代物流业企业认定的时间周期可减少45个工作日,费用节省220万元以上。

在构建以三维地籍技术为核心的土地立体化管理模式方面,前海制定了《前海深港合作区三维产权体数据标准》《深圳市前海深港现代服务业合作区立体复合用地供应管理若干规定》,研发了三维地籍管理信息系统,全三维立体划定了一批建设用地使用权,探索了"土地立体一级开发模式",并试点空间不动产权证。[①] 从二维土地供应转向三维空间供应,有利于增强城市空间资源的利用效能和精细化管理水平。该经验

---

① 该创新已纳入修订后的《深圳经济特区前海深港现代服务业合作区条例》第24条第2款:"管理局应当推进差别化土地供应,探索城市地下空间竖向开发、分层赋权等土地管理改革创新,探索试点空间不动产权证,提高土地精细化、集约化管理水平。"

作为广东自由贸易试验区第五批改革创新经验在珠三角九市复制推广之后，又作为自由贸易试验区第六批改革试点经验在全国范围内复制推广。①

2021年以来，前海法院先后发布了外资企业劳动用工风险防范指引，外资企业知识产权的风险防范指引，外资企业矿井投融资风险防范指引，外资企业设立、变更及解散法律风险防范指引，外资企业合同管理中的风险防范指引、外资企业诉讼与仲裁风险防范指引等多个指引，并提供相应外文版本，线上线下同步推广。

司法服务方面，前海法院积极回应企业、群众的多元司法服务需求，全面建设智慧精准、开放互动的现代化诉讼服务体系，打造法治示范区"服务一站式+解纷多元化"新模式。前海法院全面对接最高人民法院的诉讼服务指导中心信息平台，促进信息资源自动化汇聚和智能化管理，实现诉讼服务的网上集约办理和可视化管理。在线上司法服务方面，提供网上立案、在线面签授权、线上送达等司法服务。前海法院还在诉讼服务中心开设"涉外涉港澳台诉讼服务专窗"，提供多种语言服务，为境外当事人提供跨境纠纷的诉讼辅导、立案、调解等个性化司法服务。在调解时，当事人还可选择外籍调解员主持。前海检察院在前海基金小镇综合服务中心设立检察服务窗口，在中国（深圳）知识产权保护中心设立12309检察服务站。

在全面推动社会信用体系建设方面，出台《前海蛇口自贸片区社会信用管理服务办法》，围绕政府监管、市场服务、产业发展三个领域，全面提升片区社会信用体系建设水平。一是制度规则先行。推出《前海蛇口自贸片区告知承诺信用监管方案》，对自愿做出告知承诺的企业，以及虚假承诺或违反承诺的失信企业通过信用平台进行公开公示，根据风险状况加强事中、事后监管，依法查处虚假承诺、违规经营等行为并记入信用记录，形成信用监管的闭环。二是打造平台有力支撑。前海公

---

① 参见《国务院关于做好自由贸易试验区第六批改革试点经验复制推广工作的通知》（国函〔2020〕96号）。

共信用平台打造一批创新特色突出的成果应用，平台已归集来自深圳市70多个政府部门以及市场机构，涉及自贸片区16万家企业超过1300万条信用数据。深圳市发展与改革委、市场监管、公安、法院、检察院、廉政监督局、海关、检验检疫等10余个政府部门以及前海管理局内部累计共开通监管账号149个，其跨部门协同监管平台广受好评。三是功能发挥多样。开发信易租、信易贷、信易托、信用+税收、信用+司法、产品资金领域信用监管、联合奖惩等多种类型功能。比如，在信用+税收方面，通过税务数据与信用数据互认互换，根据前海企业信用评价与纳税信用评级，对评价结果均A的"双A"企业，提供免排队绿色通道、银企融资撮合、发票审批申请"秒批"及"按需供应发票"等税务服务，信用优质企业的办税便利度显著提升。

在助力企业防范法律风险方面，组建前海律师志愿团，组织驻区法律服务机构编制发布《自贸区疫情防控情势下企业法律风险防范指引》，细分为18个法律风险防范指引，涉及316个法律风险点，涉及金融、物流、信息技术、房地产、对外投资和贸易等多个行业，形成防疫情势下企业法律风险防范的强大合力，为防控疫情和经济社会稳定发展提供有力的法治保障。2021年3月5日，深圳首场"八五"普法活动在前海举行，组建一支素质高、能力强、具有高度号召力的普法志愿者宣传队伍，针对企业学法需求进行有针对性的普法宣传。

（4）执法监管有力有效

兜住安全底线，优化监管使风险可控。在产业扶持资金监管方面，前海以信用为主线索构建全链条监管机制。在事前信用核查方面，仅2020年全年就对办公用房租金减免、商业租金减免、防疫物资采购等11个事项共1789家企业进行了信用核查，查处17家企业存在异常情况。

宣传服务先行，预防缓解执法矛盾。前海蛇口自贸片区综合行政执法局坚持宣传教育在先、事前警示在先、发现问题督促整改在先的工作模式，对于简单法律问题，通过电话、口头、微信工作群方式回复，及召开小型工作会议等方式予以指导；针对较为复杂的问题，梳理后与上级部门、有关单位共同研讨，通过下发指导意见或召开座谈会议等方式予以指引，统一《执法提醒告知书》模板并广泛应用，争取企业和市民的理解配合。前海蛇口自贸片区综合行政执法局围绕企业和市民关心的重点领域和突出问题，就乱摆卖、超门店经营、非法营运、违规占地、非法开挖、超限超载等开展多次专项执法行动。由此，执法阻力大幅下降，执法效能显著上升。前海蛇口自贸片区综合行政执法局每季度收集汇总典型案例，落实以案释法制度，发挥其指引、规范、预防和教育功能。

创新监管机制，探索外商投资股权投资企业。[①] 2020年5月14日，中国人民银行等四部委联合发布《关于金融支持粤港澳大湾区建设的意见》，在第十五条中明确提出"开展私募股权投资基金跨境投资试点；允许港澳机构投资者通过合格境外有限合伙人（QFLP）参与投资粤港澳大湾区内地私募股权投资基金和创业投资企业（基金）；有序推进合格境内有限合伙人（QDLP）和合格境内投资企业（QDIE）试点，支持内地私募股权投资基金境外投资；对上述QFLP、QDLP、QDIE试点实施宏观审慎管理，由内地监督管理机构建立健全联合评审制度，加强事中事后监管。根据收支形势适时逆周期调节，防范跨境资金流动风险"。修订后的《深圳市外商投资股权投资企业试点办法》规定，前海地方金融监管局在前海合作区、蛇口自贸片区行使市级地方金融监督管理职权，故对于拟注册在前海合作区、蛇口自贸片区的外商投资股权投资试点企业，由前海地方金融监管局协调推进相关试点工作。

探索第三方巡查机制，效能大幅提升。前海引入第三方安全巡查平台，开展第三方安全质量巡查，协调督办建设项目文明施工、扬尘治理、排水管理、噪音扰民、劳资纠纷等。第三方巡查平台设立后，单项目巡查频率达到4.19次/月，即深圳全市平均水平的4倍，显著缓解了政府监管人手不足、巡查频次低等问题，为提升建设工程质量安全事中事后监管效能提供有力支撑。

[①] 所谓外商投资股权投资企业，即QFLP（Qualified Foreign Limited Partnership），是指由外国企业或个人参与投资设立的，以非公开方式向境外投资者募集资金，投资于国内非公开交易的企业股权的企业。

(5) 司法建设与改革稳步推进

党的十九大报告提出，深化司法体制综合配套改革，全面落实司法责任制，努力让人民群众在每一个司法案件中感受到公平正义。前海全面深化司法体制综合配套改革，其主要做法如下。

前海法院出台专门文件，探索跨境案件在线审理，探索扩大普通程序案件独任审理的适用范围，明确案件标志、审判组织转换等程序，充分尊重当事人的程序选择权，并进一步严格落实司法责任制。深圳知识产权法庭进一步完善"速裁+快审+精审"的三梯次审判工作格局，形成简单案件由速裁团队模块化审理、外观设计和部分实用新型专利案件由快审团队集约化审理、重大疑难复杂案件由精审团队精细化审理的模式。由此，审判程序简化而当事人权益不减，法官权力扩大而司法监督更严。

前海法院依托深圳融平台，对调解案件实行云管理，为在册特邀调解员开通融平台账户，港澳地区调解员无须到场，不仅可远程进行案件管理，还可根据不同国家地区的通信习惯，应用各类社交软件开展线上调解。

创新推出诚信企业司法激励机制。前海法院出台《关于在执行工作中进一步保障前海蛇口自贸片区诚信建设的指引》，完善诚信企业司法激励机制。前海管理局公共信用中心与前海法院共享诚信企业清单，从失信违规、经营情况、荣誉成果、关联风险、舆情信息等五个维度，通过对17个二级指标共117个评分子项的分析，运用机器学习模型评定出信用A类企业。对于被认定为信用A类且无不良司法记录的企业，在执行过程中将被采取更灵活、更温和的措施，可慎用司法拘留、司法罚款等强制措施，可适当设置宽限期，暂缓失信信息公开，可出具自动履行生效法律文书证明等。该机制实行以来，截至2021年6月，前海法院共办理涉诚信企业案件422件，涉及诚信企业40家，涉案标的额10.89亿元。

修订后的《深圳经济特区前海深港现代服务业合作区条例》允许民商事合同当事人一方为在前海合作区注册的港澳台资及外商投资企业协

议选择合同适用的法律。

前海检察院制定《行政公益诉讼适用函提醒机制指引》，明确检察机关在公益诉讼诉前程序中，适用函告提醒，磋商约谈的定位、条件、内容及后果，更好与检察建议相衔接。前海检察院与南沙、横琴等地检察机关共同研究制定《关于加强广东自贸片区检察机关海洋生态资源保护公益诉讼协作的工作意见》，建立起定期会商、线索移送、联合取证、学习交流、联合宣传等制度机制。

前海检察院组织开展"我为群众办实事"实践活动，分别组织优秀检察官到深港青年梦工厂开展法律服务、街道井盖、无障碍设施专项监督，以及下基层大接访等。还与辖区港湾学校设置共建机制，开展检察官进校园、进课堂等活动，做好防范中小学生校园欺凌、校园安全监控设备专项监督工作，督促学校及时消除安全隐患，筑牢校园安全防线。针对自贸区工程建设场所多，安全、噪音、扬尘等问题较为突出的情况，加强建设工程安全文明施工监督。对于不符合法律法规和相关标准，存在环境保护及安全隐患的，启动环境保护行政公益诉讼诉前程序，向建设施工单位及其主管部门反馈发现的施工问题，督促各方完成整改。

(6) 全方位打造知识产权保护高地

知识产权保护是建设深圳先行示范区和粤港澳大湾区的重要组成部分，对于塑造法治化营商环境具有重要意义。前海秉持保护知识产权就是保护科技创新、保护制度创新的理念，充分发挥知识产权支撑创新驱动的引擎作用，加强知识产权保护标杆城市建设，着力打造知识产权保护高地，打通知识产权创造、运用、保护、管理、服务全链条，形成严保护、快保护、大保护的知识产权保护生态。

《粤港澳大湾区发展规划纲要》在"优化提升深圳前海深港现代服务业合作区功能"中提出要"实行严格的知识产权保护，强化知识产权行政保护，更好发挥知识产权法庭作用"。《深圳经济特区知识产权保护条例》第7条规定，前海可以在创新知识产权保护工作机制和纠纷处理、涉外维权、综合执法等方面先行先试，提供便捷高效服务，建设知识产权保护工作示范区。前海已经有了"两中心一基地"三块国家级知识产权保护的牌子。① 前海知识产权保护的生态系统逐步健全。《关于建设前海知识产权保护工作示范区的行动方案（2021—2025）》已正式出台，从完善制度体系、司法保护体系、行政保护体系，及仲裁保护、公证保护、社会共治、海外保护等方面，进行知识产权保护的系统布局。

2018年12月，中国（深圳）知识产权保护中心正式落户前海，成为深圳首家国家级的知识产权保护中心。知识产权保护中心围绕新能源和互联网产业开展专利快速确权，开展全领域知识产权快速维权，打造知识产权全门类服务专业大厅，打通知识产权创造、运用、保护、管理、服务全链条，已成为深圳全市服务最全面、业务最权威的知识产权综合服务平台。

2019年11月，深圳市市场监管局依托知识产权保护中心建立深圳市知识产权保护"一站式"协同保护平台，企业只需"跑一次"，就可获取知识产权保护相关的纠纷调解、司法确认、鉴定评估、存证固证、仲裁、公证、法律指导等各类服务，知识产权授权、确权和维权的效率大幅提升。

在前海法院、深圳知识产权法庭完善知识产权案件的专业化审理机制方面，前海法院探索"专业法官+港籍专家陪审员+知识产权专家+专业技术调查官"的案件审理机制，并更加积极应用诉前禁令措施，及时、快捷、有效制止知识产权侵权行为，知识产权纠纷处置周期长、维权效果慢等问题得到初步化解；深圳知识产权法庭招录多名具有理工类专业背景的法官助理作为技术调查官，形成由专家辅助人、鉴定机构、技术调查官、专家陪审员、配协技术咨询服务、知识产权专家库等组成的司法审判技术咨询途径和技术事实查明机制。此外，深圳知识产权法庭还出台了《关于疫情防控期间切实加强高新技术企业知识产权保护的

---

① 两中心——中国（深圳）知识产权保护中心、国家海外知识产权纠纷应对指导中心深圳分中心，一基地——国家版权创新发展基地。

若干意见》。

2020年4月，国家海外知识产权纠纷应对指导中心深圳分中心在知识产权保护中心基础上挂牌成立，开展海外专利分析预警、引导海外专利布局、监测海外纠纷案件、提供海外纠纷案件指导等，建立完善海外维权工作体系，以提升企业的海外维权意识，为"走出去"战略保驾护航。

前海公证处着力推进"知识产权公证服务中心"建设，密切公证机构与重点知识产权企业的联系，探索区块链等技术在公证电子存证方面的应用等。

（7）纠纷化解专业化国际化

前海依托最高人民法院第一巡回法庭和深圳国际仲裁院，构建司法终审和仲裁终局的"双终局"架构，促进商事纠纷化解的多元化、国际化和制度化、专业化，为粤港澳大湾区、"一带一路"经贸商事活动提供稳固的法治保障，将前海打造为国际商事争议化解的首选地。

修订后的《深圳经济特区前海深港现代服务业合作区条例》第60条第1款明确规定："支持人民法院、仲裁机构加强国际合作，共同构建调解、仲裁、诉讼有机衔接的纠纷解决平台，完善国际化的多元化纠纷解决机制。"

修订后的《深圳经济特区前海深港现代服务业合作区条例》第59条明确规定："支持设立深圳国际商事审判专门组织，探索国际商事审判案例指导制度，加快形成与前海合作区发展相适应的专业化审判体制机制。"前海深化"港籍调解"和"港籍陪审"、域外仲裁等制度，前海法院选择32名港籍陪审员、78名港籍调解员参与涉港案件办理。2020年全年，前海法院共受理涉外涉港澳台商事案件9144件。

机构建设方面，依托最高人民法院第一巡回法庭大楼、前海国际仲裁大厦、专业审判大厦、前海国际律师大厦及其他创新型法治机构，形成法治机构聚集的生态圈。

深圳国际仲裁院聘请境外仲裁员385名，覆盖77个国家和地区，有

148位香港专业人士担任仲裁员参与前海国际商事仲裁。[①] 其仲裁员结构国际化程度在国内最高,且香港法律专业人士可以以理事、仲裁员、调解员、代理人、专家证人五种身份参与前海国际仲裁。深圳国际仲裁院新探索"境外调解+深圳仲裁"争议解决模式、跨境仲裁调解联盟等多种业务模式,并开创中国仲裁裁决按照联合国《承认与执行外国仲裁裁决公约》在境外获得承认和执行的先例,其裁决已在海外普遍获得执行。

前海"坚持把非诉讼纠纷解决机制挺在前面",注重调动和提升行业组织、企事业机构等在纠纷化解和诉源治理中的作用,成立多元化纠纷解决中心六大分中心。[②] 各分中心指派法官挂点指导。法院将纠纷分为不同类别分别委派给分中心开展调解,发挥各分中心在跨境调解和特定类型案件中的专业优势。前海法院在册的164名特邀调解员分别划分到六个分中心,实现调解员的分类管理。

前海法院高度重视跨境商事纠纷的前端化解,推进案件的专业化、类型化调解,形成纠纷化解合力。2021年8月,深圳市贸促委与前海法院共建的国际贸易案件多元化纠纷解决分中心正式启动,主要负责前海法院委派的国际货物运输合同纠纷、买卖合同等类型纠纷的调解。这将发挥贸促系统的国际资源优势,提升国际贸易纠纷化解的专业化能力。

前海公证处作为国内首家设在自贸片区内的公证处,探索合作制改革,探索初审和双重审查等制度机制创新。前海公证处实施"365天不打烊"公证服务模式,为有需要的群众提供线上咨询、办证等服务,提供远程视频公证,为大型医疗器械企业免费办理与疫情相关公证。2021

[①] 数据参见《深圳市前海管理局关于2020年度依法行政及法治政府工作的报告》,http://qh.sz.gov.cn/sygnan/qhzx/tzgg/content/post_8362150.html,2021年8月18日。

[②] 六大分中心分别为深圳市贸促委调解中心承办的国际贸易案件多元化纠纷解决分中心,蓝海法律查明和商事调解中心承办的大湾区案件多元化纠纷解决分中心,深圳市前海国际商事调解中心承办的国际投资案件多元化纠纷解决分中心,深圳市小微企业发展促进会承办的民营小微企业案件多元化纠纷解决分中心,深圳市商业保理协会承办的新兴金融案件多元化纠纷解决分中心,以及深圳市前海公证处承办的自贸区案件多元化纠纷解决分中心。

年6月,前海公证处推出"免跑腿"无犯罪记录公证服务,通过"前海公证云平台"小程序,在手机端即可在线办理该项公证事务;通过指定收件地址收取公证文书。前海公证处与前海"一带一路"法律服务联合会建立联系,充分利用全球华语律师资源提供远程公证服务。比如,对于涉及重大财产处分且非近亲属之间的委托,以及复杂、非常规事项委托,前海公证处征求当事人意愿后,安排当事人到附近海外华语律师事务所,在华语律师协助下办理海外远程视频公证,当事人在承办公证员和华语律师共同见证了签署相关法律文书,这有效满足了海外企业、华人的公证需求,节约了文书跨境传递的时间和成本。

(8) 法律服务一站高端全链条

国际法律服务中心建设是法治前海的重要发力点。高标准建设前海深港国际法务区,对打造一站式、全链条高端法律服务高地有重要意义。

深港国际法务区建设已稳步开局。前海深港国际法务区是推动国际法律服务中心和国际商事争议解决中心建设的空间平台和功能载体。在空间布局上,我们首先着力建设了深港国际法务区的集聚区,即依托局属物业卓越前海T1栋打造了前海国际仲裁大厦(总可用楼层32层,约8万平方米),深圳国际仲裁院、深圳知识产权法庭、华商林李黎联营律师事务所、"一带一路"法律服务组织等20余家机构已经入驻前海国际仲裁大厦。接下来,前海还将积极规划建设前海国际律师大厦、专业服务业小镇、法治博物馆及法治文化主题公园等深港国际法务区建设所需的承载空间。

前海已经聚集32家律师事务所。全国共有11家粤港澳合伙型联营律师事务所,已有7家落户前海。已有6大类70余家机构确定入驻法务区,另有11家正在加速落地,覆盖司法、仲裁、调解、律师、公证、司法鉴定、法律研究、法律培训全链条的法律服务。

前海检察院参与梦工场"i创业"线上服务平台,为创业团队、创业人员提供涉疫情相关法律问题的咨询和刑事风险防控等法律服务。

前海推出"一带一路"法律公共服务平台,系面向境内外开放的法律信息咨询服务平台,已有法律法规、相关案例、法律文献、专家名录、法律咨询、诉调对接等板块，涉及东南亚、中亚、西亚、中东欧等三十多个国家和地区，已有"一带一路"沿线国家、地区的上千名律师入驻，为"一带一路"上市活动提供专业法律意见。

（9）法治信息化智慧化深度探索

在政务服务领域，"秒报秒批一体化"模式迈向成熟。申请人在填表格和上传材料的过程中，可以通过刷脸或其他合规方式授权读取个人、企业电子证照或相关后台数据，由系统调取数据自动填充表单信息、自动推送电子材料，从而实现办事信息少填或不填、申请材料少交或不交，实现"秒报"；在受理审批环节实行"秒批"，推进部门业务系统交互，与基础库、主题库等可信数据源对接，通过信息共享、自动比对、核验申请信息，实现基于标准化规则的系统自动填充、自动审批，由此打通了数据壁垒，将申请材料提交最小化，审批活动的自由裁量最小化。

在司法审判执行方面，前海法院全面实施"在线司法"新模式，出台《关于加强和规范电子诉讼工作的实施细则》，对在线立案、调解、证据交换、庭审和电子送达等进行详细规定，推进各类诉讼事项全面线上办理，线上与线下无缝对接、融合。以现代科技为驱动，探索移动微法院、粤公正小程序、广东法院诉讼服务网等平台的深度应用，使诉讼服务更加及时精准，审判执行的智能化水平不断提升。

针对金融案件证据不易保存、分散复杂等问题，前海法院联合企业开发"至信（金融）云审"系统，与"深圳移动微法院"深度对接，实现平台数据及功能的互联互通。利用区块链技术，将电子合同、履行情况、催收情况等在内的交易数据，实时存储于区块链上，交易数据通过区块链校验后提交法院，确保数据的完整性和真实性，实现实时存证、在线举证和在线质证。当事人通过"深圳移动微法院"即可办理金融案件"链上"的全部事务，银行与法院的数据协同效率大幅提升。"至信（金融）云审"系统还完善了线上调解平台，引入行业调解、律师调解、专家调解等多种调解形式，可在线签订调解协议并完成司法确认。通过"至信（金融）云审"系统，区块链技术与审判流程深度融合，不仅优化了司法审判程序，实现了纠纷化解的要素化办理，使当事人及其代理人的时间精力投入大幅下降；更进一步的，链上审判实践还推动了金融交易的合同条款不断优化，规范了相关金融及衍生交易活动，有利于金融业创新发展与规范发展有机统一。

在多元纠纷化解方面，深圳国际仲裁院将已有的网上立案平台、视频开庭平台、证据交换储存平台进行升级，实现了网上立案、网上证据交换、网上调解、网上开庭，并上线"SCIA 微仲裁"小程序，依托微信小程序，搭载腾讯云存储、人脸识别、音视频同步等技术，实现当事人立案、调解、仲裁全流程"手机端"跟踪办理，实现一站式、全流程在线非接触式仲裁。

（10）推广复制与理论研究同步发力

制度与法治的改革创新，复制推广才能发扬光大。前海除传统的经验总结和向中央、上级上报之外，还探索跨区域协同促进推广复制。2020 年 8 月，海南省海口江东新区与前海签署合作备忘录，深化制度协同创新，建立良性互动的制度创新伙伴关系，探索政府深度合作、项目合作发展、产业融合发展、人才交流促进、要素高效流动的区域协同发展新模式，以及新型行政审批与监管服务协作新机制。黑龙江省哈尔滨市香坊区与前海达成长期战略合作意向，开创了"自贸区跨区域发展协同区"先河，使得香坊区享受到自贸区政策。此类制度创新伙伴、协同区等新机制，将使得前海法治创新更便捷流入其他自贸片区，使得制度推广复制开辟了一条新路径。

前海不仅在法治实践方面勇于探索，在法治研究方面同样当仁不让、开拓创新，打造高端法律智库。在基地、平台建设方面，先后成立"中国港澳台和外国法律查明研究中心"、最高人民法院"港澳台和外国法律查明研究基地"和"港澳台和外国法律查明基地"、最高人民检察院"法治前海研究基地"等法治研究机构。法治前海研究基地的建设不断完善，被最高人民检察院颁授检察基础理论研究基地牌匾，基地的理事会议、理事长会议、工作协调会议等议事规则逐步建立完善，将按照最高人民检察院主要领导"边建、边研、边产出、边转化成果"的要求，加大调研力度，为社会主义法治示范区建设贡献检察智慧。前海知识产权检察研究院于2019年8月揭牌成立，作为最高人民检察院在前海设立的专门研究机构，采取最高人民检察院、广东省人民检察院、深圳市人民检察院和前海蛇口自贸区检察院四级共建模式。发挥前海知识产权保护高地的特色优势，推动知识产权司法鉴定技术及法庭科学研究，为检察机关办理知识产权案件提供技术保障，并开展前沿性知识产权问题研究。

3. 法治前海的未来展望

前海肩负着为全面深化改革和扩大开放探索新途径、积累新经验的使命担当，法治是改革创新的最好保障。《全面深化前海深港现代服务业合作区改革开放方案》提出，到2025年，建立健全更高层次的开放型经济新体制，初步形成具有全球竞争力的营商环境，高端要素集聚、辐射作用突出的现代服务业蓬勃发展，多轮驱动的创新体系成效突出，使前海对粤港澳大湾区发展的引擎作用日益彰显。到2035年，高水平对外开放体制机制更加完善，营商环境达到世界一流水平，建立健全与港澳产业协同联动、市场互联互通、创新驱动支撑的发展模式，建成全球资源配置能力强、创新策源能力强、协同发展带动能力强的高质量发展引擎，改革创新经验得到广泛推广。为此，既要突出问题导向，破解制约法治推进的难点瓶颈问题；也要坚持目标导向，以人民为中心，打造中国特色社会主义法治示范区。

加强顶层设计与规则制定，推进前沿立法。充分运用特区立法权，推动前海与香港进行全方位法律规则衔接，打造内地与港澳规则衔接机制，对接先行区。积极争取与全国人大常委会、省市人大常委会建立立法沟通协调的常态化机制，研究制定前海投资者保护条例，外资企业权益保护条例和民营企业权益保护条例，以通过立法赋予前海更大、更充分的改革开放自主权。构建与港澳台及国际规则衔接，社会主义法治、英美法、大陆法融合对接，经验共享、优势互补，三地规则衔接与机制对接的先行示范。在司法综合配套改革、扩大涉外商事案件受案范围、仲裁国际化发展、法律服务扩大开放等方面继续创新探索。总之，通过立法的引领与保障，构建公正透明、体系完备的法治环境。

法治助力实施更高水平的开放。《全面深化前海深港现代服务业合作区改革开放方案》提出要"建设高水平对外开放门户枢纽","到2035年,高水平对外开放体制机制更加完善"。这需要在更高质量的商品要素流动型开放基础上,通过法治建设深化更高标准的制度型开放,推进制度现代化、治理现代化与法治现代化。涉外法律服务对于海外投资保障更具重要意义。涉及调整法律的,按程序提请全国人大常委会作出授权或决定之后,调整相关法律在前海的适用;涉及调整行政法规的,按照法定程序提请国务院作出授权或决定。

多管齐下,提升法治实施的规范性与有效性。前海已将航空航天等先进制造业和数字经济等新兴产业作为发展的重要方向,应当将相关产业扶持政策、人才政策、税收政策、金融政策,以及相关的政务服务、司法保障、普法引导作为法治实施的关键所在。探索、开展、完善公平竞争审查、健康审查、儿童优先审查和第三方评估等机制,各项领域法律制度的规范建设和法律实施形成合力,成为产业建设典范和自贸片区法治标杆。

引进重量级国际机构,打造国际法务高地。《全面深化前海深港现代服务业合作区改革开放方案》以专门板块要求"提升法律事务对外开放水平",在前海合作区内建设国际法律服务中心和国际商事争议解决中心,探索不同法系、跨境法律规则衔接。探索完善前海合作区内适用香港法律和选用香港作为仲裁地解决民商事案件的机制。在其基础上,应推动最高人民法院、司法部等出台支持前海深化法律事务对外开放的实施细则和配套措施,省、市同步出台落实举措。与此同时,对标对表中央和上级要求,系统谋划建设前海深港国际法务区,打造国际商事争议解决中心、国际法律服务中心和知识产权保护高地,构建集公共法律服务、法治理论研究创新、法治论坛交流合作、涉外法务等全链条服务功能于一体的专业化、国际化法治创新集聚区。积极引进世界银行争端解决中心、国际商会仲裁院、新加坡调解中心、国际知名律所等具有国际影响力的法律机构,进一步在前海集聚国际化高端法律服务机构。推动一批标志性的涉外法律事务重大项目,推动最高院第一巡回法庭、第一国际商事法庭建设，推动深圳商事法院尽快落地，成立中外合伙联营律所，推动国际投资仲裁中心设立，等等。

加强法治宣传，助推企业合规合法。通过法治宣传引导提升治理效能，减少执法阻力，是各地将普法与治理相结合的行之有效的重要举措。合规合法作为各类主体自觉履行职责义务的管理方式，已成为健康可持续发展的重要支撑。前海应考虑将法治宣传与合规引导相结合，应用好短视频普法、直播普法、动画普法等形式，实行线下宣讲与线上传播相结合，做好专业资源与普法的有效对接，不断增强普法的专业性与传播力，推进合规前海体系建设。

依托法治支撑制度创新，着力可复制推广。创新是前海的使命，创新的最终宗旨是推广到其他自贸片区乃至全国。前海作为深港现代服务业合作区，在政府职能转变、法治化营商环境、司法体制改革与国际化多元纠纷化解方面，均进行了广泛而深入的创新探索。今后，一方面应再接再厉继续创新，另一方面还应更加注重创新成果的多种形式复制推广。

未来，要更多策划举办重大活动，不断增强影响力、美誉度。推动定期举办深港法律事务高峰论坛，推动举办"一带一路"国际商事仲裁论坛等国际化高层次法律交流，开展法治领域主场外交，将前海打造为国际法治文化交流的窗口。

八　总结与展望

面对复杂多变的国际国内环境，今后沿着党的十九大和十九届六中全会精神确定的方向，更应当以人民为中心，不断提升地方法治水平，运用法治思维和法治手段迎接各种挑战，推动地方经济社会向好发展，促进经济持续健康发展，提高地方治理能力和治理水平。

（一）加强顶层设计提高制度质量

首先，加强顶层制度设计，兼顾规范性与灵活性。地方法治建设是一项长期、系统的工程。地方的特殊性决定了法治的具体性。发展至今，地方法治推进已进入深水区，总结各地探索经验、加强顶层设计，非常必要。党的领导是全面推进法治建设的根本保证，地方各级党委应担当起推进本地区法治建设的领导责任，统筹协调破解当地法治建设过程中的重点、难点和痛点问题。地方法治的纵深推进，既要强调问题导向，立足国情、地情和实际问题，不断破解难题；也要强调目标导向，增强法治的前瞻性，由党中央统揽全局、协调各方，提供实现路线、方针的目标指引和政治、组织、方法层面的支撑保障。

其次，坚持以人民为中心，把依法保障人民权益作为法治推进的根本目标。今后的一段时间，是中国特色社会主义法治体系从初步形成迈向不断完善的关键时期。各地应着力建设完备的法律规范体系。在法律规范体系建设中，应坚持以人民为中心，进行法律的立改废工作。随着社会主义民主政治的不断发展，社会公众的权利观念、法治意识不断提升，对于国家治理的知情、参与、表达和监督的诉求日渐高涨。为此，需兼顾问题导向与目标导向，聚焦法治建设关键目标与群众关心的突出问题。特别应将医疗卫生、社会保障、户籍、教育、儿童老人福利等涉及人民群众切身利益的相关规则完善、政务服务和执法监管作为重点予以推进。

最后，不断提高地方立法质量。其一，完善立法规划与立法计划。立法规划和立法计划是地方未来一段时间内的立法重点，也是区分立法轻重缓急的重要参照。地方立法规划和立法计划缺失、公开时间过晚、完成度不高成为部分地方人大常委会的通病。为此，应当秉持科学立法原则，科学合理地制定立法规划和立法计划，认真履行立法规划和立法计划。其二，完善立法征求意见。广泛征求公众意见能够将合理观点吸收进文本之中，同时提高公众认可程度，节约后续普法和执法成本。地方人大常委会应将征求意见始终贯穿于地方立法过程。既要听取实践部门专家的意见，也要听取相关学者的建议，还要征求普通大众的看法。其三，完善立法评估制度。将立法预评估、后评估贯穿于立法整个过程，将立法评估结果作为立改废的重要依据，在评估过程中发现地方的问题，不断提高立法质量。

（二）推进法治政府不断迈向纵深

首先，严格落实法治政府纲要。《法治政府建设实施纲要（2021—2025年）》已经实施，法治政府建设，需要在新纲要的基础上，立足地方实际，加强统筹谋划。其一，各级行政机关应积极应用指导、合同等各类柔性执法方式，探索行政执法和解，为构建服务型政府、回应型政府、创新型政府提供地方经验，同时不断推动法治政府向纵深迈进；其二，进一步推进执法依据、权限、过程和结果的公开公示，为构建阳光政府、改善营商环境不断努力；其三，健全部门之间、地区之间的协同配合，加强跨区域执法服务。这就要求梳理不同部门之间的执法依据，打通不同部门之间的数据壁垒，加强不同部门之间的联动协作。

其次，优化法治化营商环境，释放经济社会活力。落实跑一次改革、"一件事"集成改革，根据地方实际，最大限度削减微观领域管理事务和审批备案事项。在此，还应注意，对于在近几轮行政审批改革中，已改为备案、认证、认定的事项，应启动评估和清理，警惕其沦为变相审批。

再次，建设授信践诺政府，以政府公信促进全社会信用建设。政府授信践诺是社会诚信建设的基石。近年来，政府和社会资本合作（PPP）得到广泛应用，但一些地方政府草率签约、随意违约、盲目举债等现象较为多发，或承诺条件优惠政策不兑现，或"新官不理旧账"，这既破坏了投资人对政府机关的信心，也增加了地方财政风险。对此，各地应着力完善政府授信践诺机制，将政务履约、践约情况和政府失信行为清理情况，纳入法治政府考核，确保行政机关严格遵守行政协议和自身承诺，避免因政府换届、领导更替等原因违约毁约。

最后，推进各地之间的监管协同。应加强执法监管机关之间的机构合作与信息共享，加速法治相关经验创新的复制推广，避免"规范鸿沟"和"监管鸿沟"的产生和加大。

（三）完善配套制度推进精细管理

地方法治在大框架搭建基本告一段落之后，重点任务即为配套制度机制的跟进，进而提升精细化水平，增强可操作性。

首先，完善法治化营商环境配套机制。营商环境的改进优化，绝非一蹴而就。通过政务服务、司法服务等一系列制度机制改革，建设服务效率高、管理规范、企业运营成本低、纠纷化解能力强、最有利于发展的法治化营商环境。比如，在企业登记便利化日渐普及深入的当下，市场主体"退出难"的问题凸显。对此，各地应完善企业注销"一网服务"。

其次，完善信用体系配套机制。随着《民事强制执行法》被正式列入全国人大常委会2020年的立法工作计划，执行相关法律制度建设的日益完善，各地司法机关势必更加注重长效机制，并将联合其他部门，推进国家信用体系的建立完善。

最后,完善民生保障配套机制。特别是在疫情和突发事件应对处置情况下,确保医疗机构先检测先救治、后结算后收费,避免患者、疑似感染者因费用问题影响就医,确保医疗机构不因支付政策影响救治;建立公共卫生服务、医疗救助、基本医疗保险的有效衔接,既免除各类困难群体就医的后顾之忧,又切断疫情传染的链条。

(四)不断提升地方依法治理水平

地方法治的建设推进,作为一项长期而艰巨的任务,不是公权力一家的"独角戏",而需要全社会的共同关注、共同参与和共同努力。应当在法治框架下,全面开展区域社会治理现代化试点。发挥法治在推进社会治理现代化中的重要作用。加强基层组织建设,尤其是培育、鼓励社会力量参与基层治理活动,提高基层治理能力和治理水平,加强基层组织的培训、考核和奖励,合理运用信用奖惩机制,推动基层治理法治化水平再创新高。在国内国际形势空前严峻的背景下,社会矛盾纠纷势必高发、多发、频发,有必要将纠纷化解作为地方治理体系的重要组成部分,进一步完善纠纷化解综合平台。

(五)推进法治监督保障不断完备

首先,突出执行落实,确保法治贯彻实施精准到位。一方面,无论是黑天鹅、灰犀牛还是大白鲨,各种类型特色的风险事件,都给现代社会治理增加诸多不确定、不可知因素。为此,今后的地方立法和监管,都应将"安全性"作为重要考量因子,应将守住安全底线作为基本宗旨,强化以"安全性"为目标的立法与监管。另一方面,应加强对法治工作的全面有效监督,将法治监督作为党和国家监督体系的重要组成部分,不断增强监督效能。构建和完善执法责任制、法官检察官办案责任制,构建科学合理的行政责任、司法责任的认定和追究制度。还应注意发挥好考核评价对地方法治建设的推动作用，健全法治建设的满意度测评和学术界的评估制度，将第三方评估作为检验地方法治建设成效的重要机制。

其次，加强法治队伍建设，提供有力支撑保障。法治队伍建设对于地方法治异常重要。全方位加强法治队伍建设，是地方法治行稳致远的关键所在。应当创新教育培训模式，强化思想建设、政治建设和实践锻炼，提升法治队伍的综合能力素质，推进其革命化、正规化、专业化和职业化。在地方立法方面，应考虑到一些设区的市立法力量仍较为薄弱，设区的市人大立法机构和人员均较为滞后，应着力推进立法人才队伍建设，建立起职业化立法队伍。在法治实施方面，应建立适应现代社会需求和智慧执法的新型行政执法队伍。在法治监督方面，应稳步发展行政复议审查力量，以适应行政复议体制改革和案件审查之需。在基层，应不断完善基层法治推进工作体制机制，特别注重基层法治的机构和队伍建设。

最后，增强普法有效性、针对性，迈向全民守法。更加重视新样态普法，进一步提升普法的有效性、整体性，使得公民法治素养大幅提升。将"谁执法谁普法"和以案普法作为普法的新常态，提高普法的专业水平，增强普法的针对性。比如，着力增强企业合规意识，就企业经营减少法律风险，进行更具针对性的宣传引导，开展法治示范企业创建活动，推动企业规范自身行为。由此，从事后解纷的高效率，迈向事先预防的高效能。

（六）依托信息化智能化赋能增效

提高平台建设和信息化水平，迈向智慧法治。推进大数据、云计算、人工智能、数据链等现代科学信息技术与法治工作的深度融合，迈向权力全流程平台运行，执法监管服务自动留痕。包括推进地方立法的数字化，完善立法智能辅助平台，上线并不断完善项目管理、条文比对、法规清理、意见征集等功能板块，推进法规立项、制定、修改、清理的全过程智能化，运用大数据统计分析优化条文设计。推进政府履责的智能化，构建行政执法数字化平台，推广"信用+执法监管"的应用场景。推广政法一体化办案系统，加强执法平台、复议平台、政法一体办案平台的互联互通，形成一体化、全流程的数据链生态系统。推进社会治理的智慧化，加强智慧普法平台建设，构建基层治理数字化平台，探索大数据纠纷化解的分析研判机制，完善在线矛盾纠纷多元化解平台。

后　　记

本书是中国社会科学院法学研究所法治指数创新工程项目近几年的阶段性研究成果。全书的主体框架主要内容由田禾、栗燕杰撰写；此外其他部分主要撰写者分工如下：

珠海立法：实施、成就与展望：刘雁鹏

成都市系统推进政务服务"跨省通办"：王祎茗、吕艳滨、田禾；

江北区"一件事"改革推动基层治理新格局：王祎茗、田禾；

经济发达镇行政执法的挑战、因应与展望：栗燕杰；

宁波法院"移动微法院"建设评估报告：胡昌明、田禾；

刑罚执行实施情况的实证研究：胡昌明、田禾；

中小学依法治校的江阴尝试：刘雁鹏；

接诉即办大数据托举首都智慧治理转型升级：栗燕杰；

基层微腐败治理的探索与实践：刘雁鹏；

金寨惠民资金公开监管的探索和实践：刘雁鹏；

2021年珠海法治发展与2022年展望：王祎茗、李元、陈晖。

中国社会科学院大学研究生院的法律硕士研究生王巧、刘俊辰、刘烨宁、刘静怡、汪玉池、温方圆参与了书稿校对工作。